土耳其史

Turkey

歐亞十字路口上的國家

吳興東——著

三民書局

增訂三版序

　　三月下旬，春暖花開之際，三民書局來函說：計畫要將《土耳其史》予以增訂三版。推陳出新，讀者口碑，殊感欣慰。

　　光陰似箭，屈指算來，初版出書倏忽十六年，增訂二版問世亦已五年，自己也年近八十，但覺聯想力比較豐富，也有點多愁善感，總認為凡事不必拘泥，只要合情合理，心情愉悅就好。

　　因此，在第三版中，除了更正缺失以外，也增加了一些比較輕鬆、生活化、趣味化的題材。例如在介紹蘇丹 (Sultan) 時，會提到「單身貴族」，因為土耳其人也說 "Bekarlık sultanlık."（單身就是蘇丹）；提到教長 (İmam) 時，順便介紹一道土耳其人用茄子做的菜 "İmambayıldı"，然後再聯想到我們的「佛跳牆」，從而將中國和土耳其的思想文化做一淺顯的對照。

　　同理，說起「達爾馬其亞」(Dalmatia)，會想到當地出產的「大麥町狗」；說到奧斯曼帝國的軍樂隊，會引想起莫札特的「土耳其進行曲」；論及土耳其的畜牧業時，竟然說到 Attan inip eşeğe binmek.（直譯是「下馬騎驢」，意謂「越來越遭」、「每況愈下」）一切都是為了能引發讀者的聯想，會心一笑。

　　至於嚴肅的問題，比方說，2016 年 7 月 15 日土耳其發生政變，但以失敗告終。事後，在追究主謀是誰時，網路上眾說紛紜，

莫衷一是。本人針對此類「時事」，僅只忠實紀錄，而不妄加揣測或評論。

　　本書在編寫第一、二版時，承黃教授志民兄（已退休）、助理教授吳世曼（Mehmet Uzman，已升等為副教授）、張智棠先生（已晉升為「二等秘書」）、耿慶芝小姐（兒子已經上大學）、以及黃品維同學（在讀研究所，剛考上外交官）的鼎力協助，至今銘感於懷。

　　這次，復蒙張智棠先生和耿慶芝小姐，針對2014年以後的土耳其現況，再度從自己的專業領域，提供寶貴的意見和資訊，供我參考撰寫，實在感激不盡。

　　當然，最後還要感謝內人吳王淑麗女士，一如往昔，在各方面的鼓勵和支持。

　　本書未盡理想之處，敬請讀者，不吝指教。

2019 年 11 月　　吳興東

增訂二版序

　　2014 年 3 月初，接到三民書局的電話，說書局有意要再版《土耳其史》，問我是否要補充資料。聞言欣喜不已，因為在十一年以前，本書付梓上市以後，我就發現有一些疏失，更因當年受到篇幅的限制，有許多資料都被割捨，何況後來我又蒐集了一些新的資料，心想正可趁機一併修補增訂之。

　　三民書局編輯部叮嚀我三件事：一、要寫「增訂二版序」、二、要補充「全書內容」，三、要增加「最新資訊」。所言甚是，當然要遵照辦理。關於「增訂二版序」，本文就是例證，沒有問題。說到「補充內容」，一如上述，本來就是我夢寐以求之事，自當全力以赴。至於「最新資訊」，這次再版時有些已經分散到書中各章節，有些則集中在後面的十六～十八章。

　　除了上述增補，我又在章節編排方面做了一些修訂。本書原來的最後兩章是：第十六章「共和國時期的改革運動與對外關係」以及第十七章「共和國時期的政黨政治與土耳其現況」。

　　「改革運動」，自古以來，一直都在進行，而且永不停止。在初版時，無意中將「共和國『初期』的改革運動」，和「共和國『時期』的對外關係」串連在一起，甚至和「土耳其現況」混為一談。後來總覺得不太諧調。因此再版時就將「改革運動」的時

間，設定於共和國成立 (1923) 至凱末爾逝世 (1938) 為止，編排為「共和國初期的改革運動」，亦可稱之為「凱末爾的改革運動」。若有牽涉到「土耳其現況」，則以「註解」說明之。

　　同時亦順勢將原來第十六章的後半段「對外關係」，增補內容，擴充成第十七章，而將原來第十七章，調整為第十八章。如此一來，最後兩章遂分成三章：「共和國初期的改革運動」、「共和國時期的政黨政治與土耳其現況」、「共和國時期的對外關係」。範圍清晰，內容豐富，讀者一定會更易於瞭解。

　　本書原有 19 張地圖，這次除補充說明其中的 8 張以外，又新增了 7 張，共有 26 張。照片原有 30 張，這次亦新增 10 張，共有 40 張。現在兩者共有 66 張，但願對讀者有所助益。

　　感謝我外交部亞西及非洲司中亞科張智棠先生、土耳其貿易辦事處秘書耿慶芝小姐以及國立政治大學土耳其語文學系助理教授 Mehmet Uzman（吳世曼）先生，針對 2000 年以後的土耳其現況，從自己的專業領域，提出寶貴的意見和資訊，供我參考撰寫。

　　同時亦感謝國立政治大學中文系退休教授黃志民兄在文字潤飾方面的意見，土耳其語文學系四年級黃品維同學的細心校對，以及內人吳王淑麗女士，一如往昔，在各方面的鼓勵和支持。

　　未盡理想之處，敬請多多指教。

2014 年 10 月　　吳興東

自　序

筆者在 1959 年以第一志願考上政治大學東語系土耳其文組，畢業後去土耳其留學，並於 1969 年和當地華僑王淑麗女士結婚。兩年後，三喜臨門：生長子安昇，獲博士學位，回母系任教。四十餘年來，一直都在從事土耳其語文、歷史和文化的研究與教學工作。只要有錢又有閒，就去土耳其探親、觀光旅遊，並且蒐集資料，俾便編著教材。

在編教材時，發現國內有關土耳其歷史的書籍寥若晨星，而且都是根據西方史料編著的，很難聽到土耳其人的「心聲」。因此在 1993 年和 1995 年，先後將歷年來直接採用土耳其史料整理出來的講義，改編成《奧斯曼土耳其歷史》和《土耳其共和國史》。在 2001 年時，又翻譯了《黃髮俠客——土耳其國父凱末爾的最後三百天》一書。希望能將悠久的土耳其歷史，做一較為詳實的介紹。

現在三民書局有意要出版一系列的國別史，邀請我負責《土耳其史》一書，因此我就將上述前兩本書，加上最近蒐集到的新資料，濃縮成這本《土耳其史》。

因為直接採用土耳其史料，所以發生了一些譯名的問題。例如土耳其人早在 1363 年攻陷在巴爾幹半島的 Adrianople 以後，就

將它改名為 Edirne （艾迪內），但至今我們仍按西方史料稱之為
「亞得里亞堡」。又，土耳其人數百年來都稱達達尼爾
(Dardanelles) 海峽為恰納克卡雷 (Çanakkale) 海峽，博斯普魯斯
(Bosporus) 海峽為伊斯坦堡 (İstanbul) 海峽，但我們至今仍沿用其
舊名，實在不妥當。由於約定俗成，一時難以更改，遇有這種情
形，都盡可能將英文和土耳其文並列，或以註解說明，俾供讀者
參考。

嚴格的說，本書並未對土耳其歷史作深入的探討，只是做一
流水帳式的整理；主要目的是要為國人揭開所謂的「神秘的面
紗」，使讀者對土耳其有一初步但又完整的概念，並希望藉此能引
起讀者的興趣，從而激發國人的研究動機，達到筆者拋磚引玉的
目的。

本書之編著，首先要感謝三民書局，使我有機會能將土耳其
歷史蜻蜓點水式的介紹給國人。其次要特別感謝政治大學中文系
黃教授志民兄在文字潤飾方面的意見。最後還要感謝內人吳王淑
麗女士在土耳其文方面的協助，以及在精神方面的鼓勵。

未盡理想之處，請大家多多指教。

2003 年 2 月 5 日

土耳其史
歐亞十字路口上的國家

目 次 | *Contents*

Turkey

第 1 篇

土耳其人的先世

信奉回教以前的土耳其人

第一節　發源於中亞細亞（土耳其斯坦）

　　古時候，我們都稱今天的土耳其人 (Türk) 為「突厥」或「突厥人」。這是因為我們中國字裡沒有 "R" 這個捲舌音，所以在《隋書》、《舊唐書》和《新唐書》中，都將 Türk 譯之為「突厥」，只有《元史》作「途魯吉」，音譯得比較接近。

　　土耳其人的發源地是中亞細亞，亦稱 「土耳其斯坦」(Türkistan)。全域以葱嶺為界，分為東西兩部分。葱嶺以東是東土耳其斯坦，即中國的新疆省（今「新疆維吾爾自治區」）。葱嶺以西是西土耳其斯坦，即前蘇聯（今獨立國協）境內的烏茲別克、哈薩克、土庫曼、吉爾吉斯和塔吉克等五個共和國的所在地。換言之，東起新疆，西至裏海一帶，即漢朝時所謂的「西域」，就是土耳其人的故居。

　　原居住在中亞的土耳其人，初期大多聚集在葱嶺至裏海間，

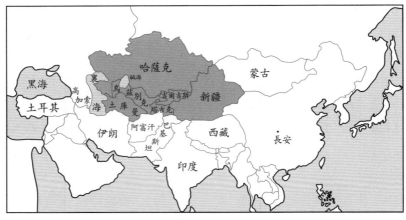

圖 1：中亞

以及阿爾泰山 (Altay Dağları) 一帶❶，後來才有一部分四處遷徙，
尋覓更適合生存的空間。

第二節　自認為是匈奴後裔

　　自中亞向東遷徙的土耳其人，後來輾轉至中國的北境騷擾。
這些「北狄」在戰國時代 (403–221 B.C.) 被稱為「匈奴」或

---

❶　阿爾泰山從中國的新疆維吾爾自治區和蒙古國，向西北延伸至俄國境
　　內，以前因為盛產黃金，亦被稱為「金山」(Altın Dağları)。原為地理名
　　詞的「阿爾泰」，後來又衍生出「阿爾泰語系」一詞，泛指土耳其、蒙
　　古和通古斯（包括滿洲），甚或韓國和日本等語言。該語系的特點之一
　　是：主詞在前面，受詞在中間，動詞在後面。如：「警察小偷抓」（警察
　　抓小偷）、「他歷史喜歡」（他喜歡歷史）和「我你愛」（我愛你）等等。

「胡」。「胡」是古代北方異族的通稱，也可能是「匈」(Hun) 的另一種音譯。至於匈奴的「奴」，則含有鄙視的意味。

一、亞洲匈奴

現今我們所知道的第一個匈奴單于是西元前 220 年在位的頭曼 (Teoman)，在此之前，我們所知不多。但是在戰國時代，秦、燕、趙築長城所禦防的匈奴，就是頭曼單于麾下的匈奴，則是毫無疑問的。

萬里長城是人類史上最偉大的建築物之一，因此，所有的中國人都引以為榮。又因為修築的目的是為了防禦匈奴，今天的土耳其人亦引以為傲。一座長城，竟能讓曾經敵對的兩大民族皆大歡喜，實非始料所及。

頭曼大約和中國的秦始皇 (259–210 B.C.) 是同時代的人。秦始皇是秦朝 (221–207 B.C.) 的創建者。土耳其人最早認識的「中國」，就是「秦」朝，因而稱「中國」為 Çin（音若「秦」），應該是合理的推斷。

頭曼單于在西元前 209 年為其子冒頓（Mete，音「墨毒」，今土耳其文讀若「滅貼」）所弒。冒頓單于有控弦之士三十餘萬，敗鮮卑，破月氏，服烏孫，國勢盛極一時，連漢高祖 (256–195 B.C.) 都曾被他圍困在平城附近的白登山。當時匈奴的領土，可以說是東至日本海，西抵裏海，北迄貝加爾湖，南至甘肅和印度北端，國勢盛極一時。

今日土耳其人自認為是匈奴的後裔。《歐烏斯汗史詩》(*Oğuz*

Kağan Destanı) 中所敘述的歐烏斯汗，就是匈奴的冒頓單于。而歐烏斯族的二十四部，就是源自冒頓的二十四個子孫。

歐烏斯族全族分為兩支，每支又分為十二部。

第一支是「灰箭」(Bozoklar)，又稱為右支 (Sağlar)，分屬於歐烏斯汗的三個年長的兒子——日汗 (Gün Han)、月汗 (Ay Han)、星汗 (Yıldız Han)——以及他們的兒子。十二個部的名稱是：Kayıklar（卡耶）、Bayatlar 和 Alkaevliler……。奧斯曼土耳其人的祖先就屬於卡耶部。

第二支是「三箭」(Üçoklar)，又稱為左支 (Sollar)，分屬於歐烏斯汗的三個年幼的兒子——天汗 (Gök Han)、山汗 (Dağ Han)、海汗 (Deniz Han)——以及他們的兒子。十二個部的名稱是：Kınıklar（克尼克）、Bayındırlar 和 Peçenekler……。征服小亞細亞之塞爾柱土耳其人的祖先，就是屬於克尼克部。

西元前 174 年冒頓死後，匈奴國勢並未立即減弱。至漢武帝 (157–87 B.C.) 派衛青、霍去病大舉北伐後，匈奴才逐漸衰微。48 年，匈奴的日逐王自立為南單于，遣使詣闕，奉藩稱臣，於是匈奴分為在鄂爾渾河 (Orhun Nehri) 一帶的「北匈奴」和在長城一帶的「南匈奴」。

150 年鮮卑據有北匈奴之地。因此，一部分北匈奴西遷至錫爾河 (Sir Derya) 和烏拉山 (Ural Dağları) 一帶，另一部分則投奔南匈奴。南匈奴雖降漢，但仍內爭不已，除在「五胡十六國」時期一度迴光返照外，從此就不再扮演任何政治角色，而逐漸為漢人同化了。

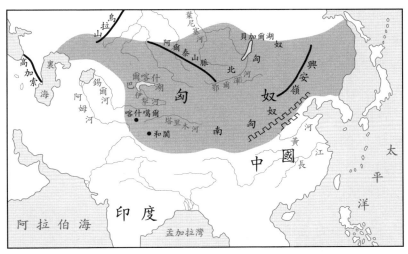

圖 2：在中亞的匈奴

二、歐洲匈奴

150 年北匈奴西遷後，在頓河 (Don Nehri) 和烏拉山一帶居留兩世紀之久。 至 375 年又渡頓河， 沿克里米亞半島北端向西推進， 侵入匈牙利平原，並於第五世紀建立了東自高加索 (Kafkasya)，西至今德國境內易北河 (Elbe Nehri) 的「歐洲匈奴帝國」(Avrupa Hun İmparatorluğu)。時東、西兩羅馬帝國均無力與之抗衡。

453 年歐洲匈奴帝國名主阿提拉（Attila，406–453 年）因腦充血逝世，臣屬於匈奴的各部族遂紛紛叛離。468 年，其子德尼斯汗 (Deniz Han) 雖曾經再度統一全國， 甚且率軍進攻東羅馬帝國，但卻戰敗被俘，被處死於君士坦丁堡（Constantinople，即今

İstanbul，中文作「伊斯坦堡」或「伊斯坦布爾」）。自此以後，諸子爭立，帝國隨之土崩瓦解，一部分匈奴人又撤回烏拉山一帶，留在匈牙利者，則被後來的保加利亞人和柔然人（Apar，或作Avar、Avaren）所同化。

直到現在，仍有許多土耳其父母，因為仰慕匈奴單于之英勇事蹟，而為自己的兒子取名為 Teoman、Mete 或 Attila。西元1974年7月20日，土耳其登陸塞普勒斯、佔領該島三分之一領土的軍事行動代號就是 Attila。

三、嚈噠（白匈奴）

上述北匈奴侵入歐洲時，尚有一部分停留在中亞的錫爾河和阿姆河（Amu Derya）之間，亦即我們所謂的「河中地區」❷（Maveraünnehir），其範圍大約就是今天的烏茲別克共和國和一小部分哈薩克共和國。這些匈奴人我們稱之為「嚈噠」，歐洲人稱之為「白匈奴」（White Huns，土耳其文作 Akhunlar）。他們曾於480年間擊敗波斯的薩珊王朝（Sasaniler，224–651年），並且侵入印度笈多王朝（Gupta Devleti，320–550年）的北部，至528年

---

❷ 英文作 Transoxiana 或 Transoxania，意思是「（阿姆）河的另一邊」。（按：阿姆河希臘文作 Oxus。字首 trans- 表「在那一邊」，如：transoceanic「大洋那邊的」，transalpine「阿爾卑斯山彼方的」。）土耳其文作 Maveraünnehir，源自阿拉伯文，意思也是「（阿姆）河的另一邊」，蓋 mavera 意謂「那邊、另一邊」，nehir 者，「河」也。又，一般咸認，阿姆河是「突厥—土耳其」和「波斯—伊朗」文化的分界線。

方被逐出。後又於 565 年被突厥和波斯聯軍打敗，遂一蹶不振，逐漸被其他民族同化。

第三節　第一個以土耳其為名的國家：突厥

150 年匈奴崩潰後，中亞的東部是鮮卑人的勢力範圍，中部則為柔然所控制，當時的歐烏斯土耳其人 (Oğuzlar) 臣屬於柔然。

552 年歐烏斯族的首領土門可汗 (Bumin Han) 消滅柔然， 建立了日後東起日本海，西至黑海，北抵西伯利亞，南迄印度的「突厥帝國」。這是第一個以「土耳其」（即突厥，Türk）為名的土耳其帝國。

土門可汗在世時， 曾將西邊的領土交由其弟室點密 (İstemi Han) 統轄，室點密可謂西突厥之始祖，但土門可汗仍是整個帝國的真正主人。

581 年突厥內亂，兩年後正式分裂為「東突厥」和「西突厥」兩部分。前者據大漠南北，後者據中亞一帶。兩國間之疆界，時有變更，並無一定的界線。

630 年中國的唐朝派李靖和李勣等率兵北伐，擒獲頡利可汗，東突厥亡。時西突厥一方面有突騎施 (Türkiş) 的內亂，另一方面又必須和中國周旋，最後終於在 659 年為唐朝的蘇定方平定。代之而起的是突騎施土耳其人。在此之前，阿拉伯人亦於 651 年佔領了波斯（今伊朗），將回教傳入該國，並逐漸向中亞推進，威脅當地的土耳其人。

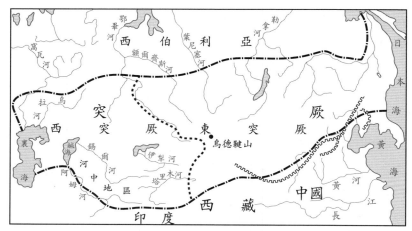

圖3：突厥帝國最強盛時期　所謂「北突厥」，以其居於中國之北，故稱之為「北突厥」。但西突厥人則稱之為「東突厥」，以其居西突厥之東也。其實「北突厥」人自稱「藍突厥」。今土耳其人亦稱當時之突厥人為 "Göktürk"（藍突厥），"Gök" 意謂「天」或「天藍色」。

　　前述東突厥雖於 630 年滅亡，但至 682 年，其勢復盛，且脫離中國，再度獨立。其可汗中國人稱之為「骨咄祿」（土耳其文作 "Kutluk"，意為「幸福」）。約十年後，骨咄祿逝，其弟嗣位，中國人稱之為「默啜」，土耳其文帝號曰 "Kapağan Hakan"（卡帕昂可汗）。716 年默啜死，其位為其姪，亦即骨咄祿之長子奪取，中國人稱之為「默棘連」，土耳其文帝號曰 "Bilge Hakan"（毗伽可汗）。

　　自此以後，中興之突厥帝國遂由毗伽可汗及其弟闕特勤 (Kültegin) 和宰相暾欲谷 (Tonyokuk) 共同統治。當毗伽可汗十四歲時，其叔父就授予稱之為「殺」(Şad) 的官爵，其職位相當於現在的部長或省長，故中國史籍常稱他為「小殺」。其所以能登上寶座，端賴其弟闕特勤之鼎力協助，蓋帝國之真正有影響力者，實

為擁有兵權之闕特勤也。至於暾欲谷者，乃一老政治家，曾於骨咄祿及默啜兩代歷任要職，是毗伽可汗之岳父兼謀臣。

毗伽可汗性情溫和，且與中國親善，因此其弟闕特勤卒於731年時，及其本人於734年逝世時，唐玄宗均曾派人前往弔慰，並為之建立漢、突（厥）兩文並列之碑碣，以為紀念。

毗伽可汗死後，東突厥內亂四起，終於在745年，為另一支土耳其人回紇所滅。

第四節　代突厥而起的回紇：新疆維吾爾人的祖先

回紇在中國歷史上先後有袁紇、回鶻、畏吾兒和維吾爾等稱謂。其實都是從土耳其文 "Uygur" 一字音譯的。745年回紇滅東突厥後，其領土東至松花江，西抵阿爾泰山，南跨蒙古大漠，儼然成為中國北方的一等強國。當時回紇曾經幫助唐朝的郭子儀平定安史之亂，也經常侵擾中國的邊陲。

第九世紀中葉時，回紇國內發生饑饉，蒙古人和點戛斯人 ❸又大亂不已，因此於845年西遷到今天的新疆維吾爾自治區。以今吐魯番縣屬之「哈剌和卓」(Karahoço) 為首邑。

自此以後，土耳其人的活躍重心日漸西移，從匈奴和突厥時代的中國北方、今日蒙古國境內，移轉到中國的西北邊、名副其實的中亞內陸。後來的卡拉罕和大塞爾柱帝國則更向西行，終於

---

❸　點戛斯也是土耳其民族的一系，在古代亦稱堅昆或結骨，今吉爾吉斯共和國的人民，就是點戛斯的後裔。

抵達亞洲的最西端小亞細亞。至奧斯曼帝國時代，甚且越過海峽進入歐洲。

　　一般而言，回紇的文化水準要比其他的土耳其人為高，因為其他土耳其人大多以游牧維生，而回紇則已懂得在鄉鎮定居、務農或從事手工藝品的製造。當時已佔領呼羅珊 (Horasan)、吐火羅 (Toharistan)❹和「河中地區」的阿拉伯人，稱回紇為「九姓回鶻」（Tuguzguz = Dokuz Oğuz。Dokuz，土耳其文「九」之謂也）。

　　由於回紇的地理位置比較接近印度和西藏，所以在信仰上亦深受其影響，佛教不但成為回紇的國教，而且也經由回紇傳播到中亞一帶。當然，後來回紇也成為在中亞已信奉回教的另一支土耳其人卡拉罕人 (Karahanlılar) 心目中的「異教徒」，而不斷地遭受其同胞的攻伐。

　　回紇自第十世紀起就開始和卡拉罕人接觸。雙方雖然都是土耳其人，但前者信奉佛教，後者信奉回教，兩者爭戰不已，為的只是一個宗教問題。後來卡拉罕分裂為東、西兩國，東卡拉罕於1130 年為西遼❺平滅，回紇亦臣屬於西遼，從而結束了這一場宗教戰爭。

---

❹　吐火羅，亦作吐呼羅、睹貨邏或土豁。地在蔥嶺之西，阿姆河以南。亦即在呼羅珊之東，今阿富汗之北境。

❺　歷史學家通常都將 916 年遼太祖耶律阿保機建立契丹國，至 1125 年被「金」（女真族）消滅的這段時間統稱為「遼代」。「遼」被「金」滅亡之前，遼太祖之八世孫耶律大石西遷到中亞，據有今蔥嶺以西之地，是為「西遼」，又稱「黑契丹」(Karahıtaylar, 1124–1218 年)。

「西遼」既消滅東卡拉罕國，又收回紇為藩屬。後來還擊潰土耳其人建立的大塞爾柱帝國，但卻又被原是大塞爾柱帝國一個省份的花剌子模 (Harzemşah) 瓜分。在中亞和土耳其人爭霸不已的「西遼」，最後終於和土耳其人同歸於盡，都被蒙古人征服。

回紇臣屬於西遼三分之一世紀以後，又成為新強權蒙古人的藩屬。他們在蒙古統治時期改奉回教。因此，從第十四世紀起，佛教在新疆，亦即在東土耳其斯坦的地位被回教所取代。

目前在當地的維吾爾人，就是回紇的後裔。正如在海峽兩岸的中國人，分隔雖僅七十餘年，但在風俗習慣，尤其是在語言方面，難免會產生一些差異。在新疆維吾爾自治區的維吾爾人和在小亞細亞的土耳其人同文同種，在語言方面，當然也很容易溝通，只不過因為時地的隔閡，如今聽起來有點「東」腔「西」調，或是「鄉音很重」的感覺而已。

第五節　信奉回教以前的土耳其文化

一、政府組織

匈奴是由許多部落、汗國和城市所組成的一個「聯邦」。歐洲匈奴帝國可以說是由匈奴人所領導的土耳其人、日耳曼人、色雷斯人（Thracian，土耳其文作 Trak）和波斯人所組成的「游牧帝國」。對西羅馬人而言，萊茵河和多瑙河以外之人，諸如日耳曼人、斯拉夫人和匈奴人，都是「蠻族」。對東羅馬人而言，幼發拉

底河以外的波斯人和阿拉伯人，甚或北非人，也都是「蠻族」。

　　所謂突厥或回紇帝國，其組織並不嚴密，只不過是若干游牧民族一種鬆懈而且不固定的結合而已。若干部落結合成邦──「伊兒」(İl)，其首領稱為「汗」(Han)。許多「伊兒」再組成「可汗國」(Hakanlık)，其君王為「可汗」(Kağan，或作 Hakan)。其王后為「可賀敦」(Hatun)。可汗的權力並非至高無上，由酋長及汗所組成的「庫魯爾臺」(Kurultay，意謂「國務會議」)，在可汗的主持下每年召開兩次，討論戰爭或議和等軍國大事，並制定法律。可汗依據這些法律和慣例治理國家。

　　古代土耳其的政府組織奠基於歐烏斯汗（冒頓單于）時代。全國分為中（中央）、左（東）和右（西）三部分。可汗位居中央，亦即中央是由被稱為「唐勒庫特」(Tanrıkut) 或者「巴施布」(Başbuğ) 的統治者坐鎮。土耳其人尚左，故左邊由長子，亦即王儲統治。右邊則由稱為「特勤」(Tegin) 的親王，依例多由可汗之弟統治。管轄左右兩方者統稱為「葉護」(Yabgu)。由匈奴人創始的這種組織，在中世紀時的突厥、回紇、卡拉罕和塞爾柱人均沿用之，後來的奧斯曼帝國亦略加改革採用之。

　　古代的土耳其人認為江山屬於王室。因此，君王在世時就將國土分封予諸子和兄弟。此舉實乃土耳其人的致命傷，因為無論國土有多大，分封就等於瓜分，甚至還會導致兄弟或叔姪間的爭戰。土耳其人所建立的許多國家，之所以國祚不長，原因即在此。直到奧斯曼帝國時代，方規定新皇帝登基時，如有必要可以殺害其幼弟，才避免重蹈覆轍，但也為白馬王子們帶來了悲慘的命運。

突厥時期，輔佐可汗的大臣或貴族，通稱為「匐」(Bey)，原本和一般民眾有嚴格的界線，但在今日土耳其文中，既作「諸侯」、「士紳」解，亦當「先生」講。其中地位較高者有「殺」、「達干」(Tarhan) 和「吐屯」(Todun)。「殺」相當於部長或省長，最大者稱為「大殺」(Baş Şad)，相當於宰相。「達干」意即「司令」，負責統率邊疆的部隊。至於「吐屯」則負責稅務。以上三者均為世襲。除此以外，其他所有的官員統稱為「梅錄」(Buyruk)。

二、生活方式與軍隊組織

古代的土耳其人絕大部分都逐水草而居，以狩獵和畜牧為生，住在用獸毛織成、稱之為「優爾特」(Yurt) 的帳篷內。只有一小部分定居於鄉村，務農、從事手工業或商業。值得一提的是，目前土耳其人仍稱「宿舍」、「老家」或「國土」為 "Yurt"。

匈奴的藝術深受中國影響。在墳中發現有武器和馬具等，有的且飾以華麗的動物圖案。歐洲匈奴人有一部分在匈牙利定居以後，開始務農，從事手工業和貿易。由於和東、西羅馬人接觸，吸收了許多東、西羅馬帝國的文化。

古代的土耳其人披髮左衽，崇尚武德。童年即習狩獵和騎術。在馬上聚會、聊天、交易、飲食，甚至趴在馬上睡覺。若無英勇事蹟，則不被命名。勇士稱為「阿爾普」(Alp) 或「巴哈德」(Bahadır)。無論男女均善騎射，驍勇善戰。有「生於帳下，死於馬上」之美譽。武器有弓箭、利劍和鳴鏑。

可汗是「總司令」(Başbuğ)，若可汗不御駕親征，則由「葉

護」或「特勤」統率。軍隊組織以十為單位，每十人有一「班長」
(Onbaşı)，百人有一「百夫長」(Yüzbaşı)，千人有一「千夫長」
(Binbaşı)。數「營」(Tabur) 組成一「師」(Tümen)，數「師」組
成一「軍」(Ordu)。今日土耳其共和國仍有沿用此制的現象，如
稱「班長」為 "Onbaşı"，「上尉」為 "Yüzbaşı"，「少校」為
"Binbaşı"。

三、宗教信仰

　　土耳其人最初信仰「圖騰教」(Totemcilik，或作 Totemizm)，
但稱「圖騰」(Totem) 為「歐根」(Ongun)。所謂「圖騰」，就是某
一部落以某一種動物或植物作為自己的標識或名稱，甚或把該動
物或植物繪成圖形，當作祖先來崇拜。除每年一次的祭祀外，該
部落的人都不吃那種動物的肉。每一部落皆有其「圖騰」，其中最
主要的有「灰狼」、「黑羊」、「白羊」、「梅花鹿」和「灰鹿」等。

　　後來，最流行的是「薩滿教」(Şamanlık，或作 Şamanizm)。
古代土耳其人認為世界上充滿了善與惡的靈魂，安排人與靈魂之
間的關係，將死者之靈魂帶到天上的人，稱為「薩滿」(Şaman)。
當時的土耳其人相信死者的靈魂不會立即升天，因此不馬上埋葬
死者，通常在冬天死的人要等到春天，春天死的人要等到夏天才
埋葬。因為必須等待一段時期，致人於死的惡魔才會離開人的軀
體，死者才能恢復純潔。

　　古代的土耳其人會為死者舉行隆重的儀式，稱之為「憂」
(Yuğ)。遺體經過一段淨化時期以後，若是男性，則殺死坐騎，燒

成灰，和其武器一併埋葬；如是女性，則將其服飾和遺體一併埋葬。這時，死者的親友都騎著馬，在稱為「苦崗」(Kurgan) 的墳墓旁邊，用刀劃破面頰，淚血滿面的繞行七次。突厥人會在墳墓的旁邊，按死者生前所殺敵人的數目，樹立稱之為「巴爾巴爾」(Balbal) 的石塊。

　　葬禮完畢以後，主人會設宴款待前來哀悼的親友，那時喪期已滿，每人脫下喪服，換上盛裝，盡情歡樂。通常在喪祭之後，緊接著就是婚禮，因為參加宴慶的男孩會將他們在此愛上的女孩告知家長，家長就為他們成婚。

四、文化

(一)文字

　　匈奴人沒有文字。土耳其人最早使用的文字，是在鄂爾渾河岸發現，且因此而得名的鄂爾渾文字，因為是突厥人使用的文字，所以其字母亦稱為突厥字母或鄂爾渾字母。

　　突厥字母有 38 個，其中有 4 個是母音（各代表 2 個母音，相當於 8 個母音），34 個子音（其中有 5 個是雙子音）。自上而下，從左向右書寫。

　　除此以外，尚有回紇人所創的維吾爾字母，共有十四個，從右向左書

圖 4：突厥字母

寫。留傳至今的大部分是和佛教有關的經文。維吾爾文在土耳其人信奉回教以後，仍然被使用一段時期，直至十四世紀，方被阿拉伯字母取代。

㈡碑文

　　最重要的是鄂爾渾碑文，是在第八世紀中葉刻的。其中最早的是宰相暾欲谷死前，在 730 年時親自命人所刻。其次是 732 年時毗伽可汗為其弟闕特勤（死於 731 年）所立。第三個是在 735 年，毗伽可汗之子為毗伽可汗（死於 734 年）所立的。後兩塊碑文的作者是當時的土耳其文學家尤魯狄金 (Yulu Tigin)。

　　最早發現這些碑文的是瑞典軍官斯特拉連伯格 (Johann von Strahlenberg)，他是在 1709 年追隨瑞典國王查理十二世（Charles XII，土耳其文作 XII. Şarl，1697–1718 在位）在今日烏克蘭境內的波塔瓦 (Poltava)，和俄國的彼得大帝（Peter I，1682–1725 在位）作戰時被俘虜，後來被放逐到西伯利亞時無意中發現的。

　　鄂爾渾碑文在發現之初，仿如天書，沒人看得懂，直到 1893 年，方為丹麥學者湯姆森（Vilhelm Thomsen，1842–1927 年）解讀成功。

㈢神話

　　在沒有文字以前，即以口語留傳至今的神話當中，最重要的有匈奴的《歐烏斯汗史詩》，突厥人的「艾爾蓋內空神話」(Ergenekon Destanı)，以及回紇的「創始和遷徙神話」(Türeyiş ve Göç Destanı)。茲簡介如下：

1.《歐烏斯汗史詩》

　　「……有一天，月亮可汗 (Ay Kağan) 高興了，（可賀敦）開始陣痛，生了一個兒子……面龐是天藍色的，嘴唇是火紅色的……喝了一次母奶以後就不再喝，要吃生肉、喝湯、飲酒……並開始講話。過了四十天就長大，會走路，會遊戲。他的腳像公牛的腳，腰像狼的腰，肩膀像貂的肩膀，胸部像熊的胸部，全身都是毛，會騎馬、趕牲畜、打獵，過了一段時間以後變成一位勇士。」

　　這位勇士就是歐烏斯可汗，亦即匈奴的冒頓單于。在土耳其神話中有關他的事蹟，大多取材自中國的《史記・匈奴列傳》。

2.「艾爾蓋內空神話」

　　內容和《周書・卷五十》相似。略謂：「突厥者，蓋匈奴之別種。姓阿史那氏，後為鄰國所破，盡滅其族……」只剩一幼兒，被一隻母狼救走，並和他生了十個男孩，藏身於四周都是鐵壁的「艾爾蓋內空」山谷養育子孫。經數世，方有一名曰阿史那者帶領他們融化鐵壁，走出山谷，雪恥復仇。

　　這個神話中有關狼的情節，可視為突厥的 「灰狼神話」(Bozkurt Destanı)。

3.回紇的「創始神話」

　　回紇的「創始神話」也提到狼。其主要內容是，有一位單于「生二女，姿容甚美，國人皆以為神。」單于曰：「吾有此女，安可配人，將以與天。」……後來出現了一頭狼……妹妹說：「吾父處我於此，欲以與天，而今狼來，或是神物，天使之然。」……不顧姊姊的反對，和狼生了一個男孩。那男孩就是回紇的始祖。

這個故事取材自《魏書·卷一〇三·高車傳》。

　　另一版本亦廣為流傳，略謂：在哈拉和林（Kara Korum，簡稱「和林」，在今蒙古國境內）有土拉 (Tola) 和色愣格 (Selenge) 兩條河流交會於卡姆路加 (Kamluca)。該地有兩顆樹。兩棵樹之間有兩座山……有一天，在那裡出現了五個帳篷，每個帳篷裡各有一個嬰兒……這五個嬰兒長大以後，成為回紇的祖先。

4. 回紇的「遷徙神話」

　　回紇西遷的主因是《唐會要·卷九十八》所記載的「連年飢疫，羊馬死者被地，又大雪為災」。且有蒙古人和黠戛斯人交相侵凌。

　　而「遷徙神話」甚且認為這場天災與人禍和一座「聖山」有關：

　　話說回紇可汗和中國打過幾次仗以後，為了化干戈為玉帛，遂採取和親政策，讓他的兒子迎娶一位中國公主。

　　時回紇境內有一座會帶來好運的「聖山」，中國人為了要讓回紇倒楣不順遂，而要求回紇用那座「聖山」來交換公主的婚事。中國人獲得那座「聖山」，並將它剷平分批運走以後，回紇果然開始厄運連連，乾燥與飢荒隨之四起，牲畜開始哀號慘叫。

　　七天以後，可汗和繼立者逐一去世，人民苦不堪言，異口同聲的高喊「遷徙！遷徙！」因此，回紇遂遷徙到東土耳其斯坦的吐魯番 (Turfan)，並建立了「別失八里」城❻。

---

❻　　「別失八里」乃土耳其文 Beş balig 之音譯。beş 是「五」，balig 是「城」的意思，亦即「五城之地」，指「庭州」也，在今新疆維吾爾自治區。

第二章 | *Chapter 2*

回教的興起

第一節　回教興起前的阿拉伯：膜拜三百六十尊神像

　　阿拉伯半島位於亞洲的西南部，在回教興起前，半島上除阿拉伯人和波斯❶人以外，亦有猶太人。葉門 (Yemen) 是波斯的一個行省。猶太人則大多居於西奈半島 (Sina Yarımadası) 至麥地那 (Medine) 一帶。

---

❶　波斯是一個具有數千年歷史的古國，中國史書稱之為安息。1925 年波斯人建立了巴勒維王朝（Pehlevi Hanedanı，1925–1979 年）。1935 年改國名為伊朗（Iran，土耳其文作 İran）。1979 年 4 月王朝被推翻，改名伊朗伊斯蘭共和國 （Islamic Republic of Iran， 土耳其文作 İran İslam Cumhuriyeti）。 雖然如此 ， 土耳其人仍習稱該國為 İran ， 稱其人為 İranlı（伊朗人，-lı 表示「該地區或國家的」人），其語言為 Farsça（伊朗文）。Fars 是指在今伊朗西南部地區的居民，-ça 則意謂「該地區人民或國家的」語言。

　　屬於閃族的阿拉伯人大多以游牧為生，但其中有一古萊西 (Küreyiş) 部落則定居於麥加 (Mekke)，從事貿易並主掌宗教事務。該部落最大的兩個家族是艾默威 (Emeviler) 以及哈辛米 (Haşimiler)。

　　當時阿拉伯人相信一切自然現象都是神力的表現，而且每一種自然現象都有一位神在專門負責。因此，他們就將每一種神都幻想出一種形象，然後再雕塑出來供奉膜拜。後來他們又認為一年三百六十天中，每天都有一位神在值班，所以在麥加的「天房」(Kabe) 中，供奉著三百六十尊神像，各部落每年都定期來此朝覲，稱之為「哈吉」(Haç)，朝覲者則稱之為「哈志」(Hacı)。換言之，當時的阿拉伯人所信仰的是一種他們自己創造發明的「多神教」。

第二節　穆罕默德與回教：萬物非主，唯有真主

　　穆罕默德在 571 年誕生於麥加。出身自古萊西部落的哈辛米家族，母親艾米內 (Emine) 懷孕四個月時，父親阿布都拉 (Abdullah) 就已逝世，因此成為遺腹子。六歲喪母，由叔父艾布塔里普 (Ebu Talip) 扶養長大。

　　穆罕默德童年在麥加牧羊，十二歲時曾隨叔父到敘利亞經商。他為人忠厚老實，勤奮向上。後來受雇於富孀哈蒂婕 (Hatice)，經營駱駝商隊，並締結良緣。時穆罕默德年二十五，哈蒂婕四十歲。婚後生六女，其中法提瑪 (Fatma) 是第四任哈里發 (Halife) 阿

里 (Ali) 之妻。而阿里則是艾布塔里普之子，穆罕默德之堂弟也。

　　穆罕默德四十歲時，經常遠離人群，逕自到麥加附近赫拉山 (Hira) 的山洞裡沉思。根據回教信仰，真主安拉 (Allah) 就是從那時起，派加百利 (Cebrail) 天使，連續在二十三年內，將回教經典《古蘭經》(Kuran) 在不同的時地，以阿拉伯文逐句啟示給穆罕默德。

　　《古蘭經》的內容包涵教義、法律和歷史等文獻，是一部語言兼文學的巨著。回教亦稱伊斯蘭教 (İslam)，回教徒亦稱穆斯林（Muslim，土耳其文作 Müslüman）。其基本信條有六：

1. 信真主：相信萬物非主，唯有真主。
2. 信天使：相信真主的天使。
3. 信天經：相信《古蘭經》和以前頒降的天經。如降給摩西的《舊約》，以及降給耶穌的《新約》。
4. 信聖人：相信歷代先知使者。如亞當（Adam，土耳其文作 Adem）、諾亞（Noah，土耳其文作 Nuh）、亞伯拉罕（Abraham，土耳其文作 İbraham）、摩西（Moses，土耳其文作 Musa）、耶穌（Jesus，土耳其文作 İsa）和穆罕默德❷。
5. 信後世：相信人死後會復活，真主將公平審判在世時的作為。善有善報，惡有惡報。

---

❷　目前，有很多土耳其男性都取名為 İbrahim、Musa 和 İsa。我們可以說，在今日土耳其，到處都可以遇見亞伯拉罕、摩西和耶穌。

6.信前定：相信福禍均由真主前定。

雖然真主是無所不在的，但無人能看見、聽見或觸摸得到。真主藉由天使控制子民，在今生為善者，必獲真主嘉許，死後會上天堂，歡度美好的日子；在今生為惡者，則將下地獄，遭受痛苦的煎熬。因此，一個回教徒必須做到下列五點：

1. 唸：就是唸清真證言：「萬物非主，唯有真主，穆罕默德是真主的差使。」
2. 禮：即禮拜。每日禮拜五次，每週五到清真寺聚會禮拜一次。
3. 齋：每年在回曆9月時，封齋一個月。日出後至日落前，不飲不食。
4. 課：指施捨。除生活開銷以外，財產達到某種程度，現金必須課四十分之一，家畜抽五分之一，農產品則繳十分之一的稅。
5. 朝：指朝覲。如果能力許可，必須到麥加朝覲。

穆罕默德創立回教以後，最先信奉的人是他的妻子哈蒂婕、堂弟阿里，以及古萊西部落的賢達艾布貝克 (Ebubekir) 和奧斯曼 (Osman) 等人。但絕大多數的古萊西人都為了維護自己的宗教和經濟利益，而迫害回教徒。因此，穆罕默德不得已於 622 年，和艾布貝克等人逃至教徒日益增多的麥地那。穆罕默德在麥地那深

受擁戴，成為當地的政教領袖，並於六年後征服麥加，摧毀「天房」內所有褻瀆真主的神像，明示宇宙間只有唯一的主宰「安拉」，繼續宏揚回教真理，且在短短的數年內，以回教為媒介，統一了整個阿拉伯半島。

第三節　四大哈里發時期：兵臨阿姆河與西突厥為鄰

一、艾布貝克哈里發時期

穆罕默德享年六十一，於 632 年逝世後，艾布貝克被選為哈里發。哈里發係阿拉伯語，意謂「繼承人」，就是繼承回教創始者穆罕默德遺志的人，是最大的行政、軍事和宗教領袖，亦即回教世界的最高統治者，可視為回教的「教宗」或「教皇」。從此以後，哈里發制度一直在回教世界沿用，至 1924 年方被土耳其共和國廢除。回教世界因此而頓失領袖，陷於群龍無首的困境。

艾布貝克在位時，曾派兵遠征當時臣屬於波斯帝國的伊拉克，以及聽命於東羅馬帝國的敘利亞，開回教勢力向北擴張之先河。

二、約曼爾哈里發時期

634 年艾布貝克病逝後，約曼爾 (Ömer) 被選為哈里發。在位時期，阿拉伯人佔領敘利亞，並以出身艾默威家族的穆阿威葉 (Muaviye) 為敘利亞總督。又於 641 年先後從拜占庭帝國手中占領了埃及和利比亞。

651 年，滅波斯的薩珊王朝，國王葉斯傑德三世（III. Yezdcert，632–651 年）僅免於死，逃至呼羅珊，投奔西突厥。波斯成為回教領域。但約曼爾卻於 644 年被一名懷恨的波斯人刺死。

我們可以說，自從西元前六世紀以來，波斯人在中東地區的主宰地位，已經被阿拉伯人取代。從此以後，回教與阿拉伯語文日益普及，直至今日，提到中東地區，浮現在人們腦海裡的是阿拉伯人和回教，從而忽略了另外兩個主體：第二個信奉回教的民族波斯──伊朗人，和第三個信奉回教的民族突厥──土耳其人。

三、奧斯曼哈里發時期

出身艾默威家族的奧斯曼在位時期，阿拉伯人征服了呼羅珊，大軍直抵阿姆河畔，而與西突厥為鄰。為土耳其──阿拉伯之戰，揭開了序幕。但他卻於 656 年被一名不滿分子所殺。

四、阿里哈里發時期

奧斯曼死後，出身哈辛米家族的阿里被選為哈里發，甫上任就下令撤換艾默威家族所擔任的官吏。艾默威家族在敘利亞總督穆阿威葉的領導下，堅決反抗。雙方大動干戈，激戰不已。後來阿里被刺死，從而結束了四大哈里發時期，時在 661 年。

五、什葉派、哈里吉派與素尼派

當初阿里與穆阿威葉大動干戈，即將戰勝之際，穆阿威葉要求停戰接受仲裁，結果阿里同意接受仲裁卻反而中計敗走。穆阿

威葉遂自立為哈里發。而阿里陣營則分裂成兩派，其中阿里及其擁護者被稱為「什葉派」(Şii)，所謂「什葉」就是「同志」或「贊助者」的意思。其中心思想就是維護「正統」。他們認為阿里是穆罕默德的堂弟兼女婿，而且是最早入教者之一，終身為回教犧牲奉獻的人，所以應該是正統的哈里發，斥前三位哈里發為僭主，當然也不承認穆阿威葉及其後代為哈里發。大約在 1500 年，伊斯邁爾 (Şah İsmail) 在波斯立國以後，尊崇什葉派，定為國教，什葉派遂開始在波斯盛行。

　　另外一派既反對穆阿威葉，但也責怪阿里的無能，認為他不應該停戰接受仲裁反而中計被愚弄。因係自阿里的陣營分出，所以稱為「哈里吉派」(Hariciler)。所謂「哈里吉」就是「脫離關係者」或「出走者」的意思。他們的勢力比較單薄，經阿里派兵圍剿後便土崩瓦解，只能從事地下活動。後來「哈里吉派」認為造成回教分裂的三個主角是阿里、穆阿威葉和他的同黨阿木爾 (Amr İbn-ül-Ası)，因此派出三名壯士，負責刺殺上述三人。結果只有阿里一人被刺死，從而結束了四大哈里發時期。

　　至於其他的回教徒，則大約自第九世紀起，便被統稱為「素尼派」(Sunni)。他們承認前四代之哈里發，也承認艾默威朝和阿拔斯朝的所有哈里發皆為合法繼承者，禮拜時還會為他們祈禱。一般而言，「素尼派」比較嚴格奉行《古蘭經》以及穆罕默德之言行戒律。目前在土耳其、沙烏地阿拉伯（東部有少數什葉派）以及臺灣的回教徒皆屬於「素尼派」。

　　一如上述，由於對回教的觀念態度、思想信仰以及宗教功課

等方面的歧異，「什葉派」與「素尼派」漸行漸遠，後來更因為一些野心人物，以宗教為工具，圖謀自己的政治利益，竟使兩大派形同水火，互不相容。

第四節　艾默威朝：越阿姆河攻入西突厥

661 年阿里被刺死以後，穆阿威葉在首都大馬士革 (Damacus，土耳其文作 Şam) 自立為哈里發，以其出身艾默威家族，故稱其王朝為艾默威朝 (Emeviler，661–750 年)。

681 年，穆阿威葉逝世，其子葉斯德 (Yezid) 繼立，致力於向外發展。在亞洲方面，從呼羅珊越阿姆河，攻入西突厥的「河中地區」，直逼在今烏茲別克共和國境內的布哈拉 (Buhara)。

傳至威利德一世 (I. Velid，705–715 在位) 時，在東方征服了西土耳其斯坦，在西邊則佔領了西班牙❸。

但是艾默威朝自威利德一世以後的哈里發，均昏庸無能。750 年，穆罕默德另一叔父阿拔斯 (Abbas) 的後裔艾布爾阿拔斯 (Ebul Abbas Abdullah) 被擁立為哈里發，而艾默威朝末帝梅旺二世 (II. Mervan) 則兵敗，逃至埃及後被捕殺❹。

---

❸　711 年揮軍攻佔西班牙的大將名叫 Tarık Bin Ziyad，意謂「慈亞 (Ziyad) 的兒子 (Bin) 塔勒克 (Tarık)」，故以其名 Tarık，稱他登陸的山區為 Cebel-i Tarık（塔勒克山。Cebel 意謂「山」）。英文作 Gibraltar，我們音譯為「直布羅陀」（地名、海峽名）。

❹　當時曾任艾默威朝哈里發的西撒姆 (Hisam) 之孫阿布都拉曼

第五節　阿拔斯朝：打敗唐朝軍隊，威逼東羅馬帝國

　　因艾布爾阿拔斯是穆罕默德之叔父阿拔斯的後代，所以稱他所建的國家為「阿拔斯朝」（Abbasiler，750–1258 年）。波斯人稱阿拉伯人音若「大食」，以其崇尚黑色，故我國又稱之為「黑衣大食」。阿拔斯朝從第二代哈里發加菲爾 (Ebu Cafer Mansur) 起，至該朝滅亡為止，不以大馬士革，而以巴格達 (Baghdad，土耳其文作 Bağdat) 為首都。

　　阿拔斯朝立國之初，即於 751 年，於怛羅斯之役打敗向中亞推進的唐朝軍隊；又經常越托魯斯 (Toros) 山脈，襲擊小亞細亞內

(Abdurrahman) 倖免於難，輾轉逃至西班牙，並於 756 年建立了以哥多華 (Cordoba) 為首都的 「西班牙艾默威朝」（亦作 「後艾默威朝」，Endülüs Emevi Devleti, 756–1031）。傳至阿布都拉曼三世 （912–961 在位） 時，亦於 929 年自稱哈里發，此即我們所熟知的「白衣大食」。另一方面，因為阿拉伯人稱自己於 711–1492 年間，在伊比利半島 （the Iberian Peninsula，土耳其文作 İber Yarımadası） 上所統轄的地區 （相當於今天的西班牙和葡萄牙） 為 Endülüs，歐洲人遂稱之為 Andalucia 或 Andalusia，我們則音譯為「安達魯西亞」。「西班牙艾默威朝」於 1031 年覆亡後，仍有一些阿拉伯諸侯，苟延殘喘至 1492 年才被完全逐出西班牙。這些諸侯的領土在覆亡之前，就已逐漸退縮至西班牙的南部，再往南就是直布羅陀海峽了。因此，「安達魯西亞」的範圍，尤其是根據目前行政區域的劃分，亦從整個西班牙 （包括葡萄牙） 縮小至今天的西班牙南部。

陸，逼迫東羅馬帝國納貢求和。但至第十世紀中葉，東羅馬帝國
反而大舉進攻。回教世界在此惡劣局勢下，幸有塞爾柱
(Selçuklular) 土耳其人奮勇抵抗。

阿拔斯朝末葉，從中亞的西土耳其斯坦，至阿拉伯半島南端
的葉門一帶，所有領土均在塞爾柱土耳其人的控制下。哈里發只
是一個居住在巴格達的宗教領袖而已。1157 年大塞爾柱帝國滅亡
以後，在西邊抵抗十字軍的土耳其人紛紛獨立建國，在東邊「河
中地區」一帶的土耳其人，則建立了花剌子模，日益威脅阿拔斯
朝。後來，成吉思汗的蒙古帝國於 1222 年消滅了花剌子模，也繼
之威脅阿拔斯朝。

1258 年阿拔斯朝第三十七位，也是最後一位哈里發穆斯塔色
姆 (Mustasım) 在位時，成吉思汗之孫旭烈兀率軍攻入巴格達，滅
了阿拔斯朝。哈里發之叔孟塔色爾 (Muntasır) 僥幸逃抵埃及，受
到當地土耳其人所建立之奴隸王朝❺的禮遇，又被擁立為哈里發。

---

❺ 原是什葉派的阿拉伯人於 909 年在突尼西亞所建立的一個小國家，建
國者阿布都拉 (Abdullah) 自稱係穆罕默德之女法提瑪的後裔，因此稱
其國為「法提瑪王朝」(Fatımiler)，日益擴張至 969 年時，佔有開羅，
並以之為首都。因崇尚綠色，以為服飾顏色，故稱之為「綠衣大食」。
1171 年宰相撒拉哈丁（Salahaddin Eyyubi，亦作「薩拉丁」，因抵抗十
字軍而享有盛名）篡位，並以其父之名，稱其國為「艾育布朝」
（Eyyubiler，1171–1250 年），領有尼羅河至幼發拉底河一帶之地。其
軍隊皆由土耳其奴隸所組成，這些奴隸軍人往往因戰功而升任總司令。
1250 年，該朝最後一位君主杜朗沙 (Turanşah) 逝世後，政權落入一名
叫艾貝 (Ay Bey) 的土耳其總司令手中，以其出身奴隸（阿拉伯文作

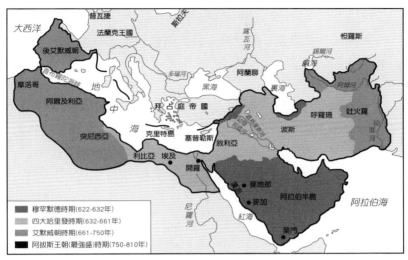

圖 5：回教（伊斯蘭教）勢力之擴張

但是因為奴隸王朝的目的是「挾哈里發以令諸侯」，所以寄人籬下
的歷任哈里發都只能掌管宗教事務，不得干涉政治、軍事等其他
國家大事。

　　1517 年奧斯曼帝國的栖林一世 (I. Selim) 佔領埃及 ，滅奴隸
王朝。班師還朝時，阿拔斯朝在埃及的最後一位哈里發莫鐵菲克
爾三世 (III. Mütevekkil) 亦被俘至伊斯坦堡，在阿亞索菲亞清真寺
（原為聖索菲亞大教堂，現為博物館）舉行的盛大典禮中，將哈
里發的職權獻予栖林一世。自此以後，奧斯曼帝國的皇帝皆兼任
哈里發，成為回教世界的領袖。

───────────────

　　Memluk ， 土 耳 其 文 作 Kölemen），故 稱 其 國 為 「奴 隸 王 朝」
　　（Memlukler，或作 Kölemenler）。

　　1923 年，凱末爾 (Mustafa Kemal) 推翻奧斯曼帝國，建立土
耳其共和國，並於翌年廢除哈里發，回教世界之哈里發遂成為歷
史名詞。

信奉回教以後的土耳其人

第一節　怛羅斯之役後開始大批信奉回教

661 年阿里被刺死後，穆阿威葉在大馬士革自立為哈里發，建立了艾默威朝。時西突厥亦因內亂，於 659 年為中國平定，代之而起的是突騎施。

突騎施與阿拉伯間之重大衝突，始於艾默威朝的威利德在位時期。705 年阿拉伯人越突（騎施）、阿（拉伯）國界阿姆河，席捲整個「河中地區」，飲馬錫爾河畔。

750 年艾布爾阿拔斯被擁立為哈里發，取代艾默威朝，建立了阿拔斯朝。時唐朝的勢力亦繼續向中亞推進。

當時在中亞的土耳其人，面臨了一個自己無法抉擇的局面：中國和阿拉伯勢必一戰，如中國戰勝，土耳其人將成為大唐的子民；如阿拉伯人戰勝，則土耳其人勢將加入回教世界。

751 年，亦即唐玄宗天寶十年，由於石國（即今之塔什干）❶

之乞兵阿拉伯，中阿兩軍在怛羅斯 (Talas) 河岸展開一場激戰，結果唐將高仙芝戰敗東退，將中亞拱手讓予阿拔斯朝。土耳其人因此開始大批的信奉回教，中國造紙之術亦經由阿拉伯輾轉傳入歐洲。

後來，阿拔斯朝為對抗東羅馬帝國，在小亞細亞的托魯斯山脈南麓，建立了許多軍事基地。基地的兵源大多來自巴格達的突厥軍營，而在巴格達的突厥士卒，則又是來自中亞的突厥人。當時的阿拉伯人已習於享受，厭惡征戰，樂得將拋頭顱灑熱血的苦差事，交給純樸善戰的突厥人。積年累月，突厥軍人因功升任司令或省長等要職者為數甚多。

阿拔斯朝英明的哈里發穆塔色姆（Mutasım，833–842 在位）在位時，將總司令一職委由突厥人擔任，後來甚至演變成世襲。擔任總司令的突厥人，為所欲為，根本不把哈里發放在眼裡。但到 945 年時，總司令一職轉落到波斯人建立的布維赫王朝（Büveyh Oğulları，932–1055 年）手中。因為布維赫王朝是什葉派，更虐待哈里發，經常毆打或拘禁哈里發，至於任意廢立，則更不在話下。1055 年哈里發卡依姆 (Kaim Bi Emrillah) 徵召塞爾柱蘇丹吐魯 (Tuğrul) 至巴格達，消滅了布維赫王朝，總司令一職又回到了土耳其人手中，而哈里發從此也變成了塞爾柱土耳其人的傀儡。

---

❶ 所謂石國或者塔什干 (Taşkent)，就是今日烏茲別克的首都。土耳其文稱「石頭」為 "Taş"，「城」為 "Kent"。「石國」是意譯，「塔什干」是音譯。今日土耳其文雖然用語出波斯文的 şehir 表示「城市」，但是提到「首都」時，還是說 başkent（baş 是「頭；主要的」的意思）。

簡言之，土耳其人自第八世紀大批信奉回教以後，歷經九、十兩世紀，在回教世界中日益壯大，尤其是在第十一世紀以後，已儼然成為回教世界的代理人。

第二節　信回教後建立了卡拉罕與哥疾寧兩個王朝

一、卡拉罕王朝

土耳其人信奉回教以後建立了卡拉罕 （Karahanlılar， 932–1212 年）和哥疾寧 （Gazneliler，963–1186 年）兩個回教國家。前者亦有人音譯為 「喀喇汗王朝」，或意譯為 「黑汗王朝」，蓋 Kara 意謂「黑」，Han 者「汗」也。至於後者，亦有人音譯為「伽色尼王朝」。

關於卡拉罕王朝的創建情形，並無確實的資料可查，立國年代說法不一，相去甚遠，甚至有作 840 年者。我們只知道第一位君王阿布都克林姆 (Abdülkerim Satuk Buğra Han) 是突厥可汗的後裔。932 年，相傳他在夢中信奉了回教，因此脫離回紇，投靠薩曼王朝 （Saman Oğulları，874–999 年） ❷ ，並以楚河 (Çu Nehri) 南岸的虎思斡耳朵 （Gus Ordo，在今吉爾吉斯共和國楚河州托克馬克 "Tokmok" 市南邊）為都城，建立了卡拉罕王朝。

---

❷　薩曼王朝是波斯人在波斯和「河中地區」一帶所建立的國家，立國者納瑟一世(I. Nasır, 874–892) 之祖父名薩曼 (Saman)，故稱其國為薩曼王朝。

999 年卡拉罕與哥疾寧瓜分了薩曼王朝，前者佔領阿姆河以北的「河中地區」，後者則奪取了阿姆河以南的呼羅珊。後來，卡拉罕的約瑟夫卡迪爾汗 (Yusuf Kadir Han) 曾為呼羅珊問題和哥疾寧挑起戰端，唯不久又化干戈為玉帛。

約瑟夫卡迪爾汗於 1032 年死後，諸子爭立，至 1042 年，卡拉罕分裂為以喀什噶爾 (Kaşgar) 為都城的「東卡拉罕」，和以撒馬爾罕 (Semerkant) 為首邑的「西卡拉罕」。前者於 1130 年淪為西遼的藩屬；後者則先後向塞爾柱和花剌子模稱臣，於 1212 年被蒙古消滅。

卡拉罕人雖信奉回教，但仍維護土耳其傳統風俗習慣。阿拉伯文僅用於宗教上，官方語言是土耳其文，使用維吾爾字母，留傳至今的作品不多。最有名的是 1069 年約瑟夫哈斯哈吉普 (Yusuf Has Hacip) 所著的《幸福知識》(*Kutadgu Billik*，或作《福樂智慧》)。主要目的在教導人如何追求幸福。

二、哥疾寧王朝

哥疾寧王朝的創立者是一位名叫阿爾普鐵肯 (Alp Tekin) 的土耳其將領。他原是薩曼王朝的赫拉特（Herat，位於阿富汗西北境）省長，在 963 年率領四千名土耳其騎兵，脫離薩曼王朝，逕行到哥疾寧（Gazne，在今阿富汗首都喀布爾西南方）自立為王。

阿爾普鐵肯死後，政權落入大將塞維克鐵肯 (Sevük Tekin) 的手中。997 年塞維克鐵肯逝世，子馬木德 (Mahmut) 繼立。他和卡拉罕瓜分薩曼王朝以後，隨即刻意經營印度，先後遠征印度多達

十七次，佔有旁遮普、印度河和恆河流域，為回教世界拓展了一個新領域——印度。在西邊，馬木德曾為呼羅珊而和卡拉罕國交惡，但不久即言歸於好。

1030 年馬木德死，子麥蘇武德 (Mesut) 繼立。時大塞爾柱帝國興起，越阿姆河佔呼羅珊，不斷威脅哥疾寧。1040 年，雙方大戰於當達那康 （Dendanakan，今土庫曼共和國境內莫夫 "Merv" 以南五十公里處），結果哥疾寧大敗，退守阿富汗和印度一帶苟延殘喘。終於在 1186 年被阿富汗的郭爾 （Gurlular，879–1215 年）王朝消滅。

哥疾寧王朝和卡拉罕王朝都屬於回教的素尼派，因此都尊崇在巴格達的阿拔斯哈里發。但哥疾寧王朝的行政組織並不完善，賦稅繁重，官吏魚肉百姓。因此，在呼羅珊和「河中地區」的人民，都敵視哥疾寧，心向大塞爾柱帝國。

哥疾寧人在宮廷和軍中使用土耳其文，但官方語言是阿拉伯文。波斯文的影響力也很大，波斯詩人吐魯斯菲鐵西 (Tulus Firdevsi) 的名著《帝王史詩》是一部描述土耳其和波斯戰爭的著作。

第三節　立國於波斯一帶的大塞爾柱帝國 （1037–1157 年）

一、帝國的興衰

915 年左右，歐烏斯族的左支，亦即「三箭」支「克尼克」部的酋長塞爾柱 (Selçuk) 率族人居於錫爾河流域，臣屬於薩曼王

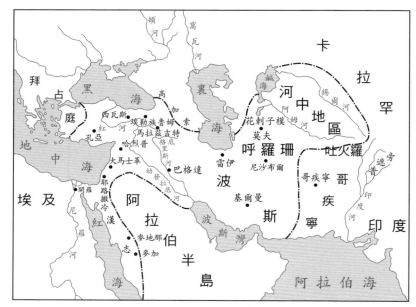

圖 6：大塞爾柱帝國

朝。薩曼王朝於 999 年為卡拉罕和哥疾寧兩王朝瓜分以後，歐烏
斯族備受兩國交相煎迫，而塞爾柱本人也於此時逝世。

　　塞爾柱死後，其孫恰勒 (Çağrı) 和吐魯兩兄弟因無法在卡拉罕
控制下的「河中地區」立足，遂於 1031 年越阿姆河，南下呼羅
珊，打敗哥疾寧，並於 1037 年攻陷波斯北部的尼沙布爾
(Nişabur)，以其祖父之名建立了大塞爾柱帝國 (Büyük Selçuklu
İmparatorluğu)。

　　1040 年恰勒和吐魯兩兄弟又於「當達那康之役」大敗哥疾
寧。自此以後，塞爾柱土耳其人不斷擴張，西向佔領波斯和亞塞

拜然等地，並派庫吐木施 (Kutulmuş) 親王侵襲小亞細亞，同時也將首都自尼沙布爾遷至今德黑蘭附近的雷伊 (Rey)。

時阿拔斯朝的哈里發卡依姆亟欲擺脫波斯人所建立的布維赫王朝的控制，要求吐魯協助。吐魯於 1055 年進兵巴格達，消滅了布維赫王朝。自此以後，以哈里發為首的整個回教世界，都在塞爾柱土耳其人的掌握中。

1063 年吐魯死後，因無嗣子，其兄恰勒（病死於 1060 年）之子阿爾普阿斯朗 (Alp Arslan) 繼立。他首先征服亞塞拜然、喬治亞以及亞美尼亞等地，然後又於 1067 年派軍到小亞細亞（此時為拜占庭的領土），大肆擄掠。

拜占庭皇帝羅曼諾斯四世 (Romanos IV Diogenes) 為清剿塞爾柱軍，親率二十萬大軍東征，阿爾普阿斯朗蘇丹聞訊，匆促領軍五萬西行，雙方於 1071 年 8 月 26 日，在小亞細亞東部凡湖 (Van Gölü)❸ 北邊的馬拉茲吉特 (Malazgirt)，展開一場大會戰，結果因拜占庭軍中左、右兩翼的非回教土耳其人培切內克 (Peçenekler) 和烏斯 (Uz) 的臨陣倒戈❹，塞爾柱軍大獲全勝，一

---

❸ 凡湖在土耳其東部，是該國最大的湖泊，面積 3,738 平方公里，凡湖所在地凡省 (Van İli) 有一種貓，稱為「凡貓」(Van Kedisi)，不但不怕水，而且還喜歡游泳，甚至有兩眼不同顏色者：一眼藍色，一眼琥珀色。非常名貴，是土耳其的國寶。

❹ 歐烏斯族源自匈奴的冒頓單于，自從 150 年匈奴帝國崩潰以後，隨即退出歷史舞臺，至 552 年，方又建立突厥帝國。745 年，回紇盡有東突厥之地時，歐烏斯族臣屬於回紇。十世紀時，有一部分歐烏斯族西遷

舉殲滅了拜占庭十萬大軍，並俘虜了拜占庭皇帝及諸多將領。

自此以後，塞爾柱土耳其人乃得在極短時間內，佔有土耳其人的第二個「故居」──小亞細亞，奠定了今日土耳其共和國的基礎。

1072 年阿爾普阿斯朗被一名詐降的卡拉罕將軍殺死，子梅立克沙 (Melikşah) 繼立，年方十八歲。梅立克沙在位二十年，帝國疆域東起天山，西至地中海沿岸，北自高加索山脈，南抵埃及和葉門一帶，是帝國最輝煌的時期。可惜他在 1092 年，年方三十八歲時就英年早逝。他死後，外有諸侯叛離，內有四子爭立，帝國隨之衰微。

1117 年梅立克沙的幼子桑傑爾 (Sencer) 取得政權。時帝國西邊有十字軍不斷攻打小亞細亞和敘利亞，東邊也有西遼犯境。雖

至鹹海和裏海之間，並逼迫原住在此地同屬歐烏斯族的培切內克人 (Peçenekler) 遠走東歐。後來又有一部分歐烏斯族繼培切內克人之後，沿黑海北岸，西遷至今烏克蘭共和國境內以及巴爾幹半島。目前在摩達維亞 (Moldavya) 共和國和烏克蘭共和國的比薩拉比亞 (Besarabya)，以及保加利亞和羅馬尼亞兩國黑海岸的多布魯加 (Dobruca) 境內居住的加加烏斯 (Gagavuzlar) 土耳其人，就是這些歐烏斯族的後裔。Gagavuz 原作 Kara Oğuz，意即「黑歐烏斯族」。當年他們雖然信奉基督教，但仍習用土耳其文。這些歐烏斯族，後來受到當地的培切內克人和保加利亞人踩躪，因而投奔拜占庭帝國，拜占庭稱他們為「烏斯」(Uz)，置之於馬其頓，並徵召其族人到伊斯坦堡從軍，派往小亞細亞作戰。1071 年，塞爾柱和拜占庭展開「馬拉茲吉特大會戰」時，就是因這些「烏斯」和培切內克人臨陣倒戈，塞爾柱土耳其人才大獲全勝。

然西線的戰火有「小亞細亞塞爾柱」(Anadolu Selçukluları) 應付，但桑傑爾仍無法在東方抵擋西遼的侵襲。

　　1141 年桑傑爾在撒馬爾罕南邊的卡特凡 (Katvan) 戰敗，錫爾河以北之地遂為西遼所佔。不久，國內叛亂四起，桑傑爾於 1157 年鬱鬱而終。

　　桑傑爾死後，帝國隨之瓦解。當年在名義上臣屬於大塞爾柱帝國的屬國，紛紛宣告獨立，但其中只有「小亞細亞塞爾柱」的國祚較長。其餘三個：「基爾曼塞爾柱」（Kirman Selçukluları，1092–1187 年）、「敘利亞（或大馬士革）塞爾柱」（Suriye veya Şam Selçukluları，1092–1117 年）和「伊拉克塞爾柱」（Irak Selçukluları，1120–1194 年）均旋被稱為阿塔貝 (Atabey) 的「輔政大臣」篡奪。這也是大塞爾柱帝國覆亡年代說法不一的主要原因。

二、政軍組織與文學

㈠政府組織

　　大塞爾柱帝國是一個由土耳其人所統治的回教國家，主要組成分子是土耳其人、阿拉伯人和波斯人。宗教事務由在巴格達的阿拔斯朝哈里發管轄，帝國蘇丹 (Sultan) 的權力必須獲得哈里發的認可。

　　中央制度沿襲阿拔斯朝，治權歸宰相，軍國大事由宰相主持的「御前會議」裁決。全國分為十二個省，由中央派遣省長治理，省長在其轄區宛如獨立的君主。

(二)軍事組織

　　大塞爾柱帝國以其嚴密的軍事組織和強大的部隊，在回教世界中享有優越的地位。軍隊的核心是「中央部隊」，亦即由蘇丹的奴隸所組成的「禁衛軍」(Hassa Ordusu) ❺。其薪金、武器、裝備等皆由國家負擔。

　　另外尚有 「地方部隊」， 也稱為 「采邑部隊」 (Tımarlı Ordusu)。政府將征服得來的土地，按其歲收劃分地區，賞賜予有功者，稱之為「采邑」(Tımar)，采邑主人所訓練統轄的部隊就是「地方部隊」。

(三)文學

　　土耳其人信奉回教以後，深受波斯文以及阿拉伯文的影響。卡拉罕人只在宗教方面使用阿拉伯文，在文學方面仍使用土耳其文。但在大塞爾柱帝國時期，所有的學者均使用阿拉伯文或波斯文。官方語言也是阿拉伯文，只在宮廷和軍隊中仍使用土耳其文。

　　從大塞爾柱帝國時期開始，在文學方面，約可分為廟堂文學 (Divan Edebiyatı)、 宗教文學 (Tasavvuf Edebiyatı) 和大眾文學 (Halk Edebiyatı) 三大類型。主要學者及其作品，有 1074 年喀什噶爾人馬木德 (Kaşgarlı Mahmut) 所著的 《突厥語大詞典》 (*Divan-i Lügat-it Türk*) ， 以及曾任宰相的波斯人尼撒姆米爾克 (Nizam-ül-

---

❺　以其專屬蘇丹，故又稱之為 Kapıkulu Askeri，意即 「宮廷 （或蘇丹）奴隸軍」。Kapı 係指 「宮廷」 或 「蘇丹」，Kul 意謂 「奴隸」，Asker 是 「軍人」 的意思。

mülk) 所著的《政治文書》(*Siyasetname*) 等。

上述「廟堂文學」盛行於十三至十九世紀，又稱為「宮廷文學」(Saray Edebiyati) 或「古典文學」(Klasik Edebiyat)。顧名思義，是土耳其人信奉伊斯蘭教以後，知識分子受到伊斯蘭文明的影響，在作品中大量採用波斯文和阿拉伯文，從而發展出的一種文學。

「大眾文學」則不受外來文字的影響，而是藉由平民百姓、稱之為 Ozen 的「彈胡琴的吟遊詩人」，用自己的語言與傳統文化，所維護並發展出的一種文學。至於「宗教文學」，說得更確實一點，就是一種「伊斯蘭修道文學」。其主旨不在文學的創作，而是在宣揚宗教性質的修道思想。

第四節　大塞爾柱帝國分封出來的小亞細亞塞爾柱帝國（1077–1308 年）

土耳其人在不同的時間和地點，建立了諸如匈奴、突厥、回紇、卡拉罕、哥疾寧和大塞爾柱等許多國家。但對今日土耳其共和國的人民而言，他們的歷史始於「歐烏斯土耳其人對小亞細亞之經營」，一直延續到今日的「土耳其共和國」。

在「歐烏斯土耳其人對小亞細亞之經營」，和今日的「土耳其共和國」之間，又穿插著另外三個階段，依序是「小亞細亞塞爾柱帝國」、「小亞細亞土耳其諸侯」和「奧斯曼帝國」。由歐烏斯土耳其人在小亞細亞發展出的這五個階段，組成了「土耳其國歷史」(Türkiye Tarihi)，而「土耳其國歷史」則又是整個「大土耳其人

圖 7：小亞細亞塞爾柱帝國

歷史」(Büyük Türk Tarihi) 的一環。

現在，且讓我們約略地從「歐烏斯土耳其人對小亞細亞之經營」說起：

歐烏斯土耳其人早在大塞爾柱帝國建立以前，即已滲透到小亞細亞，但真正大舉入侵，則是在 1043 年吐魯遷都雷伊，並令庫吐木施親王率軍侵襲小亞細亞以後。阿爾普阿斯朗登基後，仍命庫吐木施之子蘇烈曼 (Süleyman) 在小亞細亞東境大肆擄掠。

1071 年馬拉茲吉特大會戰以後，被俘虜的拜占庭皇帝羅曼諾斯四世曾答應釋俘、納貢和割地等條件，但君士坦丁堡方面卻擁立新皇帝，不履行雙方協定，因此蘇丹又命蘇烈曼繼續征討小亞細亞。

　　1077 年塞爾柱蘇丹梅立克沙冊封蘇烈曼為「小亞細亞蘇丹」，令其繼續拓展領域，於是成立了隸屬於大塞爾柱帝國的「小亞細亞塞爾柱」，以其首都一度在孔亞 (Konya)，故又稱之為「孔亞塞爾柱」(Konya Selçukluları)。但蘇烈曼在 1086 年不幸戰死沙場，內亂隨之而起，直到 1092 年，其子克勒赤阿斯朗一世 （I. Kılıç Arslan，1092–1106 在位）方平息之。

　　由於克勒赤阿斯朗一世在馬爾馬拉海 (Marmara Denizi) 建立海軍，加緊威脅拜占庭帝國，皇帝寇曼 (Aleksi Komnen) 深知勢難自保，遂向教皇和歐洲各國求救。1095 年，教皇烏爾班二世 (II. Urban) 在克里門 (Clemont) 召集宗教大會，呼籲基督教徒和回教徒決戰，以拯救拜占庭，教皇承諾保護參加者的身家財產，並發給赦罪券，保證萬一戰死沙場，可以立刻進入天堂，因而有十字軍的東征。

　　1106 年，克勒赤阿斯朗一世趁大塞爾柱帝國的蘇丹梅立克沙逝世，發生帝位之爭，親自率軍東征，欲自立為大塞爾柱蘇丹，但卻在混戰中，墜入哈布河 (Habur Irmağı)❻溺斃。

　　克勒赤阿斯朗一世墜河溺斃後，小亞細亞又陷於混亂，至 1116 年其子麥蘇武德一世 （I. Mesut，1116–1156 年）才鞏固帝位， 1156 年麥蘇武德一世逝世，子克勒赤阿斯朗二世 （II. Kılıç Arslan，1156–1192 在位）繼立。三位蘇丹在位時期，碰巧分別遇上第一、二、三次十字軍東征，雙方爭戰，互有勝負。

---

❻　哈布河發源於今土耳其東南部，流入敘利亞後，注入幼發拉底河。

　　1192 年克勒赤阿斯朗二世死後，諸子爭立，直至 1204 年，
其幼子克亞色汀凱胡斯雷一世（I. Gıyaseddin Keyhusrev，1204–
1211 在位）方才鞏固帝位。時第四次十字軍佔領君士坦丁堡，燒
殺擄掠，並建立了拉丁帝國（Latin İmparatorluğu，1204–1261
年），寇曼家族則逃至黑海岸的特拉布松 (Trabzon) 和馬爾馬拉海
東邊的伊茲尼克 (İznik)，各建一國。前者曾向小亞細亞塞爾柱帝
國和伊兒汗國稱臣，至 1461 年方為奧斯曼帝國消滅。後者於
1261 年攻陷君士坦丁堡，滅拉丁帝國，恢復東羅馬帝國。

　　克亞色汀凱胡斯雷一世在 1211 年被刺死。其子伊色汀凱卡烏
斯一世（I. İzzeddin Keykavus，1211–1220 在位）繼立。1220 年伊
色汀凱卡烏斯一世死後，其弟阿拉埃汀凱庫巴特一世（I. Alaeddin
Keykubat，1220–1237 在位）繼立。1222 年蒙古滅花剌子模❼時，
他一面遣使向成吉思汗及其繼承者窩闊臺獻禮，一面收容避難西
遷的土耳其人，其中包括日後建立奧斯曼帝國的卡耶部。

---

❼　花剌子模 (Harzemşah) 亦為土耳其人所建，其領域原在阿姆河下游，以
　　及鹹海和裏海之間。阿姆河注入鹹海時，形成一個三角洲，土耳其人
　　稱該三角洲為 Harzem（花剌子模——地名），從第四世紀以後，又習
　　稱該地區的君王為 Harzemşah（花剌子模王），Şah 亦作 Şeh，語出波斯
　　文，就是「君主、國王、皇帝」的意思。Harzemşah 一字，後來又演變
　　成「花剌子模王」所統治的國家的名稱（花剌子模——國名）。曾先後
　　隸屬於突厥、阿拔斯、哥疾寧和大塞爾柱帝國。迨大塞爾柱帝國為西
　　遼耶律大石所破，花剌子模乘機滅之，併波斯，佔西土耳其斯坦，成
　　為中亞一等強國。

1237 年繼立者克亞色汀凱胡斯雷二世 （II. Gıyaseddin Keyhusrev，1237–1246 在位）昏庸無能，殘害忠良，國內紛亂四起，蒙古大軍乘機攻佔小亞細亞東部。1243 年塞爾柱軍和蒙古部隊大戰於紅河 (Kızılırmak) 上游北邊的郭西達 (Kösedağ) 山麓，結果大敗，退守安卡拉，並遣使納貢，於是小亞細亞塞爾柱帝國遂成為蒙古的藩屬。換言之，蒙古並未鯨吞，而是蠶食小亞細亞塞爾柱帝國❽。

1256 年蒙哥可汗之弟旭烈兀汗建伊兒汗國 (İlhanlılar，1256–1357 年) 後，小亞細亞塞爾柱帝國又臣屬之。時蒙古人雖已掌握在小亞細亞的塞爾柱土耳其人，但另一支土耳其人卻在埃及建立了奴隸王朝，並與旭烈兀對抗，在小亞細亞的塞爾柱諸侯遂向奴隸王朝求助。

早在 1258 年旭烈兀滅阿拔斯朝時，奴隸王朝的君主巴伊巴爾斯 (Baybars，1260–1277 在位) 就曾擁立逃至埃及的孟塔色爾為哈里發，意欲藉此控制回教世界。後來他又於 1260 年 9 月，在巴勒斯坦北部的阿音扎魯特 (Ayn Calut) 戰役，擊潰旭烈兀的部屬，否則蒙古人很可能會攻入埃及，甚或橫掃北非。巴伊巴爾斯確實是奴隸王朝最負盛名的蘇丹。

但是巴伊巴爾斯應邀，趁機率軍進入小亞細亞，攻佔凱伊色

---

❽ 在此之前，成吉思汗之孫拔都 (Batu Han) 亦於 1240 年攻陷基輔 (Kiev，今烏克蘭首都)，消滅了基輔羅斯 (Kiev Knezliği，862–1240 年)，並於兩年後，在俄羅斯南部，建立了欽察汗國 (Kıpçak Hanlığı)，又稱「金帳汗國」(Altınordu Hanlığı)。其版圖包括中亞、俄羅斯和烏克蘭等地。

里 (Kayseri) 以後，卻發現當初向他求救的塞爾柱諸侯，因恐懼蒙古人的報復而改變初衷，不敢擁護他，只好又班師回埃及。巴伊巴爾斯撤退後，旭烈兀之子阿巴卡汗（Abaka Han，1265–1282 在位）率蒙古大軍進入小亞細亞，懲處謀叛的塞爾柱諸侯，並屠殺二十萬土耳其人。

自此以後，小亞細亞完全在蒙古人的掌握中，廢君立帝，為所欲為，小亞細亞塞爾柱蘇丹毫無影響力可言，在邊陲的將領紛紛自立為王。其中，奧斯曼帝國的創建者奧斯曼 (Osman) 亦在 1281 年繼承父位，領導族人爭取獨立。

1308 年，最後一位蘇丹麥蘇武德二世（II. Mesut，1284–1308 在位）憂鬱而終，伊兒汗國不再立新蘇丹，改派省長統轄。至此，小亞細亞塞爾柱帝國遂徹底的滅亡了。

第五節　小亞細亞塞爾柱帝國分裂出來的土耳其諸侯國

1308 年小亞細亞塞爾柱蘇丹麥蘇武德二世憂鬱而終以後，伊兒汗國派鐵木塔石 (Emir Çoban Bey Oğlu Timurtaş) 為省長，治理所謂「羅馬省」(Eyalet-i Rum) 的小亞細亞。在法理上，小亞細亞已成為伊兒汗國的一個省份，但事實上，小亞細亞早在小亞細亞塞爾柱帝國末期就已分裂成許多土耳其諸侯國。

所有侯國當中最重要的是奧斯曼侯國，至於其他侯國，因影響力不大，僅列其中比較重要的國名：艾雷特納侯國 (Eretna Beyliği)、江達爾侯國 (Candaroğulları)、卡拉曼侯國 (Karamanoğulları)、凱爾

圖 8：小亞細亞土耳其諸侯

米揚侯國 (Germiyanoğulları)、阿以登侯國 (Aydınoğulları)、都卡
德爾侯國 (Dulgadıroğulları)、拉馬桑侯國 (Ramazanoğulları)。

第六節　小亞細亞的土耳其文明

一、中央和地方制度

　　小亞細亞塞爾柱帝國沿襲大塞爾柱帝國的中央和地方制度。
君主稱為「蘇丹」。首都原在馬爾馬拉海東邊伊茲尼克湖 (İznik
Gölü) 東岸的伊茲尼克，第一次十字軍於 1097 年協助東羅馬帝國
佔領該城以後，才遷都至孔亞。

　　輔佐蘇丹的大臣稱為「維斯爾」(Vezir)，其中最大的是「宰相」（Vezir-i azam，意謂「最大的維斯爾」）。御前會議由宰相主持，處理軍國大事。

　　地方設「省」，由親王或中央派遣的省長治理。省之下亦如今日，分為縣和鄉等單位。負責城市安全的軍事司令稱為「速巴射」(Subaşı)。司法歸宗教法官「卡德」(Kadı) 掌管。

　　小亞細亞塞爾柱帝國滅亡以後紛紛獨立的侯國，無論在中央或地方制度上，均一如小亞細亞塞爾柱帝國。唯一不同的是君主不稱「蘇丹」，但道「侯主」(Bey) 而已。

二、軍隊

㈠陸軍

　　小亞細亞塞爾柱帝國一如大塞爾柱帝國，是一個奠基於軍事的國家，非常注重軍事。蘇丹的「禁衛軍」支領薪水，分為步騎兩種。全國軍隊以「采邑騎兵」為主，不支薪水，但享有稱為「迪立克」(Dirlik) 的「采邑」，戰時在省長的率領下，分列在蘇丹指揮的禁衛軍兩翼作戰。

㈡海軍

　　小亞細亞塞爾柱帝國原為一內陸國，在佔領地中海和黑海沿岸一帶以後，才開始注重海軍。在黑海岸的西諾普 (Sinop) 和地中海岸的安塔利亞 (Antalya) 各有一個意謂「沿岸基地司令」的海軍將領負責海軍事宜。造船業相當發達。帝國覆亡後所分裂出的阿以登等濱海諸侯國海洋事業都很進步。

三、財政

小亞細亞塞爾柱帝國的「國庫」分為兩種：一是存放全國歲收的「公庫」，另一則是專屬蘇丹的「御庫」。帝國主要收入來源有六：

1. 回教農民的什一稅和牲畜稅。
2. 非回教徒的土地稅和人頭稅。
3. 關稅收入。
4. 礦產收入。
5. 戰利品的五分之一。
6. 屬國的稅金和貢品。

政府稅收優先支付軍人薪金，然後是修路、築橋、興建清真寺和宗教學校、照顧鰥寡孤獨等社會福利。若仍有剩餘，則存入專屬蘇丹的御庫，作為預備金。

四、社會

㈠小亞細亞的土耳其化

1071 年以前，整個小亞細亞都是東羅馬帝國的領域，回教人稱為「羅馬世界」（Diyar-ı，或作 İklim-i Rum）。

回教勢力興起以後，開始侵襲小亞細亞的東南部和托魯斯山脈南麓，先是阿拉伯人，第八世紀下半葉以後則是土耳其人，逐

漸遷徙到上述地區。

1071 年馬拉茲吉特大會戰以後，來自中亞的土庫曼（歐烏斯）部落又侵入小亞細亞中部❾，先在高原和山區聚集，後又逐漸遷徙到平原和農村，最後則定居於城鎮。

在小亞細亞塞爾柱帝國時代，土耳其人修復了戰時被摧毀的城鎮，也興建了許多新都市，將原有或新興的地名，譯成土耳其文，或以歐烏斯族的部落名稱命名之，整個小亞細亞因而逐漸土耳其化，最後終於成為土耳其人的第二個家鄉。

小亞細亞塞爾柱帝國和其後的土耳其諸侯國時代，土耳其人仍不斷從中亞湧入小亞細亞，被蘇丹安頓在邊陲地區，一方面開疆拓土，一方面和當地人通婚混血；另一方面在拜占庭時代從歐洲移居至小亞細亞且已信奉基督教的歐烏斯、培切內克和庫曼 (Kuman) 等土耳其人，又投入了來自故居中亞但已信奉回教的老鄉的懷抱，促使小亞細亞的社會型態完全改觀。

---

❾　阿拉伯人稱他們所認識的歐烏斯為「古斯」(Guz)。第十世紀中葉，歐烏斯族信奉回教以後，回教人稱他們為「土庫曼」(Türkmen)，亦即「信奉回教的土耳其人」。遷徙到小亞細亞的歐烏斯族，在當時亦被稱為「土庫曼」。自十一世紀以後，「歐烏斯」與「土庫曼」交相使用，但是「土庫曼」一詞逐漸演變成專指「游牧的土耳其部落」，而「定居的土耳其市民」則被稱為「歐烏斯」。後來，「歐烏斯」又逐漸被淡忘，而為「土耳其人」(Türk) 所取代。目前「土庫曼」一詞，多指居於土庫曼、烏茲別克、哈薩克三共和國以及伊朗、阿富汗某些地區，仍過半游牧生活的土耳其部落而言。至於土庫曼共和國的人民，則又是名副其實的「歐烏斯」——「土庫曼」，亦即「土耳其人」。

　　成吉思汗西征之際，花剌子模被消滅，大批土耳其人又湧入小亞細亞東部，當時以及後來伊兒汗國統治小亞細亞時，蒙古人亦進入小亞細亞，這些蒙古人大多居於軍事要塞地區。原居住在小亞細亞的亞美尼亞人、庫德人 (Kürtler) 和希臘人，則以向土耳其人繳納土地稅和人頭稅的代價，保持住自己的語言和宗教，仍然居住在小亞細亞，但是到十九世紀末葉，奧斯曼帝國衰微以後，這些少數民族又稱兵作亂，爭取獨立自主，令土耳其人頭痛不已。

㈡生活與階級

　　在小亞細亞的土耳其人主要可分為游牧民、城市人和農民三種。游牧的土耳其人，一如在中亞，飼養綿羊、山羊、駱駝和馬。夏季到水草茂盛的高原，冬季則在冬營避寒。但是由於各部落逐漸定居於都市和城鎮，游牧的人口已日益減少。土耳其人發源於中亞，原是內陸民族，對海洋比較陌生，時至今日，除了沿海地區的居民以外，大家還是習於吃牛、羊肉，對海產沒有太大的興趣。

　　至於在農村和城市定居的土耳其人，大概可分為農、牧、手工業、商業、學者和軍人。學者是最受尊敬的階級，其次是軍人。因為土耳其人都是回教徒，對回教徒而言，彼此都是兄弟，在法律上一律平等，因此在小亞細亞並未出現封建諸侯，農民亦非可連同土地一齊買賣的奴隸。

　　但是，一如當時所有回教國家，在小亞細亞塞爾柱帝國境內，回教徒比基督教徒和猶太教徒享有較多的優惠待遇，後兩者納稅較多，但不須服兵役，至於其他職業和宗教信仰則完全自由，任何人都不得干涉或迫害。

五、宗教

塞爾柱人信奉回教，屬於素尼派，致力於宣揚素尼派教義，也敬重阿拔斯朝的哈里發。但在小亞細亞仍有許多背離素尼派，傾向什葉派的教會。

因為素尼派致力於維護宗教和社會的安寧，雙方時而發生衝突，導致宗教性的暴亂。塞爾柱以後的土耳其諸侯國時期，尤其是奧斯曼帝國時代，都曾為掃除反素尼派的教會而付出相當大的代價。

六、語言與文學

小亞細亞塞爾柱人在文學方面也向廟堂文學、宗教文學和大眾文學三方面發展。學術方面用波斯文和阿拉伯文。土耳其諸侯國時期因諸侯不諳波斯文和阿拉伯文，土耳其文遂大為流行，且成為官方語言。

小亞細亞塞爾柱時期興建了許多宗教學校、圖書館和清真寺。許多學者來自土耳其斯坦、波斯、敘利亞和埃及，國內各大都市皆成為學術文化中心。

七、幽默大師

根據考證，土耳其人引以為榮、家喻戶曉的幽默大師納斯雷汀（Nasreddin Hoca，1208–1284 年），就是小亞細亞塞爾柱帝國時代的人，他誕生於孔亞省的白城 (Akşehir) 縣。Nasreddin（納斯

雷汀）❿ 是他的名字，Hoca 是「回教教長、老師」的意思，有關
他的幽默小品不勝枚舉，現僅提供兩則，供大家參考：

   1. 干你何事？

     一個人對大師說：「剛才有人端了一大盤香噴噴的甜點心
     (baklava)！」

     大師：「干我何事？」

     「可能端到你家去了！」

     大師：「那又干你何事？」

   2. 戴纏頭帽就有學問

     顧名思義，纏頭帽 (Kavuk) 就是纏著布巾的帽子。在古時
     候，只有地位崇高、學識淵博的人才有資格戴。大師當然
     也有資格戴。

     話說有一個人拿了一封信請大師唸。信是用波斯文寫的，
     大師看不懂。

     那個人就說：「虧你還戴著纏頭帽。」

     大師馬上脫下纏頭帽，遞給那個人，說：「你戴上這頂纏頭
     帽，自己唸唸看！」

---

❿ 納斯雷汀在中國則以「阿凡提」之名享有盛譽，上海美術電影製片廠
於 1980 年發行的動畫電影「阿凡提的故事」（分成十四個小故事），就
是以「阿凡提」為主角。在中國的維吾爾人不稱納斯雷汀為 Hoca，而
稱他為 Efendi（用於稱呼知識份子或高階政府官員，意謂「先生」、「紳
士」或「師傅」），「阿凡提」是 Efendi 之音譯。

第 II 篇

奥斯曼帝國

奧斯曼帝國的建國時期 （1299–1453 年）

第一節　崛起的背景：局勢對土耳其人有利

　　奧斯曼帝國的創建者是歐烏斯族右支，亦即「灰箭」支的卡耶部。原本居住在中亞阿姆河和錫爾河之間的「河中地區」一帶。1219 年，因為花剌子模殺害蒙古商人和使者，而導致成吉思汗西征時，卡耶部從中亞的「河中地區」逃難至小亞細亞。

　　待成吉思汗消滅西夏，於 1227 年逝世的訊息傳來，卡耶部又想返回中亞，但是在今敘利亞境內哈烈普 (Halep) 的加貝爾碉堡 (Caber Kalesi) 附近橫越幼發拉底河時，酋長蘇烈曼 (Süleyman Şah) 不幸墜馬溺死❶，部族遂一分為二，一部分追隨其兩個兒子

---

❶　蘇烈曼的墳墓原本在敘利亞境內的加貝爾碉堡附近，土耳其人稱之為「土耳其陵寢」(Türk Mezarı)。但是亦有學者指稱，躺在陵寢裡面的蘇烈曼，並非奧斯曼的祖父，而是庫吐木施 (Kutulmuş) 之子、小亞細亞塞爾柱帝國創建者蘇烈曼。1968 年，敘利亞開始在幼發拉底河修築塔

東歸中亞，另一部分則追隨其另外兩個兒子艾爾吐魯 (Ertuğrul) 和頓達爾 (Dündar) 返回小亞細亞。

當時的小亞細亞塞爾柱帝國蘇丹阿拉埃汀凱庫巴特一世將卡耶部安頓在安卡拉西南部。後來卡耶部又在艾爾吐魯的領導下，向西推進，以索玉特 (Söğüt) 為大本營，戍守小亞細亞塞爾柱帝國的邊區。

1281 年艾爾吐魯逝世，其子年方二十三歲的奧斯曼一世（I. Osman，1299–1324 在位）繼位為卡耶部酋長。時小亞細亞塞爾柱帝國已淪為伊兒汗國的藩屬，戍守邊疆的將領紛紛乘機自立，奧斯曼亦於 1299 年以自己的名字創建了奧斯曼帝國。至今，土耳其人仍於每年的 1 月 27 日，在比列吉克 (Bilecik) 省的索玉特縣舉行盛大典禮，慶祝奧斯曼帝國的國慶日。

當時在小亞細亞先後共建立了十餘個土耳其諸侯國，奧斯曼帝國是其中最弱小的一個。最強大的是伊兒汗國。在托魯斯山脈以南則是奴隸王朝的勢力範圍。此外，第四次十字軍東征以後，在黑海岸建立的特拉布松羅馬帝國則是個在伊兒汗國威脅下的蕞爾小國。

至於拜占庭帝國也已日益衰微，地方上的諸侯既魚肉百姓，又不服從中央，皇帝毫無實權可言。帝國內外貿易操在威尼斯和

布卡水壩 (Tabka Barajı)，在 1973 年即將完工之際，土耳其為避免陵寢被水淹沒，而將陵寢往上游遷移至距離哈烈普一百二十三公里處的卡拉寇薩克 (Karakozak) 村。該村距離土耳其的烏爾法市 (Urfa) 九十二公里。

熱那亞人手中。內有帝位和教派之爭，外有東邊的土耳其人，和西邊的保加利亞人以及塞爾維亞人交相侵凌，雖曰帝國，其實只是在苟延殘喘而已。

　　奧斯曼帝國建國時期，在西邊除了拜占庭帝國以外，尚有在多瑙河南岸的保加利亞（Bulgaria，土耳其文作 Bulgaristan）、塞爾維亞、波士尼亞（Bosnia，土耳其文作 Bosna）和黑塞哥維那（Herzegovina，土耳其文作 Hersek）、阿爾巴尼亞，以及在多瑙河北岸的瓦拉齊亞（Wallachia，土耳其文作 Eflak）、摩達維亞（Moldavya，土耳其文作 Boğdan）、外西凡尼亞（Transylvania，土耳其文作 Erdel。後來三者合併成今日的羅馬尼亞）和強大的匈牙利。

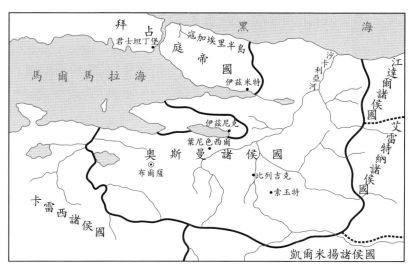

圖9：奧斯曼時代的奧斯曼諸侯國

在宗教方面，基督教經過多次的教義分歧和東、西方教會互爭領導權等紛爭，終於導致 1054 年的徹底分裂：西方為羅馬公教，又稱天主教，東方則稱希臘正教或東正教。因為地緣關係，比較靠近君士坦丁堡的保加利亞、塞爾維亞、波士尼亞和黑塞哥維那人信奉希臘正教。比較靠近羅馬的瓦拉齊亞、匈牙利和克羅埃西亞（Croatia，土耳其文作 Hırvat）人則是天主教徒。

在巴爾幹半島上，最強大的是斯拉夫人建立的塞爾維亞王國，國王大都商（Büyük Düşan，1331–1355 在位）雖致力於統一巴爾幹半島，但半島上的政治糾紛繁多，宗教和社會問題亦相當複雜。無辜的百姓，怨聲載道，苦不堪言。

局勢對奧斯曼土耳其人的興起相當有利。

第二節　建國的歷程：西進蠶食拜占庭帝國

當時的奧斯曼帝國因為東方有強大的土耳其諸侯，所以採取西進政策，所謂西進就是蠶食拜占庭帝國的東疆。始於艾爾吐魯的慘澹經營，歷經奧斯曼時代的繼續努力，至 1326 年奧斯曼之子歐爾罕（Orhan，1324–1362 在位）終於攻陷了拜占庭帝國在小亞細亞的最大城市，位於馬爾馬拉海東南邊的布爾薩 (Bursa)，並威脅寇加埃里 (Kocaeli) 半島。

1346 年拜占庭帝國發生帝位之爭，約翰六世 (John VI Cantacuzenus) 以其女蝶歐德拉 (Teodora) 下嫁歐爾罕，歐爾罕遂派五千精兵助其登基。後因塞爾維亞威脅拜占庭，約翰六世又向

其女婿求救，歐爾罕令其子蘇烈曼 (Süleyman) 率精兵兩萬擊退塞爾維亞大軍 ，約翰六世則以恰納克卡雷海峽❷歐洲岸加里波魯 (Gelibolu) 半島的奇姆培 (Çimpe) 碉堡贈予奧斯曼人作為酬勞。

1356 年歐爾罕之子蘇烈曼正式率軍建設奇姆培基地，並隨即佔領加里波魯，繼續攻城掠地，但卻於 1359 年狩獵時不幸墜馬身亡。1362 年歐爾罕死，蘇烈曼之弟莫拉德一世（I. Murat，1362–1389 在位）繼位。翌年莫拉德一世又渡海擊敗拜占庭，佔領歐人稱為亞得里亞堡 (Adrianople) 的艾迪內 (Edirne)，於是奧斯曼遂與保加利亞接鄰，大批土耳其人亦開始遷至色雷斯❸定居。

土耳其人移居色雷斯，使巴爾幹諸國感到不安。後來，因為奧斯曼部隊不斷進犯，保加利亞不得已，遂稱臣納貢。保加利亞是斯拉夫民族建立的，但其國家的名稱卻源自土耳其的保爾加人 (Bulgar)。原因是在七世紀中，保爾加人雖然將當地的斯拉夫人征服，但因本身人數較少，反而被同化。

1389 年奧斯曼部隊又在科索沃 (Kosova)，大敗以塞爾維亞國王拉薩爾 (Lazar) 為首的十萬歐洲聯軍，並擒獲拉薩爾。但是戰後莫拉德一世卻被一塞爾維亞貴族米洛施 (Miloş) 暗殺。

---

❷　國人習於按英文將 "Dardanelles" 譯為「達達尼爾」（海峽）。其實，現在土耳其人都稱該海峽，以及橫跨該海峽的省和省會為 "Çanakkale"。因此此處亦音譯為「恰納克卡雷海峽」。

❸　色雷斯（Thrace，土耳其文作 Trakya）是指巴爾幹半島東南端，在黑海以西，愛琴海和馬爾馬拉海以北，斯突馬 (Struma) 河下游以東的地區而言。其名稱得自西元前兩千年由中亞遷居至此的色雷斯人。

　　不久，莫拉德一世傷重不治，其子巴耶西特一世（I. Bayezit，1389–1402 在位）即位。塞爾維亞刺客米洛施和國王拉薩爾均被處死。同時，巴耶西特一世唯恐其弟亞庫柏（Yakup Çelebi）會爭奪皇位，而令人將他勒死，莫拉德一世父子兩人之遺體，遂一併被送往布爾薩安葬。刺客與國王或曰罪有應得，但是亞庫柏招誰惹誰？何其無辜？

　　巴耶西特一世首先再度平服保加利亞，使帝國疆域伸展到多瑙河岸。然後又於 1396 年，在尼波魯（Niğbolu，在今保加利亞北部靠近羅馬尼亞）擊潰歐洲聯軍。波士尼亞和瓦拉齊亞因此成為奧斯曼帝國的保護國。

　　從 1389 至 1402 年，巴耶西特一世在短短十年左右，先後平定了小亞細亞塞爾柱帝國崩潰以後所建立的八個土耳其諸侯國，眼看就要將整個小亞細亞併入版圖。但是正當此時，帖木耳（Timur，1335–1405 年）亦攻佔了波斯、高加索和伊拉克，而向奧斯曼東疆逼進。國家被巴耶西特消滅了的土耳其諸侯，乃向帖木耳尋求庇護；而被帖木耳追逐的巴格達蘇丹阿荷美特（Ahmet Celayir）和黑羊國（Kara Koyunlular，1375–1468 年）國王約瑟夫（Kara Yusuf），則向巴耶西特尋求保護。由於互相庇護對方的敵人，導致了 1402 年的安卡拉戰役，結果用兵神速、人稱「閃電」的巴耶西特一世，被跛子帖木耳打敗。包括巴耶西特一世本人，參戰的兩個兒子（另外三個臨陣脫逃），以及諸多高階將領都被俘虜❹。

---

❹　在此之前，帖木耳曾於 1391 年和 1395 年先後兩次征討金帳汗國，導

戰後，帖木耳在小亞細亞巡視長達八個月之久。在此期間，巴耶西特一世都被關在囚轎裡面，在帖木耳所到之處遊街示眾。巴耶西特一世因為不堪羞辱，終於在 1403 年 3 月間憂鬱而終。至於帖木耳，不久就返回撒馬爾罕 (Semerkant)。稍事休息以後又遠征中國的明朝，但是在途中病倒，於 1405 年死在今哈薩克境內的訛答剌 (Otrar)，享年六十九歲。

有史以來，土耳其人曾經被蒙古人侵犯過三次，第一次是 1219 年的蒙古第一次西征，在中亞的土耳其人慘遭殺害；第二次是 1243 年郭西達之役，小亞細亞塞爾柱土耳其人戰敗，淪為蒙古人建立的伊兒汗國的屬國；第三次是 1402 年的安卡拉之役，奧斯曼帝國的皇帝巴耶西特戰敗被俘，導致帝國分崩離析。但是，今天的土耳其人並不仇恨蒙古人，有很多男性都以取蒙古名字為榮，如：Cengiz（成吉思），Hakan（可汗），Kubilay（忽必烈）和 Timur（帖木耳）等等。

巴耶西特一世戰敗被俘以後，諸子爭立，帝位虛懸長達十一年，原已被平服的土耳其諸侯國亦再度獨立，帝國局勢危如累卵。到 1413 年巴耶西特一世之子梅荷美特一世（I. Mehmet，1413–1421 在位）才取得政權。梅荷美特一世在位時，除了致力於平定內亂，就是和小亞細亞諸侯互爭雄長。其繼立者莫拉德二世（II. Murat，1421–1444、1446–1451 在位）在位初期，亦復如是。

致該國衰微，甚至分崩離析，因此莫斯科大公伊凡三世（III. İvan，1462–1505 在位）得以在 1480 年擺脫蒙古人長達 240 年的統治。此即日後俄國終於成為奧斯曼帝國之勁敵的遠因。

在這一段時間內，帝國無力向西發展，歐洲聯軍，尤其是外西凡尼亞侯國的渾亞德 (Jan Hunyad，土耳其文作 Hüyadi Yanoş)，甚至還接二連三擊潰了奧斯曼部隊。莫拉德二世不得已，於 1444 年在今天匈牙利境內的色給丁 (Segedin) 和歐洲聯軍簽訂和約。雙方代表還分別以手按《古蘭經》和《聖經》，宣誓信守和約內容。

和約簽訂後不久，莫拉德二世以厭戰為由，自行引退，將帝位讓予年方十四歲的兒子梅荷美特二世 (II. Mehmet，1444–1446、1451–1481 在位)。歐洲各國認為有機可乘，旋即撕毀以手按《聖經》宣誓遵守的〈色給丁和約〉，組織聯軍，浩浩蕩蕩直逼奧斯曼帝國。莫拉德受群臣及梅荷美特二世的央求，再度親率大軍渡海迎敵。

時恰納克卡雷海峽已被威尼斯艦隊封鎖，莫拉德只好到伊斯坦堡 (İstanbul) 海峽，以每一名士兵一個金幣的代價，委由熱那亞人載運到歐洲岸。他令將一張書寫著〈色給丁和約〉的羊皮紙掛在一根長矛上，豎立在奧斯曼軍旗旁邊，用以羞辱對方、激勵自己。結果，斬殺匈牙利國王拉迪斯拉斯三世（Ladislas III，1434–1444 在位），大獲全勝，是為瓦爾那 （Varna，在今保加利亞境內，瀕臨黑海）大捷。

拉迪斯拉斯三世是波蘭雅蓋隆王朝 （Jageillon，1386–1572 年）的君主，1434 年即位時年僅十歲，統治領域本來就包括波蘭和立陶宛等地，1440 年時又兼匈牙利國王，土耳其人習於稱他為匈牙利國王，死時年方二十。以目前的眼光看，二十歲的年輕人，

大學都還沒有畢業呢！真是令人感嘆！

　　為了湔雪瓦爾那戰役的恥辱，外西凡尼亞侯主渾亞德在 1448 年又率聯軍進攻奧斯曼帝國，但被莫拉德二世大敗於科索沃，史稱「第二次科索沃戰役」。自此以後，歐洲各國不敢再進攻奧斯曼帝國，主動權完全操在土耳其人手中，再也無人能阻擋土耳其人在巴爾幹半島定居了。

　　1451 年莫拉德二世在狩獵時因心臟病發而死，其子梅荷美特二世再度即位，花了兩年的時間從事準備，終於在 1453 年 5 月 29 日攻佔伊斯坦堡，消滅了拜占庭帝國。後人因此而稱他為「征服者」(Fatih)。今日有許多土耳其家長因仰慕其文治武功，而替自己的兒子取名為 Fatih，我們通常都音譯為「法提」。

　　土耳其人攻佔伊斯坦堡以後，儼然成為橫跨歐亞兩洲領土、結合東西文化思想、繼承拜占庭和阿拉伯回教世界的大帝國。伊斯坦堡的攻陷，無論在世界歷史或土耳其歷史上，都是一件大事。

圖 10：梅荷美特二世為攻佔君士坦丁堡而興建的「魯美利碉堡」

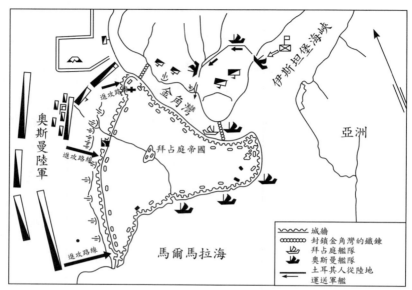

圖 11：1453 年 5 月 29 日奧斯曼帝國攻佔伊斯坦堡示意圖

一般史學家都以伊斯坦堡的淪陷，作為中古史的終結和近代史的開始；對土耳其歷史而言，伊斯坦堡的佔領，結束了奧斯曼帝國的建國時期，自此以後，是帝國的擴張時期。

　　因為地緣關係，大約於第十世紀末傳入俄國的基督教，是來自伊斯坦堡的希臘正教，並非來自羅馬的天主教。自從 1054 年教會分裂以後，俄國與伊斯坦堡的關係更加密切，與羅馬的關係則更疏遠。拜占庭帝國滅亡以後，許多宗教人士就近逃往俄國。留在伊斯坦堡的東正教教宗受制於回教，日益式微，在莫斯科的東正教大主教則逐漸強大。

　　另一方面，俄國人一向視伊斯坦堡為繼承基督教正統的「第

二座羅馬城」，如今伊斯坦堡既已被土耳其人佔領，就只剩下莫斯科有資格繼承此項傳統，因而自稱莫斯科為「第三座羅馬城」。此即俄國強大以後，提出「泛斯拉夫主義」，以斯拉夫民族的老大哥和東正教徒的保護者自居，不斷干涉奧斯曼帝國內政，從而插足巴爾幹問題的主要原因之一。我們也可以說，就是俄國人的這股思想，讓土耳其人吃盡苦頭。

第三節　建國時期的典章制度與文化

一、疆域

　　自 1299 年奧斯曼一世脫離小亞細亞塞爾柱帝國獨立，至 1453 年梅荷美特二世攻陷伊斯坦堡，是奧斯曼帝國的建國時期。

　　當時雖只是個諸侯國，但已成為睥睨小亞細亞和巴爾幹半島的一等強國。其領域在歐陸方面直抵多瑙河岸，今日保加利亞的全部、塞爾維亞的大部分、除摩拉半島（Mora，英文作 Morea「摩里亞」，昔名 Peloponnesus「伯羅奔尼撒」）❺以外的希臘，皆在版圖之內。在疆界之外的瓦拉齊亞、塞爾維亞王國、阿爾巴尼亞侯國和摩拉半島，亦都向奧斯曼帝國納貢。

　　在小亞細亞方面，除最北端的江達爾諸侯國外，自黑海沿岸

---

❺　希臘南部的一個大半島，原以科林斯 (Corinth) 地峽和本土連接，1893年在科林斯地峽開鑿運河以後，則變成了一個島。

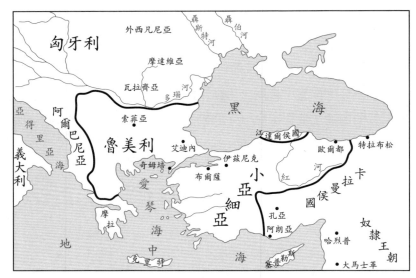

圖 12：十五世紀中葉（尚未攻陷伊斯坦堡以前）的奧斯曼諸侯國

的歐爾都 (Ordu) 附近開始，沿紅河上游，直抵地中海岸的阿朗亞
(Alanya) 一線以西，皆為奧斯曼侯國的領土。

二、政府組織

㈠皇帝與繼承制度

　　奧斯曼帝國因其創建者奧斯曼一世而得名，國人通常都按英
文 Ottoman（或作 Othman）一字，而譯為「奧圖曼」或「鄂圖
曼」帝國。立國之初，原是個很小的諸侯國，其領袖自稱「侯」
(Bey)，或意謂「對敵作戰有功者」的「加斯」(Gazi)，亦有稱
「汗」 (Han)，「可汗」 (Hakan) 或語出波斯文的 「勛卡爾」

(Hünkar)❻者，後來通稱為「皇帝」(Padişah)。第一位使用「蘇丹」(Sultan) 頭銜的是莫拉德一世，他也被稱為「統治者」(Hüdavendigar)。用兵神速的巴耶西特一世，則被稱為「閃電」(Yıldırım)。

自 1402 年巴耶西特一世在安卡拉之役戰敗被俘，至 1413 年其子梅荷美特一世登基，其間因五子爭立，各自為王，皆非正統，而造成了十一年的帝位虛懸時期，史稱「危殆時期」(Buhran Devri)。

建國時期並無明文規定帝位繼承法，但通常都是父傳子。太子被稱為「射沙帖」(Şehzade)❼或意謂「溫文有禮」的「切雷比」(Çelebi)，自幼即被任為郡長，另派一稱之為「拉拉」(Lala) 的大臣輔佐之。

---

❻ 中國有一道菜「佛跳牆」，其名稱由來，說法不一，但總令人想到「和尚」。土耳其也有一道和回教「教長」(İmam) 有關的菜：將洋蔥和番茄等塞在剖開的茄子裡面，不加水放在平底鍋煮熟，等涼了以後才吃，叫做 İmambayıldı，可直譯為「教長酷愛」（此處的 bayıldı 是「非常喜歡」，並非「暈倒」的意思）。另外還有一道菜，以茄子泥為襯底，上面擺放用洋蔥和番茄等燉熟的牛肉，菜名是 Hünkarbeğendi，可直譯為「皇上滿意」(beğendi 是「滿意」的意思)。在古時候，和尚、教長和皇上都有其崇高的地位，連他們都喜歡的菜餚，想一定可口美味，令人垂涎。從菜餚的名稱，亦可嗅出中、土兩國文化的氣息。

❼ Şeh，亦作 Şah，是波斯君王的稱號。Zade 亦語出波斯文，是「兒子」的意思。因此，Şehzade 就是「君王的兒子」，也就是「太子」的意思。在奧斯曼帝國初期的典章制度中，我們仍然可以感受到波斯的影響力。

(二)首都

　　奧斯曼一世立國之初，定都於現在屬於比列吉克省的索玉特。其子歐爾罕於 1326 年攻陷布爾薩後，以布爾薩為新都。歐爾罕之子莫拉德一世於 1363 年佔領艾迪內後，又以艾迪內為首都。帝國之內遂有兩個首都：皇帝在歐洲準備遠征時，進駐艾迪內；在亞洲籌劃討伐時，則坐鎮布爾薩。

(三)御前會議

　　奧斯曼帝國的最高行政組織是「御前會議」。舉凡國內官吏的任免，對外和戰的決策，以及中央、地方政策的釐訂等，皆須經御前會議討論表決之。其職權，相當於今日的「土耳其大國民議會」和「部長會議」兩個組織。

　　建國時期的御前會議由皇帝親自主持。每天清晨——例假除外——做完「早禱」後，即行召開。奧斯曼帝國是回教國家，回教徒每天要做五次禮拜，「早禱」，就是「晨禮」，亦即黎明時分舉行的第一次禮拜，時間大約是早上四點多鐘。一般民眾做完「早禱」以後可以再睡個「回籠覺」，但是在朝為官者卻要接著開會，不能睡懶覺，也蠻辛苦的！

　　當時因皇帝經常率軍出征，所以御前會議並無固定會址，皇帝在那裡就在那裡召開。直到 1453 年梅荷美特二世攻佔伊斯坦堡以後，方固定在今已改為博物館的 「托普卡波」 (Topkapı) 皇宮內，被稱為「庫貝阿爾特」(Kubbealtı) 的大廳裡召開。

(四)宰相

　　開國之君奧斯曼一世時，並無宰相一職。其子歐爾罕即位後，

方才設置，稱為「維斯爾」(Vezir)。後來宰相增至三名，為劃分他們的階級，遂稱其位尊者為「維斯爾阿薩姆」(Vezir-i azam)，意即「最大的宰相」。至於其他宰相，則以「第二宰相」、「第三宰相」區分，其地位實僅相當於「部長」。

㈤回教大法官與回教大教長

　　奧斯曼帝國是回教國家，其政策均按回教法規執行，主其事者稱為「回教大法官」(Kazasker)❽，是御前會議的固定成員，在會議中負責審判重大案件。

　　另有稱為「木夫提」(Müftü) 的「回教大教長」，負責發布「費特瓦」(Fetva)，說明某一措施是否符合回教教義與法規。

三、地方制度

　　奧斯曼帝國的典章制度均沿襲小亞細亞塞爾柱帝國。當時的地方制度並無軍政、民政之分，統由地方首長一人掌理。

　　地方行政區域分為 「郡」 (Sancak，或作 「旗」)、「鎮」(Kaza) 和「村」(Köy) 三級。最小的是「村」，其首長稱為「采邑長」(Timarlı Beyi)。數村組成一「鎮」，其首長是「卡德」(Kadı)，主掌一切行政和司法事宜，後來又演變成「法官」的意思。數鎮組成一「郡」，其首長稱為「郡長」(Sancak Beyi)。

　　凡是在小亞細亞的郡， 統歸 「安那多魯省長」 (Anadolu

---

❽　Kazasker 一字本作 Kadıasker。Kadı 是「法官」，Asker 是「軍人、士兵」，Kadıasker 就是「軍法官」的意思。後訛傳為 Kazasker，今則習用之。

Beylerbeyi)❾管轄；所有在歐洲部份的郡，則歸「魯美利省長」
(Rumeli Beylerbeyi) 管轄。Beylerbeyi 係「許多郡長 (Beyler) 之長
(Beyi)」，亦即「省長」的意思。

在「建國時期」原本只有上述兩個省 (Beylerbeyliği)，但是邁
入「擴充時期」以後，因為開疆闢土而增加了許多「省」，最多時
超過四十個，其名稱也由 Beylerbeyliği 演變成 Eyalet 或 Vilayet。
今日土耳其共和國有 81 個「省」，稱之為 "İl"，「省長」叫 "Vali"。

四、土地制度

奧斯曼帝國將征服之地，按歲收和行政管理，劃分成許多單
位，分予皇帝、太子、宰相、其他官員以及作戰有功的士兵，這
些單位稱為「迪立克」(Dirlik)。迪立克按其歲收之多寡，又分為
下列三種：

    1. 哈斯 (Has)：歲收在十萬銀幣以上者，分予皇帝、太子、
      宰相、御前會議成員和省長。

    2. 色阿美特 (Zeamet)：歲收在二萬至十萬銀幣之間者，分

---

❾　東羅馬帝國尚未滅亡以前，在其東方的阿拉伯人、波斯人和土耳其人
　　稱其領域為「魯美利」(Rumeli)，意思是「羅馬世界」，或「羅馬領
　　土」。待土耳其人消滅東羅馬帝國以後，又稱小亞細亞為「安那多魯」
　　(Anadolu)，統稱自己在歐洲部分的領土為「魯美利」。換言之，原指
　　「羅馬世界」、「羅馬領土」的「魯美利」，後來演變成專指土耳其人在
　　歐洲部分的領土。

予郡長、鎮長和其他朝臣。

3.德馬爾 (Tımar)：歲收在三千至二萬銀幣之間者，分予作
戰有功的士兵。

奧斯曼人稱在土地上耕作並擁有土地者為 「雷阿亞」
(Reaya)❿。因此，采邑主人並非地主，只是負責向雷阿亞收稅的
官員而已。采邑主人徵收的稅金，除留一部分作為自己的薪資外，
餘款必須供養騎兵。

五、軍事組織

奧斯曼侯國初期並無嚴密的軍事組織，遇有戰爭時，在邊界
的「加斯」和部落中有作戰能力者均須參戰，平均分享戰利品和
俘虜，但並無薪資可領。

正規軍是在第二代君主歐爾罕在位時建立的。因為當時業餘
的戰士已無法從事大規模的戰爭，所以組織了一支為數一千人，
可以支領薪金的正規軍。

土耳其人進入巴爾幹半島以後，又發覺這支部隊也不夠用，於
是在莫拉德一世時， 又建立了奧斯曼部隊的核心 「新軍」
(Yeniçeriler) ⓫ ， 而且亦在征服之地建立 「采邑騎兵」 (Tımarlı

---

❿　「雷阿亞」起初泛指回教和基督教徒，但後來則僅指奧斯曼國籍的非
回教徒。

⓫　土耳其文作 Yeniçeri，yeni 是「新」，çeri 則是「士兵」的意思。英文
作 Janissary 或 Janizary，當係土耳其文之音譯。中文則又習於按英文音

Sipahisi)，因而在十四世紀上半葉時，就已擁有一支強大的正規部隊。

十五世紀中葉時，奧斯曼侯國的軍隊，在組織方面可分為「禁衛軍」（Kapıkulu Askerleri 或 Hassa Ordusu)、「地方部隊」（Eyalet Askerleri，亦作「采邑騎兵」)、游擊隊 (Akıncılar) 和輔助部隊 (Yardımcı Kuvvetler) 四種。

㈠禁衛軍

禁衛軍依其任務可分為「禁衛步兵」(Kapıkulu Piyadeleri) 和「禁衛騎兵」(Kapıkulu Süvarileri) 兩種：

1.禁衛步兵：

分為「新兵」(Acemi Oğlanlar)、「新軍」、「砲兵」(Topçular) 和「武器兵」(Cebeciler 或 Silahtar) 四種。其中以「新軍」最為重要，是帝國最重視、最精銳的核心部隊。

新軍是按「徵兵法」徵召的基督教兒童所組成的。被稱為「狩獵營長官」(Turnacıbaşı) 的官員每年在魯美利巡視，徵集六千名適合當兵的基督教兒童，將他們送到小亞細亞的「村」裡，交給「采邑長」，灌輸土耳其與回教思想，同時亦為「采邑長」工作，待完全土耳其回教化後，再送到艾迪內和加里波魯被稱為「新兵營」的訓練中心，接受嚴格的訓練。這些青年，就是「新兵」。土耳其文稱之為 Acemi Oğlanlar，Acemi 是「無經驗的」、「生疏的」的意思，Oğlan 則是「男孩子」的意思。因此，「新兵」頗有「菜鳥」的意味。

譯之為「耶尼賽里」。

「新兵」受訓完畢所分發的部隊，就是「新軍」。新軍紀律嚴明，以軍營為家，年老力衰或作戰傷殘方得退伍，退伍前不得結婚，終日接受軍事教育或從事體育競賽，以備作戰。其最高將領稱為「新軍元帥」(Yeniçeri Ağası)。Ağa 是「地主、先生或大哥」的意思。

「砲兵」是在莫拉德二世時建立的，在 1444 年的瓦爾那和 1448 年的第二次科索沃戰役中均曾立下汗馬功勞。奧斯曼土耳其人鑄造當時最大的巨砲，日後甚至用以攻陷伊斯坦堡。

至於「武器兵」，顧名思義是負責製造武器、彈藥，以及運輸工具之製造、維修等工作。

禁衛步兵每一季節領薪一次，薪金稱為「烏魯費」(Ulufe)，發薪時還舉行盛大典禮。

2.禁衛騎兵：

作戰時禁衛騎兵布署在皇帝身邊。因為是騎兵，所以平時都駐紮在郊區。禁衛騎兵一如禁衛步兵，亦支領薪水。

㈡地方部隊

地方部隊的基礎建立在采邑制度和土地政策上。這種部隊純由土耳其人組成，他們不支薪，但享有采邑。

采邑主人向「雷阿亞」征收稅賦，一部分留下自用，另一部分則供養武器、馬匹和裝備齊全的騎兵，這種兵就是「地方部隊」，亦稱為「采邑騎兵」。換言之，政府不需支付任何費用就可以擁有眾多的、純由土耳其人組成的地方部隊。到征服者時代已經多達十萬人。

　　采邑主人負擔地方部隊的所有經費，也負責維持當地的秩序和安全。在地方上享有崇高的地位，關懷人民的福祉，致力於發展農牧，因為農夫和牧人的收入增加，采邑主人的稅收亦隨之增加，兩者均蒙其利。除此以外，因為地方部隊是騎兵，所以也注重畜養馬匹。

㈢游擊隊

　　駐紮在邊境的游擊隊是由土耳其人組成的輕騎兵隊，主要任務是偵察、嚮導、突擊、擾亂和俘擄敵人蒐集情報。建國時期的游擊隊佔有重要的地位，其組織亦相當完善。因為游擊隊駐紮於邊界，也經常為本身利益而侵犯敵境。

㈣輔助部隊

　　帝國強大以後，尤其是在擴充時期，遇有戰爭時，克里米亞、瓦拉齊亞和摩達維亞等屬國的軍隊亦會協助奧斯曼帝國，其中最重要的是克里米亞汗國。

六、財政與幣制

　　奧斯曼帝國建國時期，小亞細亞通行塞爾柱、拜占庭和奴隸王朝的錢幣。奧斯曼人在歐爾罕時代首度鑄造稱為「阿克切」(Akçe) 的銀幣。後來其他皇帝在位時，也曾用銅鑄造「阿克切」。直到征服者時代（1451–1481 年）才開始鑄造金幣。

　　土耳其人說："Ak akçe kara gün içindir." 就是「積穀防饑（養兒防老）」的意思。直譯是：「(Ak) 白花花的 (akçe) 銀子 (içindir) 是為了 (kara) 黑暗、潦倒的 (gün) 日子 （而儲蓄的）。」句中的

akçe，指的就是奧斯曼帝國時代的「銀幣」。

建國時期奧斯曼政府的主要歲收來源有六：

1. 什一稅 (Öşür)：按回教法規，回教人必須繳納土地作物收入的十分之一。由采邑主人徵收。

2. 哈拉赤 (Haraç)：非回教徒所繳納的土地稅和所得稅。亦由采邑主人徵收。

3. 吉斯耶 (Cizye)：非回教徒所繳納的一種「人頭稅」或「保健稅」。健康的男人每年繳一個金幣，婦女繳半個金幣。老年人與幼童免稅。

4. 關稅、礦產、鹽田和森林等公營事業的收入。後三者若係民營，則抽什一稅。

5. 戰時擄獲之戰利品和俘虜的五分之一，回教法規稱之為「五分之一法」(Hums-u Şeri)，是政府最大收入之一。

6. 熱那亞 (Cenevizliler)、拜占庭、瓦拉齊亞和塞爾維亞等向奧斯曼政府繳納的稅貢。

政府收入由財政首長「德夫鐵達爾」(Defterdar) 登錄，存放在「國庫」，須經御前會議和德夫鐵達爾的批准，始可動用。政府最大支出是禁衛軍和宗教學者的薪金，其次則用於興建清真寺、學校、醫院、救濟院、客棧、道路和橋樑等建設或慈善事業。若仍有剩餘，則存入專屬於皇帝的「御庫」。

七、經濟

㈠農牧

奧斯曼帝國以農牧立國。采邑制度是土地政策的基礎。采邑主人為其本身利益,致力於協助農民,同時為供養騎兵,對馬匹品種的改良亦相當重視,因此畜牧業非常發達。土耳其人以前是游牧民族,有許多和馬有關的諺語,如:「At var, meydan yok」直譯是:有馬,但是沒有場地(或賽馬場)。意謂「有志難伸;無用武之地」。「Attan inip eşeğe binmek」直譯是:下馬騎驢。意謂「越來越遭」、「每況愈下」。可見「馬」在土耳其人心目中的重要性。

㈡手工業

手工業和農牧以及軍事都有密切的關係,奧斯曼人自行製造的精良武器和裝備,是對外作戰致勝的重要因素之一。礦產的開發,地氈、紡織、皮革等手工業均非常發達。除鐘錶、高級布料、玻璃器皿等少數貨品外,均可自給自足。

㈢貿易

奧斯曼帝國的發祥地本來就位居貿易樞紐,後來又向馬爾馬拉海和愛琴海岸發展,妨礙了控制東方貿易的威尼斯人和熱那亞人的利益,因此他們對奧斯曼帝國都採取敵對態度。

奧斯曼人致力於築路修橋、興建客棧,俾便發展國內貿易。當時最重要的商品如鹽、皮革、明礬、棉花、礦產、木材和紡織品等都可外銷。主要貿易對象是拜占庭和熱那亞。

八、教育

　　奧斯曼帝國最主要的教育機構是「宗教學校」(Medrese)，分為初、中、高三級，主要教授宗教、哲學、文學、數學和天文等課程。畢業以後可擔任教長、布道家、法官、回教大教長或教授等職務。建國時期的政府官員例由宗教學校畢業生中遴選，後來則在宮廷內另設一稱為「恩德隆」(Enderun) 的學校栽培。

　　當時在埃及、敘利亞、波斯和「河中地區」的宗教學校水準較高，所以有許多學生到上述地區留學，上述地區的學者，也到小亞細亞講學，對學術交流均有莫大的貢獻。

九、語言與文學

　　在奧斯曼帝國的建國時期，因為小亞細亞諸侯國的創建者皆為軍人，既不諳波斯文，也不識阿拉伯文，所以土耳其文的地位日益重要，尤其是奧斯曼帝國以土耳其文為官方語言，使土耳其文隨其武功而擴散到巴爾幹半島。

　　建國時期的文學朝「大眾文學」和「宗教文學」兩方面繼續發展，培養出許多詩人和作家。莫拉德二世及其子征服者梅荷美特二世也是有名的詩人。

十、藝術與建築

　　建國時期的建築受塞爾柱與拜占庭的影響很大，後來才發展出所謂「奧斯曼土耳其式建築」，其中最有名的是在布爾薩的烏魯

清真寺 (Ulu cami) 、 綠色清真寺 (Yeşil Cami) 和綠色陵寢 (Yeşil Türbe)，以及在艾迪內的三尖塔清真寺 (Üç Şerefeli Cami)。

　　回教禁止繪畫和雕塑人像，所以奧斯曼土耳其人未曾在這些方面發展。但在書法、裝飾書籍或字母、瓷器、雕刻、敲花細工和貝殼飾物等方面都有優異的表現。其中瓷器甚至被視為土耳其的民族藝術，正如我們提到瓷器，一定會想到江西的景德鎮，或是臺灣的鶯歌 。 在土耳其西部庫塔希亞 (Kütahya) 出產的瓷器也聞名「土」外。

第五章 | *Chapter 5*

奧斯曼帝國的擴張時期
（1453–1579 年）

第一節　梅荷美特二世時代

　　因為梅荷美特二世（II. Mehmet，1451–1481 年）佔領伊斯坦堡，征服了東羅馬帝國，所以土耳其人都尊稱他為「征服者」。其對外擴張，可分下列三方面概述：

一、巴爾幹半島方面

　　征服塞爾維亞王國（1453–1459 年）、摩拉半島（1460 年）、瓦拉齊亞和波丹侯國❶（1462–1476 年）以及波士尼亞和黑塞哥

---

❶　波丹 (Boğdan) 即摩達維亞 (Moldavya)，今以普魯特 (Prut) 河為界，分屬羅馬尼亞 (Romanya) 和前蘇聯的摩達維亞共和國。瓦拉齊亞和摩達維亞是羅馬尼亞人建立的兩個小公國。羅馬尼亞人屬拉丁語系，自認為是古代羅馬人的後裔。因此在 1859 年兩區合併後，改稱「羅馬尼亞」。1878 年柏林會議後脫離土耳其而獨立。

維那侯國（1463–1465 年）。自此以後，波士尼亞逐漸改信回教，取得參政權，諸如阿荷美特 (Hersekzade Ahmet Paşa) 者，甚至可以當上宰相。但是在五百多年以後，波士尼亞人於 1992 年宣布脫離南斯拉夫 (Yugoslavia) 而獨立時，卻慘遭塞爾維亞人屠殺，這多少和彼等之信奉回教有關。

自 1463 年至 1479 年，奧斯曼帝國又與威尼斯共和國展開了為期十六年的戰爭。原因是帝國的西進，影響到威尼斯的貿易利益，雙方因而發生衝突。戰爭末期大多在阿爾巴尼亞進行，因為威尼斯在戰爭期間曾經援助反叛奧斯曼帝國的阿爾巴尼亞，該國國王伊斯坎德 (İskender Bey) 臨終前甚至將國事交給威尼斯人，結果奧斯曼人還是驅逐威尼斯人，征服了阿爾巴尼亞。

總而言之，威尼斯的海軍強大，奧斯曼的陸軍壯盛，結果各有勝負，簽訂和約了事。

我們可以說，自從土耳其人攻佔伊斯坦堡以後，威尼斯就成為奧斯曼帝國的最大敵人。威尼斯有時單獨、有時聯合歐洲國家、有時甚至慫恿在小亞細亞中部的卡拉曼侯國及其東邊的白羊國（Akkoyunlular，1467–1502 年）共同對付奧斯曼帝國。結果，威尼斯卻因為和奧斯曼帝國競爭、衝突、戰爭而衰微。

二、小亞細亞方面

1459 年攻佔了熱那亞 (Cenevizliler) 在黑海沿岸的殖民地阿馬斯拉 (Amasra)。翌年消滅了江達爾侯國。該國首都是黑海岸的西諾普 (Sinop)，在其北邊的茵結地岬 (İnceburun) 位於北緯 42 度

06 分，是今日土耳其共和國的最北端。1461 年攻佔了第四次十字軍東征以後拜占庭皇室在黑海岸所建立的特拉布松羅馬帝國。1466 年消滅卡拉曼侯國。

　　1473 年大敗疆域西起幼發拉底河，東至「河中之地」的另一個土耳其人所建立的白羊國，該國曾在 1468 年消滅黑羊國。這兩個國家都是居住在小亞細亞東部、亞塞拜然、亞美尼亞和伊拉克一帶的土庫曼人建立的。前者因以「白羊」、後者則以「黑羊」為旗幟而得名。

　　白羊國後來被波斯國王伊斯邁爾（Şah İsmail，1502–1524 在位）消滅。伊斯邁爾自立為沙王 (Şah) 以後，宣布什葉派的教義為該國唯一的信仰宗旨，這等於是向屬於素尼派的奧斯曼帝國宣戰，從而引起兩國間的長期戰爭，直到 1746 年才化干戈為玉帛。

三、海外方面

　　1456 年佔領了圭克切、波斯佳❷和利米尼 (Limni) 等愛琴海上的島嶼。其中前兩個位於恰納克卡雷海峽的入口處，是目前土耳其共和國在星羅密布的愛琴海諸島中僅有的兩個島嶼。

　　1475 年奧斯曼部隊攻佔克里米亞 （Crimea，土耳其文作

---

❷ 圭克切島 (Gökçeada) 位於恰納克卡雷海峽口的北端。雖只有 289 平方公里，但卻是土耳其最大的島嶼。島上土地貧瘠，生計困難，但在國防上卻很重要。波斯佳島 (Bozcaada) 位於恰納克卡雷海峽口的南端。面積 40 平方公里，人口僅二千多人，以捕魚和釀酒為生。兩島在 1912 年巴爾幹戰爭時被希臘佔領，至 1923 年，土耳其方依〈洛桑條約〉收回。

Kırım）半島，以及頓河河口的亞速（Azov，土耳其文作 Azak）。
克里米亞汗國 (Kırım Hanlığı)❸遂成為奧斯曼帝國的藩屬，黑海
也成為奧斯曼帝國的內湖。

　　1480 年奧斯曼部隊攻佔希臘西部諸島嶼以後，又登陸義大利
半島，攻陷歐特蘭多 (Otranto)，並在當地興建碉堡，意欲直搗拿
坡里王國　（Kingdom of Naples， 1282–1816 年）　的首府拿
坡里（Naples，土耳其文作 Napoli。中文亦作「那不勒斯」，國名與首
府名相同），震驚了整個義大利。後因梅荷美特二世死訊傳來，方
班師還朝。由於新皇帝不重視義大利問題，而且又有其幼弟傑姆
(Cem) 起兵爭奪帝位，拿坡里王國遂趁機收復歐特蘭多，摧毀碉
堡，並屠殺當地所有土耳其駐軍。

第二節　栖林一世時代

　　1481 年梅荷美特二世逝世，繼立者是長子巴耶西特二世（II.
Bayezit，1481–1512 在位），他性情溫和，篤信回教，終日誦經膜
拜，奧斯曼帝國的武功不如往昔。東邊的波斯一直在擴充什葉派
的勢力，而身為素尼派的奧斯曼皇帝竟一直容忍，於是在朝臣的

---

❸　位於克里米亞半島及其北邊的南俄草原之上。半島南部沿海一帶，遍
　　布威尼斯人及熱那亞人建立之商站。自欽察汗國為帖木耳擊潰後，當
　　地之蒙古人遂於 1430 年成立一個獨立的汗國。1453 年土耳其攻陷伊斯
　　坦堡後，因與威尼斯人及熱那亞人發生商業衝突，乃於 1475 年派兵攻
　　佔克里米亞。

遊說和新軍的干預下，巴耶西特二
世終於在 1512 年，將帝位讓予幼子
栖林一世（I. Selim，1512–1520 年）。

　　當時，整個中東地區有三個大
國：一個是在西邊的奧斯曼帝國，
另一個是在東邊的波斯沙發威帝
國，第三個則是在南邊以埃及為中
心的奴隸王朝。

　　栖林一世英勇過人，土耳其人
尊稱他為「勇猛的」（Yavuz）。在位
時期對外擴張的情形，可分為下列
兩方面概述。

圖 13：栖林一世

一、對波斯開戰

　　栖林一世即位時，波斯國王伊斯邁爾不但未向他道賀，而且
又庇護他的姪子，在小亞細亞積極宣傳什葉派的教義。因此栖林
一世在鞏固帝位以後，立即以維護正統的素尼派，消滅異端的什
葉派之名義，向波斯開戰。

　　1514 年 8 月 20 日，雙方在凡湖東北邊的查爾德朗 (Çaldıran)
平原展開大戰❹。結果，奧斯曼軍先敗後勝。伊斯邁爾棄其皇后

❹　至於查爾德朗戰場，亦有學者認為並非近在凡湖的東北邊，而是在更
　　遠一點，在今日伊朗境內的馬庫 (Maku) 附近，該市距離凡省（Van İli,
　　凡湖橫跨凡和比特利斯 "Bitlis" 兩省）北邊的阿勒 (Ağrı) 省僅五公里。

和御座，負傷而逃，倖免一死。但卻也因此而深受刺激，從此不再參預戰爭，甚至不再過問政事，並將他最後十年的生命花在打獵與飲酒上面，1524 年因內出血而逝世，享年三十七歲。

查爾德朗一役使奧斯曼帝國自波斯手中佔領了馬爾丁 (Mardin)、艾爾新疆 (Erzincan) 和迪亞巴克 (Diyarbakır) 等小亞細亞東部地區，並於 1515 年班師還朝時，兼併都卡德爾侯國。

雖然如此，栖林一世仍未能消滅什葉派，反而導致奧斯曼帝國和波斯間日後的長期戰爭。

二、消滅奴隸王朝

栖林一世消滅都卡德爾侯國以後，奧斯曼帝國遂與奴隸王朝為鄰。奴隸王朝深恐奧斯曼帝國會進攻埃及，而與波斯聯盟。栖林一世獲悉此事，決定先進攻奴隸王朝。

1516 年兩軍在哈烈普 ❺（Aleppo，土耳其文作 Halep）展開大戰，奧斯曼大軍以優勢的火力擊潰奴隸王

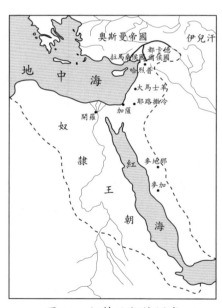

圖 14：奴隸王朝的領域

---

❺　哈烈普是敘利亞北部的歷史名城，自 1516 年被奧斯曼帝國佔領，至 1918 年第一次世界大戰淪陷，土耳其人統治該城長達四百零二年。

朝，其蘇丹甘蘇 (Kansu Gavri) 死於逃亡途中。

奧斯曼部隊獲勝後，進入哈烈普，佔有敘利亞。是年冬季，栖林一世留駐大馬士革，準備征討埃及事宜。

1517 年栖林一世先佔巴勒斯坦（Palestine，土耳其文作 Filistin），越西奈沙漠，自側翼突襲敵軍。結果，奴隸王朝精力充沛的新蘇丹托曼巴 (Tomanbay) 戰敗被俘處死，奧斯曼軍攻入開羅，消滅了奴隸王朝。

栖林一世征服埃及的影響，約有下列五點：

1. 奧斯曼帝國佔領了敘利亞、巴勒斯坦和埃及。原隸屬於奴隸王朝的漢志酋長也呈獻麥加和麥地那之鑰，表示臣屬之意，從而成為奧斯曼帝國的保護國。

2. 在埃及的最後一任哈里發莫鐵菲克爾三世被俘至伊斯坦堡，在阿亞索菲亞清真寺舉行盛大典禮，將哈里發頭銜呈獻予栖林一世。自此以後，奧斯曼帝國的每一位皇帝皆兼任哈里發。回教重心於是向西北移動，從東方的麥加、大馬士革、巴格達和開羅，向西遷移到伊斯坦堡，回教的權柄亦從阿拉伯人手中轉到土耳其人懷裡。

3. 征服埃及之後，獲自敘利亞、巴勒斯坦和埃及的財富和戰利品，充滿國庫，使帝國更加富裕。

4. 威尼斯人因佔有塞普勒斯（Cyprus，土耳其文作 Kıbrıs），原本每年付予奴隸王朝的一萬金幣，自此以後必須繳納給奧斯曼帝國。

5.征服埃及以後，奧斯曼帝國也控制了「香料之路」。雖然
葡萄牙人早已在 1488 年發現好望角，控制了印度洋，中
國和印度的產品可以經由好望角運到歐洲，不必再經過
波斯灣或者紅海，降低了奧斯曼人的利益，但埃及仍為
帝國最富庶的省份之一❻。

栖林一世征埃返國後，又準備征討波斯或匈牙利，但未能如
願。晚年背上忽然長了膿瘡，而且病情迅速惡化，終於不治而逝，
由其子蘇烈曼一世（I. Süleyman，1520–1566 在位）繼位，時為
1520 年。

第三節　蘇烈曼一世時代

蘇烈曼一世在位時期，無論在文治或武功方面，都是帝國最
燦爛的時期。歐洲人因其武功蓋世，尊稱他為「卓越的蘇烈曼」
(Magnificent Süleyman)，土耳其人則因他致力於修訂法律，保障
人民權益，習於稱他為「制法者」(Kanuni)。

在位時期主要的政治事件如下：

---

❻　至於埃及再度成為東西交通的樞紐，則是在 1869 年蘇伊士運河通航以
　　後的事情。但那時的埃及已演變成一個只在法律上隸屬於奧斯曼帝國
　　的省份，其實際統治權則歸省長梅荷美特阿里 (Kavalalı Mehmet Ali
　　Paşa) 的後代子孫。

一、征服匈牙利

　　蘇烈曼一世登基時，匈牙利國王路易二世（II. Lui，1516–1526 在位）未曾道賀，甚至還積欠數年的貢稅。蘇烈曼一世遣使交涉，使者被路易二世處死，遂決定征討匈牙利。

　　蘇烈曼一世先遣一支輕型艦隊沿多瑙河前進，自己則親率陸軍出發，分由水陸圍攻，結果於 1521 年攻陷貝爾格勒

圖 15：蘇烈曼一世

(Belgrat)。在該城北邊的卡洛夫加 (Karlofça) 等地亦落入奧斯曼人手中。

　　貝爾格勒淪陷後，路易二世更敵視奧斯曼人，他的靠山是神聖羅馬帝國皇帝查理五世（Charles V，1519–1556 在位，土耳其文作 Şarlkan），因為路易二世之妻是查理五世及其弟奧地利大公斐迪南（I. Ferdinand，1503–1564 年）之妹。路易二世之姊也是斐迪南之妻。

　　當時查理五世雖正和法王法蘭西斯一世（I. Fransuve，1494–1547 年）在義大利作戰，但仍極力阻止奧斯曼人進入中歐。

　　時義大利尚未統一，半島上的諸小國不但彼此攻伐，同時也分別向德國、法國和西班牙求援，導致上述三國入侵，此即從 1494

年斷斷續續打了六十五年，至 1559 年才結束的「義大利戰爭」。

1525 年當蘇烈曼一世正欲征討匈牙利時，法王法蘭西斯一世在義大利被查理五世俘虜，其母后及其本人先後遣使向蘇烈曼一世求救，蘇烈曼一世遂決定進攻匈牙利，俾便減輕查理五世對法國的壓力。奧斯曼帝國正巧妙地利用德、法衝突，在歐洲拓展自己的實力。

1526 年 8 月 29 日，雙方在今匈牙利境內，瀕臨多瑙河的莫哈赤 (Mohaç) 展開一場大會戰。匈牙利騎兵先中計被奧斯曼部隊殲滅。然後，奧斯曼軍大舉進擊，又殲滅所有匈牙利步兵。得以脫逃者皆溺死於沼澤，路易二世亦是其中之一。

奧斯曼軍大獲全勝後，未遇任何抵抗，直抵土耳其人稱為布丁 (Budin) 的布達佩斯 (Budapest)。城降，順利征服匈牙利。但蘇烈曼一世未併吞之，立匈牙利貴族薩波拉（Jan Zapolay，亦即約翰一世 John I，1526–1540 在位）為王，收為藩屬 ❼。

二、第一次圍攻維也納（1529 年）

奧斯曼土耳其人征服匈牙利以後，開始與奧地利毗連。查理五世及其弟奧地利大公斐迪南，皆不願匈牙利被土耳其人控制。

---

❼ 匈牙利人的祖先馬札爾人 (Macar) 原本居住在中亞，具有突厥血統。後來才遷移至目前的領域。因為他們有如逃難的饑民，所以被稱為 "hungrug" 或 "hungarian"（饑民），我們音譯之為「匈牙利人」。至於土耳其人，自古以來都稱他們為「馬札爾人」，稱他們的國家為「馬札爾斯坦」(Macaristan)。

尤其是斐迪南因為是匈牙利國王路易二世的姊夫兼大舅，聲稱匈牙利王位應由他本人繼承。一些不服薩波拉的貴族亦希望斐迪南入主匈牙利。

斐迪南於是率軍擊敗薩波拉，攻入布達佩斯。薩波拉向奧斯曼帝國求救，蘇烈曼一世出兵馳援，收復布達佩斯，交還給薩波拉。時為 1529 年。

雖然再度攻陷布達佩斯，但查理五世和斐迪南都未曾露面。蘇烈曼一世決定追剿之。9 月中旬，奧斯曼大軍兵臨維也納，並立即圍攻，是為第一次圍攻維也納。時維也納防禦堅強，奧斯曼部隊事先又無攻城的準備，猛攻無效，後以嚴冬將至，只好班師還朝。

當年，土耳其人不但佔領匈牙利，而且還圍攻維也納，可以說勢力已經到達中歐。

自此以後，奧斯曼帝國又於 1532、1541 和 1562 年遠征斐迪南三次。

其中以 1541 年的遠征在領土方面有較大的變化，這次蘇烈曼一世只派薩波拉之子擔任外西凡尼亞大公，而將奧斯曼人所佔領的地區併入版圖，劃為「布丁省」，亦即「布達佩斯省」，以改信回教的匈牙利人蘇烈曼 (Süleyman Paşa) 為省長。

如此一來，匈牙利王國遂被瓜分為奧斯曼土耳其人所併吞的中部與南部；在東部另立的外西凡尼亞公國，由匈牙利國王統治，但受土耳其保護；以及奧地利所佔領的西部和北部（包括克羅埃西亞及斯洛維尼亞）三個部分。

三、奧斯曼與法國的關係

雙方關係始於蘇烈曼一世征討匈牙利之際。1525 年法王法蘭西斯一世在義大利被查理五世俘虜，其母后及其本人先後致書蘇烈曼一世求救，蘇烈曼一世回函允諾協助。1526 年蘇烈曼一世出兵征討匈牙利，在莫哈赤之役殲滅匈牙利大軍，確實減輕了查理五世對法國的壓力。

1534 年蘇烈曼一世征討伊拉克時，被派到伊斯坦堡的法國大使曾親赴巴格達，恭賀蘇丹佔領該城。翌年，蘇烈曼同意法蘭西斯一世的要求，比照先前奴隸王朝所允諾的某些優惠條款，和法國簽訂了第一個〈治外法權協定〉。

〈治外法權協定〉共有十七條，主要內容如下：

1. 法國商船可以在奧斯曼領海內自由航行，並得停泊於任何港口。
2. 法國商人繳納比他國商人較少的關稅，亦即只繳納相當於土耳其人所繳納的關稅。
3. 定居於奧斯曼境內之法國人享有宗教自由。
4. 法國商人間之案件，由派駐土耳其之法國法官審判。
5. 法國商人和土耳其人間之案件，由土耳其法院審判，但法院中得有一名法國譯員。
6. 在土耳其死亡的法國商人的財產，或在土耳其領海內沉沒的法國船隻的財產，必須交給在法國的繼承者。

7. 土耳其商人在法國領土和領海上，亦享有同樣的權利。

8. 本協定僅在簽署之雙方元首健在時有效。

根據最後一條款，只要在位蘇丹一死，條約就自動失效。因此，每逢新蘇丹繼立，法國就贈送厚禮，要求續約，甚或增列條款。至 1740 年時，雙方甚至協議該約永遠有效。

在奧斯曼帝國最強盛時期和法國簽訂的〈治外法權協定〉，後來因為國勢衰微，英、俄和奧地利等列強亦要求比照享有，遂演變成不平等條約，直到 1923 年，土耳其共和國成立前夕方才廢除。

四、奧斯曼與波斯的關係

當 1532 年蘇烈曼一世親征神聖羅馬帝國時，土、波斯邊境發生戰亂，彼此庇護對方的奸臣叛將，因而導致蘇烈曼一世於 1533 年遠征波斯。

蘇烈曼一世攻城掠地，越札格羅斯山脈 (Zağros)，兵臨巴格達時，守軍見大軍掩至，只好開城投降，時為 1534 年。蘇烈曼一世因此被尊稱為「巴格達之征服者」(Bağdat Fatihi) ❽。

另一方面，奧斯曼帝國早在 1516 和 1517 年就先後佔領了敘利亞和埃及，如今又將伊拉克納入版圖，從而兵臨波斯灣，不但控制了遠東地區通往地中海的交通要道，而且也成為稱霸印度洋

---

❽ 伊拉克於 1534 年被奧斯曼帝國納入版圖，至 1918 年第一次世界大戰尾聲，方被英國完全佔領，一共被土耳其統治長達三百八十四年。

的葡萄牙的勁敵。

　　征服巴格達以後，雙方暫時相安無事。但是後來由於波斯的挑釁，遂又導致蘇烈曼一世於 1548 和 1553 年兩次遠征波斯。

　　這兩次戰爭，雙方都損失慘重。最後，厭戰的波斯國王塔馬斯布 (Şah Tahmasb) 終於遣使求和，雙方於 1555 年簽訂〈阿馬斯亞 (Amasya) 條約〉，規定波斯放棄艾里溫 （Erivan，今亞美尼亞共和國首都）、大布里斯 （Tebriz，在今伊朗西北部）、伊拉克和小亞細亞東部。

　　如此，自栖林一世以來的波斯問題終告解決。但是土耳其人並未在小亞細亞東部和亞塞拜然建立完善的制度，整個地區仍在當地貴族的掌握中。

五、海外戰爭

(一)佔領羅德斯島 (Rodos) 與遠征馬爾他島 (Malta)

　　在羅德斯島的聖若翰騎士團 (Saint Jean Şövalyeleri)，以保護基督徒朝聖為職志，一向敵視信奉回教的奧斯曼帝國。蘇烈曼於 1522 年底，派海陸軍猛攻後，騎士團方才投降。蘇列曼一世允許他們放棄該島自行離去。而神聖羅馬皇帝查理五世卻將馬爾他島賞賜給他們。「聖若翰騎士團」遂從「羅德斯騎士團」演變成「馬爾他騎士團」，馬爾他島亦因而取代羅德斯島，成為基督徒對付奧斯曼帝國的基地。

　　奧斯曼帝國在 1551 年佔領利比亞以後，為確保帝國在北非各省的安全，又派利比亞省長屠古特 (Turgut Reis) 於 1565 年遠征馬

爾他島。結果因為戰術不當，年老的屠古特被砲彈擊碎的岩石打中，不治身死，帝國遂解除圍攻，班師還朝。

㈡掃蕩愛琴海

　　奧斯曼帝國開始遠征奧地利以後，查理五世意欲在地中海打擊奧斯曼帝國，威尼斯、教皇、西班牙和馬爾他都協助之。蘇烈曼遂徵召臣屬於奧斯曼帝國的阿爾及利亞（Algeria，土耳其文作 Cezayir）省長巴巴洛斯（Barbaros Hayrettin Paşa，1478–1546 年）至伊斯坦堡，並任命他為海軍總司令，積極備戰。時為 1534 年。

㈢普雷費塞 (Preveze) 海戰（1538 年）

　　由於奧斯曼人圍攻在希臘西邊愛奧尼亞海 (Ionian Sea) 上的科孚（Corfu，土耳其文作 Korfu）島，並控制地中海和愛琴海，教皇遂於 1538 年慫恿威尼斯、熱那亞、馬爾他、西班牙和葡萄牙組織聯合艦隊，由熱那亞海軍司令多利亞 (A. Dorya) 率領，浩浩蕩蕩，直抵今希臘西部的普雷費塞海灣。巴巴洛斯聞訊亦趕往迎戰。

　　聯合艦隊包括 302 艘戰艦和 300 艘輔助艦，共有 602 艘，而奧斯曼帝國的艦隊一共只有 122 艘。雖然如此，巴巴洛斯仍親自指揮，整個艦隊以新月形陣式，採取攻勢，並擊潰敵艦。

　　普雷費塞大捷證明奧斯曼帝國的海軍在地中海所向無敵，威尼斯人最後只好賠償戰費三十萬金幣求和。今土耳其共和國為紀念普雷費塞大捷，遂以該戰役之日期 9 月 28 日為海軍節。

㈣兼併阿爾及利亞和利比亞 (Libya)

　　阿爾及利亞和利比亞原屬於突尼西亞（Tunisia，土耳其文作 Tunus）的貝尼哈弗斯 (Beni Hafs) 國，西班牙利用該國積弱不振的大

好良機，先於 1509 年佔領阿爾及利亞，後又在 1510 年佔領利比亞。

　　當時在地中海上最有名的海盜巴巴洛斯曾與西班牙抗衡，在 1516 年藉貝尼哈弗斯國之助，收復了阿爾及利亞，並請求當時已佔領埃及的栖林一世保護。

　　1533 年蘇烈曼一世徵召巴巴洛斯到伊斯坦堡，並在翌年任他為海軍總司令，賞賜他呈獻予奧斯曼帝國的阿爾及利亞，派他為阿爾及利亞省長。奧斯曼帝國因此而兼併了阿爾及利亞。

　　後來，巴巴洛斯曾數度率領帝國艦隊巡弋地中海，宣揚國威。西元 1546 年死於伊斯坦堡，葬在貝西克塔石 (Beşiktaş) 區以其另一個名字命名的哈雷丁 (Hayrettin) 碼頭。後來又在該碼頭旁的公園為他立了一座雕像。1961 年，土耳其海軍司令部在公園附近興建一座 「海事博物館」 (Deniz Müzesi) ，裡面珍藏和海軍 （包括奧斯曼帝國海軍）有關的展覽品多達兩萬件，頗值得參觀。

圖 16：奧斯曼帝國海軍總司令巴巴洛斯雕像

　　巴巴洛斯逝世後，蘇烈曼一世想佔領利比亞，因此命令巴巴洛斯的密友屠古特征討利比亞。屠古特遂於 1551 年攻陷利比亞。自此以後，屠古特一直擔任利比亞省省長❾ ，直到 1565 年圍攻

---

❾　利比亞在 1911 年被義大利佔領，結束了三百六十年的土耳其統治。利

馬爾他島時，才不幸壯烈犧牲。

㈤遠征印度

在 1517 年奧斯曼人攻佔埃及以前，葡萄牙人狄亞士 （B. Dias，1450–1500 年）早已於 1488 年發現非洲的好望角。1498 年葡萄牙人達伽馬（V. d. Gama，1460–1524 年）又繞過好望角，越印度洋，抵加爾各答，並極力壟斷這條航線的貿易。

自從葡萄牙人派阿布奎基 (A. d. Albuquerque) 為印度洋司令以後，前往印度貿易的回教商人，以及到麥加朝覲的回教船隻，經常被其襲擊，在印度的許多回教國家也不斷遭受葡萄牙人的侵擾。

由於在印度西北部卡提瓦 (Kathiawar) 半島上的回教國家古加拉 (Gujarat) 遭受葡萄牙人迫害，而向身兼哈里發的蘇烈曼一世求助，奧斯曼人遂於 1538 年至 1553 年之間，派海軍艦隊四次遠征印度。

其中僅第一次和第四次抵達印度，另兩次則在海上受阻於葡萄牙人。第一次雖然抵達印度，但因葡萄牙人堅守陣地，奧斯曼人屢攻不克，無功而返。至於 1553 年，由阿里 (Seydi Ali Reis) 率領的第四次遠征，則堪稱是一趟冒險奇遇記。這次原本只是要將留在巴斯拉的 15 艘軍艦開回蘇伊士，因此從陸路出發。7 月底離開巴斯拉，8 月初在荷姆茲海峽 (Hürmüz Boğazı) 遭遇葡萄牙艦隊，阿里以寡敵眾，獲得勝利，但沒多久卻遇上颱風，將艦隊吹

比亞人歷經四十年的奮鬥，方於 1951 年爭取到獨立。後來軍事強人格達費又在 1969 年發動革命，建立共和國，但是他本人因為專制獨裁，而於 2011 年 10 月 20 日，遭到殺身之禍。

到印度洋，在這裡又遇到葡萄牙艦隊，雖然再度擊敗敵艦，但卻又遇到颱風，因而遭受重大損失，至 8 月底才抵達印度。由於船艦損毀，已無法駛返蘇伊士，因此將船及大炮賣給當地的回教酋長。士卒當中大多志願留在印度，只有五十名追隨阿里經中亞和波斯回土耳其。他們歷經三年半，方於 1557 年返抵伊斯坦堡，時蘇烈曼大帝在艾迪內，阿里又趕到該城，親自向蘇丹稟報征印始末，蘇丹聆聽其冒險事蹟，稱讚不已，賞賜有加。後來，阿里甚且將其征印見聞寫成《各國風貌》(*Memleketlerin Aynası*) 一書。

其實，當時能在印度洋和葡萄牙爭霸的只有奧斯曼帝國，但奧斯曼朝臣不瞭解印度在當時的經濟情況和未來的重要性，並未全力以赴，因此未能獲得肯定的結果。

雖然如此，遠征印度確也使奧斯曼帝國獲得了葉門、今衣索比亞（Ethiopia，土耳其文作 Etiyopya）和蘇丹沿紅海地區。

六、蘇烈曼一世逝世

1564 年繼斐迪南而立的馬克西米連二世 （Maximilian II，1564–1576 在位）毀約，攻打匈牙利和外西凡尼亞。奧斯曼帝國的宰相索庫魯 （Sokullu Mehmet Paşa，1506–1579 年）為報先前馬爾他島戰役的仇恨，重振帝國的雄風，遂力諫年事已高且病魔纏身的蘇烈曼一世遠征奧地利。

1566 年奧斯曼部隊進入奧地利國境後，久攻斯吉特瓦 (Zigetvar) 城不下，蘇烈曼一世憂慮不已，病情隨之惡化，最後終於在槍砲聲中與世長辭，享年七十二歲。

繼立者栖林二世（II. Selim，1566–1574 在位）❿在貝爾格勒恭迎其父遺體時，發現新軍屢次欲叛變，皆被索庫魯說服，深知索庫魯對軍人具有莫大影響力，遂將軍國大事委諸索庫魯，自己過著悠然自得的日子。

第四節　索庫魯時代

索庫魯出生於波士尼亞首邑塞拉耶佛附近的索寇爾 (Sokol) 鎮。他是 Sokol 人，應該稱他為 Sokollu（-lu 表示某地方的人），但是因為在土耳其文裡面，一個字的第二個音節中不可以有 o，所以就將原來的 o 改為 u，而稱他為 Sokullu。幼年被土耳其人徵為新軍，1564 年被任為宰相。因為身材高大，而被稱為「高個子梅荷美特將軍」(Tavil Mehmet Paşa)。在整個栖林二世時代及其子莫拉德三世（III. Murat，1574–1595 在位）在位初期，連續為相十五年，史稱「索庫魯時代」（Sokullu Devri，1564–1579 年）。

索庫魯時代的主要政治事件如下：

一、佔領塞普勒斯

塞普勒斯（Cyprus，土耳其文作 Kıbrıs）在土耳其的南邊，是地中海上的一個小島，面積 9,251 平方公里，大約是臺灣的四

---

❿ 栖林二世因為髮色金黃，眼睛亦呈黃栗色，因而被稱為「黃色栖林」(Sarı Selim)。又因愛好杯中物，亦被稱為「醉翁」(Mest)。

分之一。希臘人早在西元前十六世紀時就已經移居該島。

　　奧斯曼帝國於 1568 年征服葉門和愛琴海東岸的撒克斯島，並於同年和奧地利大公馬克西米連二世依 1533 年和約簽訂新約，結束西線戰事以後，又開始注重塞普勒斯問題。

　　塞普勒斯位於通往埃及的交通要道上，土耳其商船經常受到來自該島的襲擊，索庫魯遂於 1570 年 7 月派莫斯塔發 (Lala Mustafa Paşa) 率海陸軍進攻，歷經十三個月激戰後，至翌年 8 月才打敗威尼斯人，佔領該島。

二、伊內巴特海戰

　　奧斯曼帝國圍攻塞普勒斯時，威尼斯曾向歐洲求援，在教皇鼓舞下，西班牙、馬爾他和其他義大利政府組織了龐大艦隊，由查理五世的私生子唐璜 (Don Juan) 統率。

　　奧斯曼帝國攻佔塞普勒斯以後，由阿里 (Müezzinzade Ali Paşa) 率領的一支艦隊，在摩拉半島對岸的伊內巴特 (İnebahtı) 海灣和唐璜的艦隊遭遇，雙方於 1571 年 10 月 7 日展開一場大戰，結果奧斯曼帝國慘遭敗績，200 艘戰艦被擊沉，兩萬名海軍陣亡。

圖 17：克勒赤阿里的半身塑像

　　激戰中，只有烏魯赤阿里 (Uluç Ali Reis) 所屬的支隊安全返抵伊斯坦堡。索庫魯為嘉獎其功勞，任他為海軍總司令，並賜名為克勒赤阿里 (Kılıç Ali)。克勒赤阿里本籍義大利，生於濱海的一個貧窮小鎮拉卡斯特拉 (La Castella)，幼年被土耳其海盜俘虜以後改信回教。在他被任命為海軍總司令以後，他的鄉親雖然是土耳其的死敵，卻仍感到與有榮焉，視他為民族英雄，在他家鄉的廣場，為他立了一個半身塑像。現已成為觀光景點。

　　索庫魯為湔雪伊內巴特慘敗的恥辱，下令立即建立一支新艦隊。新海軍總司令克勒赤阿里在翌年又率領新艦隊揚威地中海❶，威尼斯人只好求和。

---

❶　克勒赤阿里原本認為：要在短短的一個冬天趕建一支龐大的艦隊，在時間上有困難，且也無法馬上尋獲建材。但是，宰相索庫魯卻對他說：「將軍啊！將軍！你還不瞭解這個國家，如果您願意的話，整個艦隊所有的船桅都可以用白銀，所有的繩索都可以用絲線，所有的船帆都可以用綢緞來做。所有的船艦如果無法完整地建造出來，唯我是問。」這番話雖誇張，但反映當年奧斯曼帝國的富裕程度。不久威尼斯大使前來晉見，索庫魯對大使說：「我知道您來訪問我的真正目的，您想要知道伊內巴特慘敗對我們的影響。我們佔領了你們的塞普勒斯，等於斬斷了你們的手臂，而你們焚毀了我們的艦隊，等於是刮了我們的鬍子。被斬斷的手臂不會再生出來，但是被刮過的鬍子，會長得更濃密。」索庫魯果然在短短的五、六個月之內，督建了一支比以前更強大的艦隊。

三、征服突尼西亞

　　威尼斯人既已求和，索庫魯在地中海找不到可以打擊的海軍，遂決定派這支艦隊去支援攻打突尼西亞。時西班牙已自貝尼哈弗斯國佔領了突尼西亞。1574 年海軍總司令克勒赤阿里和陸軍聯合出擊，驅逐西班牙人，消滅貝尼哈弗斯國，佔領突尼西亞，整個北非遂盡入奧斯曼版圖。

四、干涉波蘭內政

　　土耳其的索庫魯時代，適逢波蘭的「王政共和」（Royal Republic，1569–1795 年）時期，其最大特徵是「國王由貴族選舉產生」，易於引起鄰國的操縱，被選出的國王也很可能成為貴族或鄰國的傀儡。

　　1572 年波蘭雅蓋隆王朝的最後一位君主斯吉西蒙二世（Sigismund II，1548–1572 在位）逝世，因無子嗣，發生王位之爭，索庫魯遂支持在奧斯曼帝國保護下的外西凡尼亞侯主巴托利 (Stephen Bathory) 為候選人，並運用影響力，使他當選為波蘭國王 (1576–1586)。如此一來，波蘭也成為奧斯曼帝國的保護國。這種關係一直繼續到 1587 年，前後一共維持了十二年。

五、收摩洛哥為保護國

　　奧斯曼帝國征服整個北非之際，摩洛哥（Morocco，土耳其文作 Fas）也發生帝位之爭，穆罕默德三世 (III. Muhammed) 意欲

推翻土耳其人所擁立的新王阿布都美立克 (Abdülmelik)，雙方分別向葡萄牙人和奧斯曼人求助。索庫魯派阿爾及利亞省長拉瑪桑 (Ramazan Paşa) 赴援，拉瑪桑於 1578 年在色比爾 (Vadi-üs Sebil) 之役擊敗葡萄牙國王塞巴斯坦 (Sebastian)，摩洛哥遂成為奧斯曼帝國的保護國。

六、索庫魯和中亞以及東南亞的關係

俄國在索庫魯時代已逐漸強大，不但控制了金帳汗國崩潰以後所建立的小汗國，而且也開始欺凌在中亞的土耳其人。1569 年索庫魯曾經在注入黑海的頓河和注入裏海的窩瓦河（亦作「伏爾加河」）之間動工開鑿運河，意欲使帝國艦隊可從黑海駛往裏海，俾便對波斯用兵，或和中亞的土耳其人聯繫，可惜功敗垂成，未

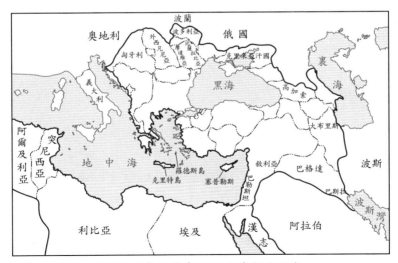

圖 18：奧斯曼帝國擴張時期的領域

能實現❶。

　　在東南亞的蘇門答臘和爪哇，因遭受葡萄牙人的侵略，而向奧斯曼帝國求救。索庫魯於 1568 年至 1569 年間，曾派遣庫德歐魯 (Kurdoğlu Hızır Hayreddin Reis) 率領海陸軍，以武器彈藥等援助當地的阿切國（Açe Sultanlığı，在今蘇門答臘島西北端）。

七、索庫魯逝世

　　索庫魯在莫拉德三世登基不久即逐漸喪失權威，反對者在新蘇丹面前毀謗他，致使其心腹與親屬逐一被撤職，最後其本人也於 1579 年 10 月被一名精神病患刺死，此事也可能是一項謀殺。

　　索庫魯一死，奧斯曼帝國的擴張時期也隨之結束，繼之而起的是「停頓時期」。

第五節　擴張時期的典章制度與文化

一、疆域與人口

　　從 1453 年梅荷美特二世攻佔伊斯坦堡，至 1579 年索庫魯逝

---

❶　值得慶幸的是，三百八十三年以後，俄國人終於在 1952 年完成此項工程，並稱之為「列寧運河」(Lenin Canal)，後又改名為「伏爾加—頓河運河」(Volga-Don Canal)。換言之，黑海和裏海已可經由此運河連成一氣。又，窩瓦河和裏海皆盛產鱘魚，俄國著名的魚子醬（Caviar 或 Caviare，土耳其文作 Havyar）就是用其魚子做的。

世，是奧斯曼帝國的擴張時期。帝國疆域北起維也納城外，南至撒哈拉沙漠和阿拉伯海，東迄亞塞拜然和高加索，西抵亞得里亞海（Adriatic Sea，土耳其文作 Adriyatik Denizi 或 Adriya Denizi），地跨歐、亞、非三大洲。

在十六世紀時，帝國人口約有六千萬，其中大約有四千萬土耳其人和回教徒，二千萬基督教徒和猶太教徒。土耳其人大多居住在小亞細亞和巴爾幹半島。

二、中央制度

㈠皇帝

在十五世紀後半葉，奧斯曼侯國已變成一個大帝國。自從栖林一世於 1517 年擁有哈里發頭銜以後，帝國蘇丹 (Sultan) 不但是一國之君，同時也是整個回教世界的精神領袖。

「蘇丹」原本是一般回教君王的稱號，自從奧斯曼帝國的皇帝亦自稱「蘇丹」以後，水漲船高，其字義更為崇高偉大。我們說「單身貴族」，是指未婚男女的條件優越，有如貴族。土耳其人也說："Bekarlık sultanlıktır."（單身就是蘇丹）❸，頗有異曲同工

---

❸　「蘇丹」的女性家屬，如母親、后妃和女兒亦被尊稱為「蘇丹」。一般而言，「蘇丹」一字置於男性名字的前面，如：Sultan Ahmet；放在女性名字的後面，如：Kösem Sultan。因此，一看到在伊斯坦堡舉世聞名的 "Sultanahmet Camii"（「蘇丹阿荷美特清真寺」，亦名「藍色清真寺」Blue mosque），就知道這座清真寺是為了一位名叫 Ahmet 的男性「蘇丹」建造的。

之妙。

㈡繼承制度

一般而言，王位仍是父子相傳。但是梅荷美特二世為了鞏固絕對的皇權，在其法典中規定繼承者必要時可以處死諸弟。如此一來，奧斯曼帝國的太子再也不是小說中的白馬王子，他們只能在父皇健在時過著幸福美滿的日子，父皇一死，便很可能就會失去寶貴的生命。

法典頒布以後，即位時殺死最多幼弟的皇帝是梅荷美特三世（III. Mehmet，1595–1603 在位），他為其父皇莫拉德三世辦完喪禮以後，隨即下令準備其十九個弟弟的後事。即位時未曾殺害幼弟的皇帝，只有蘇烈曼一世和栖林二世，原因是當時已無可殺的幼弟了。

㈢首都

自梅荷美特二世開始，帝國定都於伊斯坦堡，皇帝居住在托普卡波 (Topkapı) 皇宮。原來在亞洲的首都布爾薩開始被冷落。至於在歐洲的首都艾迪內，則因帝國對歐洲用兵，反而日趨繁榮，直到帝國無力對外時才逐漸被人遺忘。

㈣御前會議

御前會議在宮內被稱為庫貝阿爾特 (Kubbealtı) 的大廳裡召開。自蘇烈曼以後的皇帝大多不親自主持御前會議，按例將軍國大事交予宰相。

梅荷美特二世本身有時會坐在通往庫貝阿爾特的「格子窗」(Kafes) 後面旁聽。自他以後的皇帝亦復如此。

㈤宰相

　　相當於部長的「維斯爾」增至七名，其中位尊者仍稱「維斯爾阿薩姆」，意即「最大的維斯爾」、「宰相」，後又改稱為「沙德拉薩姆」(Sadrazam)。

　　宰相是皇帝的全權代表，代表的象徵是金製的「御璽」(Mühürü Hümayun)。皇帝即位時，馬上刻印兩個一模一樣的「御璽」，一個由皇帝保存，另一個則交由宰相保存。宰相接受放在紅綢袋內的「御璽」時，先用嘴唇輕吻它，繼則持之輕觸前額，然後掛在胸前，自此以後，終生不再取下。「御璽」被取下收回，表示宰相已死亡或被革職。

　　奧斯曼帝國一共有二百一十五個宰相，其中有二十個被皇帝處死，十一個戰死沙場或者被暗殺。第一個下令處死宰相的是梅荷美特二世，殺害宰相最多的是栖林一世，他的宰相很少有活過一個月以上。當時流行的咒語「願栖林皇帝任命你當宰相」便是因此而來。

㈥回教大法官

　　建國之初，本來只有一名「回教大法官」。帝國西進結果，領土日益擴張，為方便管理，遂又於 1480 年增加一名。主管帝國歐洲領土「魯美利」者，稱為「魯美利回教大法官」(Rumeli Kazaskeri)；主管帝國洲領土「小亞細亞」者，稱為「小亞細亞回教大法官」(Anadolu Kazaskeri，其轄區後來又包括埃及、敘利亞、漢志和伊拉克等地)。前者轄區較小，但地位較高。兩者都是「回教大教長」的助理，「御前會議」的委員，且皆由皇帝親自任命。

　　目前，「回教大法官」一職已經被取消，其職務由宗教、司法和教育部分別取代之。

㈦回教大教長

　　「魯美利回教大法官」可晉升為「回教大教長」。「回教大教長」是皇帝（兼哈里發）的宗教代表。

　　原來叫做「木夫提」(Müftü) 的「回教大教長」，負責頒發「費特瓦」(Fetva)，說明某一措施是否符合回教教義與法規。「木夫提」例由當代回教學者中遴選，但在建國時期並非御前會議的固定成員。到了十八世紀馬木德一世 (I. Mahmut，1730–1754 在位) 時，被改稱為 Şeyhülislam❹。

　　目前「回教大教長」，則又以「木夫提」之名，只在土國各省、縣內管理宗教事務而已，其地位確實一落千丈。

三、地方制度

　　基本上無重大改革，只是隨著領土的擴張，增設一些省份而已。地方行政區域主要分為下列三大部分：

㈠隸屬於中央的省份：主要有魯美利、波士尼亞、塔美施瓦（Tameşvar，在今羅馬尼亞境內）、布丁、安那多魯、大馬士革和卡爾斯 (Kars) 等等。一如往昔，每省均劃分成許多迪立克，分封予有功的文武官員。

---

❹　Şeyh 是「領袖；首長」，İslam 則是「伊斯蘭教；回教」的意思，Şeyhülislam 就是「回教大教長」的意思。

㈡屬國：有克里米亞、瓦拉齊亞、摩達維亞、外西凡尼亞和漢志。
其中克里米亞由蘇丹指派成吉思汗的後裔統治，是回教國家，
軍力強大，遇有戰爭皆協助奧斯曼帝國。瓦拉齊亞和摩達維亞
的侯主稱為「佛伊佛達」(Voyvoda)，亦由蘇丹任免，因係基督
教徒領域，經常背叛帝國。屬國在內政上自由，但在外交上則
追隨奧斯曼帝國。

㈢特別行省：有利比亞、突尼西亞、阿爾及利亞、埃及、巴斯拉
（Basra，在今伊拉克境內）、巴格達、葉門和衣索比亞。特別
行省不按收入劃分成迪立克，亦即不作為采邑分封予有功人員。
省長和駐軍皆支領薪資。特別行省的稅收是包稅制，包稅者先
向政府繳稅，然後再自行收稅。

四、土地制度

　土地屬於耕作者，但須繳納什一稅。政府徵收讓渡轉移稅，
也可將廢耕之地轉授他人。

　對於征服之土地，均由稱為「尼商哲」(Nişancı) 的掌璽大臣
登記，再劃分成「迪立克」，作為采邑，分封給有功的官員或戰
士。按其收入，仍分為哈斯、色阿美特和德馬爾三種。享有采邑
者，必須畜養馬匹、武器和裝備齊全的騎兵。

五、軍隊

㈠陸軍

　在擴張時期，奧斯曼帝國的陸軍相當強大，約有三十萬之眾。

原只在歐洲徵集的新軍，自栖林一世開始也在小亞細亞徵集。新
軍仍是主力部隊，總共有一百九十六個連隊，分別駐紮在伊斯坦
堡和邊防要地。

　　莫拉德三世是促使新軍敗壞的罪魁禍首，他在 1582 年下令為
其已經十六歲的皇太子梅荷美特 (Mehmet) 的割禮❶舉行五十五天
的慶祝活動，全國各地的藝人群集伊斯坦堡，在蘇丹面前獻藝。事
後蘇丹竟不顧新軍司令之辭職反對，仍然答應藝人加入新軍，以為
酬庸。自此以後，任何人皆可參加新軍，結果人數逐漸擴充，素質
卻日益低落，能征善戰的主力部隊，遂演變成帝國的心腹大患。

　　一國之君為其愛子舉行奧斯曼帝國有史以來最豪華奢侈的盛
大慶典，在帝王時代也許無可厚非，可惜的是他破壞了新軍制度。
制度的建立談何容易？但要破壞它卻易如反掌，也造成了不堪設
想的後果。

　　同時，自從索庫魯逝世以後，由於財政困難，國庫空虛，政
府開始販賣采邑，或收受賄賂贈予采邑，地方部隊因而敗壞，甚
且導致田園荒蕪，畜牧乏人照顧，治安惡化，盜匪四起。

㈡海軍

　　奧斯曼土耳其人的發源地在中亞細亞，原本善於騎射，不諳

❶ 所謂「割禮」就是「割包皮」──割除男生陰莖之包皮的儀式。回教
的《古蘭經》並無明文規定，但是在先知穆罕默德的「聖訓」(Hadis)
中卻提及此事。割禮之舉行並無年齡限制，大約都在七至十歲時舉行，
事後會有慶祝活動，這種儀式稱為「遜內特」(Sünnet)，是一種很普遍
的宗教習俗。我們不知道皇儲為何拖到十六歲才「遜內特」。

水性。

　　海軍的發展始於梅荷美特二世時代，最初是為圍攻伊斯坦堡而建造 400 艘軍艦，其中 150 艘為戰艦，其餘為運輸艦。後來又在伊斯坦堡等船塢，模仿威尼斯和熱那亞的船艦型式，大量建造。

　　十六世紀時，由於海盜巴巴洛斯之投效，使奧斯曼帝國的海軍更為強大，當時的地中海幾乎已成為帝國的內湖。在蘇烈曼一世時代，帝國共擁有戰艦 300 餘艘。

　　土耳其人稱 「船長、艦長」 為 Reis 或 Kaptan Paşa。Reis 語出阿拉伯文 ； Kaptan 源於義大利文 （英文作 Captain）。 至於 Paşa，原指武官中的「將軍」，後來亦用以稱呼高階文官。

六、財政與幣制

　　十六世紀是奧斯曼帝國國庫最充實的時期，主要來源是戰利品和屬國的貢稅。栖林一世遠征波斯時，國庫曾發生赤字，甚至在遠征埃及時，還曾向伊斯坦堡的猶太富翁貸款。但獲勝班師還朝後，不但還清債務，而且充實了國庫。栖林一世甚至在遺囑中說：「我用黃金充實了國庫，今後如有人能以白銀充實國庫，就以其御璽封緘國庫，否則就用我的。」自他以後，國庫都用他的御璽封緘，可見當時財富之充裕。

　　蘇烈曼一世時代的歲收雖然增多，但支出也隨之增加，帝國各地大興土木，支出浩繁。在蘇烈曼一世晚年，以及莫拉德三世和梅荷美特三世時期，因浪費和連年征戰，國庫已略顯不足。

七、經濟

采邑制度對農牧有相當助益。紡織、地氈、皮革、鐵器、銅器以及武器彈藥等軍火工業均相當發達。

土耳其人大多從軍、務農或經營手工業，對商業不甚重視。國內外貿易大多由猶太人、希臘人和亞美尼亞人 (Ermeni)，或擁有治外法權的法國人以及其他基督教徒經營。輸出品有棉花、絲、羊毛、皮革、明礬和鹽等。輸入品則有毛料、天鵝絨、鐘錶、鏡子和花邊等奢侈品。

八、社會

帝國人民分為兩部分：一是土耳其人和回教徒，另一是被征服的基督教和猶太教徒。

基督教徒以斯拉夫人和希臘人佔多數。梅荷美特二世征服伊斯坦堡時，仍給予希臘人宗教和財產的自由。土耳其人並不干涉國內各民族的宗教信仰，否則整個巴爾幹半島的人民早都被迫信仰回教了。

但回教徒和基督、猶太教徒在法律上並不平等，前者是統治階級，可擔任政府官員，後者要繳較多的稅金，但不服兵役。雖然如此，土耳其人為減少巴爾幹半島上的基督教徒，每年都徵集六千名基督教兒童，訓練他們成為「新軍」。部分聰明英俊者甚且被送到宮廷內的「恩德隆」學校進修。

有些基督教徒為避免繳納相當重的土地稅和人頭稅，或是想

進入和他們絕緣的官場，都改信回教。在梅荷美特二世以前，統治權都操在土耳其人和回教徒手中，但到梅荷美特二世時，後來方信奉回教者也開始參予政治，且有位高至宰相者。

在梅荷美特二世時代，首先信奉回教的是波士尼亞人，後來黑塞哥維那人、阿爾巴尼亞人和保加利亞人也相繼信奉回教。

希臘人則開始擔任翻譯工作，因為帝國東征西討，在對外聯繫時需要翻譯，此時善於航海、足跡遍及各地、通曉多種語言的希臘人就有一展才華的機會。這種現象一直延續到 1821 年希臘革命時，土耳其人不再信任他們為止。

塞爾維亞人和保加利亞人大多從事農牧。土耳其人的另一個重要職業是軍人，雖非強迫性，但要當地方部隊的騎兵，則必須是土耳其人。一般而言，宗教學術界亦皆為土耳其人。

九、教育與文學

十五世紀後半葉，土耳其文隨帝國的武功而擴展到巴爾幹半島。但是「廟堂文學」卻轉變成古典型式，詩歌中充滿波斯和阿拉伯字彙，完全脫離了「大眾文學」，而成為只有高階層人士才能懂的文學。

蘇烈曼一世時代伊斯坦堡已成為學術中心，在 1550 年至 1557 年興建的蘇烈曼清真寺旁，也設置了蘇烈曼宗教學校，教授數學、天文和醫學等課程。

在當時的宗教學校裡面，教育課程逐漸分成兩大類別，第一類是宗教課程，主要教授《古蘭經》、回教教義學 (Kelam)、評註

(Tefsir)、穆聖言行 (Hadis)、回教規範 (Fıkıh)、哲學 (Felsefe) 和邏輯學 (Mantık) 等，畢業以後走宗教路線，可以擔任教長、布道家、回教大法官、回教大教長或者是教授等職務。第二類則是天文、數學和醫學等課程，畢業以後走實務路線，可以當工程師、醫生和建築師等等。至於設在宮廷內的「恩德隆」，仍然是培養政府官員的最高學府，在「恩德隆」接受嚴格教育以後，先在宮廷服務，然後才到地方上擔任郡長，從此以後，宦海浮沉，順利者甚至可以晉升為一人之下萬人之上的宰相。

十六世紀時，最偉大的學者首推阿里‧傑馬利 (Zembilli Ali Cemali Efendi)，他是巴耶西特二世以及栖林一世時代的回教大教長，為人正直，對古文尤其是回教規範有極深之造詣。他用草籃掛在窗口，收集民間之投訴，答覆後仍放在草籃內還給人民，因此享有「草籃回教大教長」(Zembilli Müftü) 之美譽。甚至在今日拍攝的歷史古裝片中，仍然可以看到他為人稱道的事蹟。

地理方面，皮里 (Piri Reis) 的《海洋書籍》和阿里 (Seydi Ali Reis) 的《各國風貌》都非常重要。

十、藝術與建築

雖然回教教義禁止，但梅荷美特二世仍然命令威尼斯畫家為他繪畫肖像和伊斯坦堡各地的風景。可惜繼立者巴耶西特二世的見識不若其父，因此並未繼續在繪畫方面發展。

十六世紀是奧斯曼土耳其式建築最發達的時期，其中最有名的建築師是錫南 (Mimar Koca Sinan)。他在 1490 年出生於凱伊色

里 (Kayseri) 附近的一個村莊，曾被徵為新軍，後來任皇家建築師，共有包括八十一個清真寺等三百三十件作品。1588 年逝世，享年九十八歲。

除建築外，帝國在瓷器、敲花細工、雕刻、壁畫和書法等方面也相當發達。

值得一提的是，奧斯曼帝國在輝煌的「擴張時期」曾經擁有強大的軍隊，其軍樂隊的異國情調及東方色彩，亦深受歐洲人士讚賞。許多國家都競相禮聘土耳其軍樂師教導他們的軍樂隊。

第六章 | *Chapter 6*

奧斯曼帝國的停頓時期
（1579–1683 年）

第一節　停頓的內在和外在原因

　　自 1579 年索庫魯逝世至 1683 年第二次圍攻維也納失利為止，是奧斯曼帝國的停頓時期。停頓的原因可從內在和外在兩方面加以分析。

一、內在原因

㈠帝國的性質

　　奧斯曼帝國是一個專制的回教帝國。由各種民族和教徒組成的帝國，完全由蘇丹一人控制。蘇丹身兼政教雙重領袖，其領導能力對帝國的影響非常巨大。

　　停頓時期的蘇丹多屬平庸無能之輩，有的年幼無知、有的笨拙愚鈍、有的精神不正常，昏庸的皇帝只能在宮廷盡情享樂，已無力御駕親征，對外擴張。

(二)陸海軍的敗壞

　　莫拉德三世破壞徵兵制度，導致新軍紀律敗壞，影響戰力。且由於采邑的分配不均，地方部隊和農牧事業也遭受破壞。

　　海軍也委靡不振，許多和海軍無關的人都可以當海軍總司令，其荒誕不經，可想而知。

(三)財政敗壞與歲收減少

　　帝國最大收入之一原係戰利品和屬國稅貢。但在停頓時期，對外戰爭不似往昔攻無不克，速戰速決，反而變成曠日持久，甚且慘遭敗績，不但增加戰費，戰利品亦隨之減少。

　　另外，宮廷開銷日增，蘇丹經常更換，平白浪費巨額登基犒賞。尤其是許多歐洲國家也比照法國獲得優惠待遇，使政府歲收蒙受重大損失。

二、外在原因

(一)帝國疆域為天然屏障所限制

　　帝國東疆已抵達札格羅斯山脈、亞塞拜然和裏海，因波斯人據險頑抗，奧斯曼帝國無法再東進。

　　在西邊已到了亞得里亞海和愛奧尼亞海 (Ionian Sea)❶，威尼斯和義大利半島上的其他國家，一向與奧斯曼帝國為敵，阻撓其西進。

---

❶　土耳其文作 İyonya Denizi 或 İyon Denizi，在亞得里亞海的南部，位於希臘與南義大利之間，是地中海的一部分。

在北邊的整個黑海沿岸，克里米亞半島、烏克蘭草原和大部分匈牙利皆已納入帝國版圖，與當時歐洲最強大的波蘭和奧地利為鄰，除此以外，還有一個正在興起的俄國。

至於南邊，從阿拉伯海至摩洛哥，整個阿拉伯半島和北非之地，盡在掌握中，但因受地形限制，已很難再越過沙漠南下了。

㈡歐人聯合反攻

奧斯曼土耳其人自從 1356 年登陸歐洲以後，即經常遭受歐洲聯軍的抵抗，當初在東歐的諸小國較易解決，但在征服匈牙利以後，面臨的是強大的奧地利，不但進攻受阻，甚至遭受反擊。

㈢歐人在文化方面的進步

十七世紀時的歐洲，因文藝復興和宗教改革，在學術和科技方面均有長足的進步。地理大發現使歐洲更為富裕。反觀土耳其，所有典章制度仍墨守成規，一成不變，當然無法超越歐洲。

第二節　〈卡斯勒施林條約〉為土波兩國帶來和平

波斯的沙發威朝屬於什葉派，一心一意想收回什葉派聖地伊拉克。何況對他們而言，只有穆罕默德的堂弟兼女婿阿里才是正統的哈里發，而奧斯曼帝國屬於素尼派，其蘇丹兼哈里發當然就是篡位者。因此，雙方一直爭戰不已。

蘇烈曼一世時代曾在 1555 年和波斯簽訂〈阿馬斯亞條約〉，化干戈為玉帛。但在 1577 年雙方又展開大戰，斷斷續續，直到 1639 年 5 月才言歸於好，在今伊拉克境內基爾庫克 (Kerkük) 東南

方的卡斯勒施林 (Kasr-ı Şirin) 簽訂〈卡斯勒施林條約〉。主要內容有三：

　　1.亞塞拜然和艾里溫劃歸波斯。

　　2.巴格達割予奧斯曼帝國。

　　3.兩國以札格羅斯山脈為界。

　　此約為兩國帶來長期的和平，直到 1722 年才又重啟戰端，但在國界線方面，並無重大改變。雖然如此，由於土、波斯兩國的長期鷸蚌相爭，卻導致日後俄國獲得漁人之利。

第三節　與威尼斯以及波蘭的戰爭

一、佔領克里特島（1669 年）

　　奧斯曼土耳其人雖已在 1571 年佔領塞普勒斯，但對一個擁有東地中海和整個北非沿岸的帝國而言，確實也必須控制克里特（Grete，土耳其文作 Girit）島。

　　因此，奧斯曼帝國於 1669 年 9 月派兵進攻康迪耶 (Kandiye) 港。結果威尼斯人求和，除幾個碼頭以外，奧斯曼人佔領了整個克里特島。

二、與波蘭的戰爭

(一)奧斯曼二世遠征波蘭

1576 年索庫魯運用影響力，使巴托利當選為波蘭國王，波蘭遂成為奧斯曼的保護國。但自 1586 年 12 月巴托利逝世，波蘭逐漸解脫桎梏以後，反而干涉奧斯曼的屬國摩達維亞、外西凡尼亞和瓦拉齊亞的內政。

奧斯曼二世（II. Osman，1618–1622 在位）因而御駕親征，在雅施（Yaş，今羅馬尼亞境內，靠近摩達維亞共和國）擊潰波蘭部隊，並圍攻賀丁（Hotin，今烏克蘭共和國境內，靠近摩達維亞和羅馬尼亞共和國交界處），後因新軍紀律敗壞而失利❷，雙方於 1620 年簽訂〈賀丁條約〉，規定互不侵犯對方領土。

(二)梅荷美特四世遠征波蘭

1620 年簽訂〈賀丁條約〉以後，雙方維持和平長達半世紀之久。但在 1672 年因波蘭侵犯奧斯曼帝國保護的哥薩克人，梅荷美特四世（IV. Mehmet，1648–1687 在位）和宰相法色爾阿荷美特（Köprülü Fazıl Ahmet Paşa，1661–1676 任職）遂率軍深入波蘭，大肆擄掠。結果波蘭求和，雙方於 1672 年 10 月在布恰施

---

❷ 奧斯曼二世返國後決定要廢除新軍制度，可惜年幼無經驗，竟將此事告知后妃，后妃又傳到進出皇宮的外戚，最後終於被新軍和宗教學者獲悉，兩者遂聯合逼宮，擁立瘋子莫斯塔發一世（I. Mustafa，1617–1618、1622–1623 在位）為蘇丹。奧斯曼二世雖痛哭哀求，但仍在遭受百般羞辱後被絞死。新軍甚且割其耳朵呈獻瘋子莫斯塔發一世之母后。

（Buçaş，今烏克蘭共和國境內）簽訂條約。規定：

1. 波蘭將波多利亞（Podolya，今烏克蘭共和國的一個地理
   區）割予奧斯曼帝國。
2. 波蘭每年納貢二萬二千金幣。

　　但是波蘭國會不批准第二條款，英明的國王索比耶斯基
（John Sobiyeski，1674–1696 在位）領軍抗爭，戰火蔓延四年，
最後在 1676 年再簽〈布恰施條約〉。土耳其同意放棄第二條款。
　　〈布恰施條約〉是奧斯曼帝國獲得領土的最後一個條約。自
此以後，雙方維持短暫的和平，至 1683 年土耳其人圍攻維也納
時，方又重啟戰端。

第四節　圍攻維也納失利，歐人不再怕土耳其人

　　索庫魯於 1568 年和奧地利訂約，結束了自蘇烈曼一世時代以
來的戰爭。但自 1593 年開始，雙方又開始斷斷續續地打了幾乎一
個世紀。至 1683 年土耳其人第二次圍攻維也納時，方慘遭敗績。
　　戰爭原因是為援助匈牙利而向奧地利宣戰。奧地利皇帝利奧
波德一世（Leopold I，1658–1705 在位）是虔誠的天主教徒，他
限制佔領區內匈牙利人的宗教自由，大力推動日耳曼化。匈牙利
貴族伊姆雷‧拖克里 (İmre Tököli) 因而叛變，後自知無法單獨對
抗，乃向奧斯曼帝國求援。

　　時卡拉莫斯塔發（Merzifonlu Kara Mustafa Paşa，1676–1683 任職）為宰相，他是之前備受重用的宰相克普呂律（Köprülü Mehmet Paşa，1575–1661 任職）之養子。他一方面想援助匈牙利人，另一方面也想徹底解決奧地利問題，遂於 1682 年向奧地利宣戰，並於次年春天，親率二十萬大軍，攜三百門巨砲，浩浩蕩蕩向奧地利前進。

　　卡拉莫斯塔發猛攻維也納時，全歐震驚，但也一致對付土耳其。土耳其的死敵波蘭國王索比耶斯基甚且親率六萬騎兵趕赴維也納。在維也納城下的土耳其部隊遂腹背受敵，不支而退，死者上萬，三百門巨砲暨軍火彈藥皆拋棄於途❸。卡拉莫斯塔發千辛萬苦逃至布達佩斯，但亦無法守住陣線，又退到貝爾格勒，終被蘇丹派至該城的劊子手處死。

　　奧斯曼土耳其人在維也納慘遭敗績，令基督教世界歡欣不已，教皇且乘機組織了對抗奧斯曼的「神聖同盟」，加入者有奧地利、

---

❸ 歐洲聯軍在被拋棄的物資當中，發現土耳其人飲用的咖啡豆子以及烹調器皿，從而引進了「土耳其咖啡」。土耳其咖啡不是用「泡」的，而是用「煮」的：將磨成細粉的咖啡放進稱為 Cezve 的「長柄咖啡壺」裡，加水在火上煮開（滾）以後，直接倒進小咖啡杯，因此喝完後杯底會有咖啡渣。如果要算命，只須將小咖啡杯倒過來，放在咖啡盤子上，過一會兒再將它翻正，此時，原本在杯底的咖啡渣，已不規則的流向杯口，能言善道的「算命師」，就可根據杯中的咖啡渣紋路，猜出你的往事，或預測你的將來，此即土耳其式「咖啡算命」。準不準不重要，只要不迷信，好玩、能打發時間就好。

波蘭、威尼斯和馬爾他，後來俄國也加入。各國從四面八方圍攻
土耳其，土耳其人連戰皆北。宰相法色爾莫斯塔發 (Fazıl Mustafa
Paşa) 於 1691 年兵敗中彈身亡。

　　自此以後，局勢持續的對土耳其不利。新宰相胡笙
(Amcazade Hüseyin Paşa) 見大勢已去，主和。1699 年雙方在匈牙
利的卡洛夫加 (Karlofça) 鎮，經過七十二天的長期會談後，簽訂
了苛刻的〈卡洛夫加條約〉。主要內容如下：

1. 除巴納特（Banat，本地區今分屬塞爾維亞、羅馬尼亞和
匈牙利三國）和塔美施瓦省仍歸奧斯曼帝國，其他匈牙
利領土和外西凡尼亞均割予奧地利。
2. 將波多利亞和烏克蘭割予波蘭。
3. 將摩拉半島和達爾馬其亞 (Dalmaçya)❹割予威尼斯。
4. 將亞速割予俄國。
5. 條約有效期限二十五年，由奧地利擔保。

　　本約是導致奧斯曼帝國喪失領土的第一個條約，對龐大的帝

---

❹　達爾馬其亞英文作 Dalmatia，為瀕臨亞得里亞海之一狹長地區。目前
絕大部分屬於克羅埃西亞 (Croatia)，小部分屬於波士尼亞和黑山國
（Montenegro，或音譯之為「蒙特尼哥羅」）。當地出產的一種狗，身材
瘦長，毛短，白色的皮膚上布滿黑色斑點，非常可愛。由華特迪士尼
製作，在 1961 年上映的動畫電影「101 忠狗」(101 Dalmatians) 中的狗
主角，就是這種狗，我們音譯之為「大麥町狗」，俗稱「斑點狗」。

國而言，雖然損失不多，但在精神方面的打擊卻很嚴重。

　　對匈牙利而言，統治者只不過是從土耳其換成奧地利而已，他們還是飽受壓迫，直到 1867 年成立奧匈雙元帝國時，才爭取到對內享有自治權，至 1918 年第一次世界大戰結束以後，才成為獨立自主的國家。

　　土耳其已經退出中歐，代之而起的是奧地利。自此以後，歐洲人不再畏懼奧斯曼帝國，並且開始反攻。

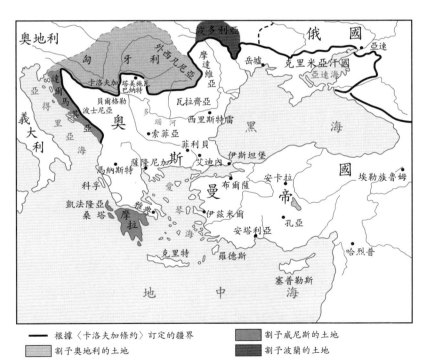

圖 19：〈卡洛夫加條約〉

第五節　停頓時期的典章制度與文化

一、中央政府、蘇丹與宰相

㈠中央政府

　　在停頓時期，中央制度並無重大改變。但在阿荷美特一世（I. Ahmed，1603–1617 在位）時，為了使登基皇帝不再殺害親手足，繼承制度由父傳子改為「由最年長、最健康者」繼承之。從此以後，太子們雖然可以逃過劊子手的魔掌，但是也因此而喪失了寶貴的自由。因為太子出任郡長的體制也被取消，改為「籠子制度」（Kafes Usulü）。換言之，自此以後，太子都被限制在皇宮內，和地方政府的關係完全斷絕。他們終生在皇宮裡面，幽怨而痛苦的等待著「皇位」的來臨，有時難免也會被在位的親兄弟殺害。奧斯曼皇太子們這種被軟禁的生活，一直延續到 1908 年第二次君主立憲以後，方告結束。

㈡蘇丹

　　十七世紀時在位的蘇丹有十位：

　　第一位是阿荷美特一世，一如上述，他賜予奧斯曼太子們生機，但同時也剝奪了他們的自由。他本人和「十四」很有緣份，十四歲時登基，是第十四位君主，在位十四年，死時二十八歲（兩個十四）。在位時，外有對奧地利戰爭，內有捷拉利之亂 (Celali İsyanlar) ❺。在伊斯坦堡督建了以自己之名為名的 「蘇丹阿荷美

特」清真寺，現為土國名勝古蹟之一。

　　莫斯塔發一世（I. Mustafa，1617-1618 在位）是阿荷美特一世之弟，患有嚴重的精神病，不用魚餌，而是用黃金餵魚，因此不久就被推翻，由奧斯曼二世（II. Osman，1618-1622 在位）繼立。

　　奧斯曼二世精力充沛，見解過人，有「少年奧斯曼」（Genç Osman）之美譽。但因新軍叛變而慘死，莫斯塔發一世遂二度登基（1622-1623 年）。奧斯曼二世死時才十七歲，是奧斯曼帝國最短命的皇帝。

　　不久，莫斯塔發一世因精神仍不正常，又被推翻，由年方十歲的莫拉德四世（IV. Murat，1623-1640 在位）繼立。在位初期政權為新軍將領和太后珂絲敏 (Kösem Sultan) 掌握，但親政後卻變成恐怖的暴君，殺人如麻。酒精中毒死後，由其弟瘋子伊布拉希姆（Deli İbrahim，1640-1648 在位）繼立。

　　瘋子伊布拉希姆在位時期，政局紛亂不已，他本人則因精神病而被推翻，由其子年方七歲的梅荷美特四世（IV. Mehmet，1648-1687 在位）繼立。瘋子伊布拉希姆後來則被勒死。

　　梅荷美特四世在位初期是太皇太后珂絲敏和太后屠兒含 (Turhan Sultan) 爭權奪利的時代，後來任克普呂律為宰相，政局

❺　十七世紀時，在小亞細亞地方上的叛亂統稱為「捷拉利之亂」。其根源可追溯至栖林一世時代，當時在小亞細亞中部的尤茲加特 (Yozgat) 地方，有一名叫捷拉爾 (Celal) 的山賊，聚眾作亂，後雖為政府弭平，但「捷拉爾」之名卻家喻戶曉，廣為流傳。自此以後，凡是在小亞細亞地方上發生的叛變，皆被稱為「捷拉利之亂」。

方才好轉。而蘇丹本人則幾乎從不過問政治，只是盡情狩獵享受，人稱「狩獵者」(Avcı)。

繼「狩獵者」為蘇丹的蘇烈曼二世（II. Süleyman，1687–1691 在位）和阿荷美特二世（II. Ahmet，1691–1695 在位），皆沒沒無聞。在位時期，外有戰爭，內有叛亂。

十七世紀中，最後一位蘇丹是莫斯塔發二世（II. Mustafa，1695–1703 在位），雖有心圖強，亦曾御駕親征，但未能如願以償，簽訂喪權辱國的〈卡洛夫加條約〉以後，也盡情享樂，終日狩獵，甚至遠離伊斯坦堡，定居艾迪內，最後終於遭逢兵變，被迫退位。

國家由上述昏君統治，焉有不原地踏步——停頓——之理？

㈢宰相

說到十七世紀的宰相，克普呂律及其家族值得一提。克普呂律原籍阿爾巴尼亞，當宰相時已經七十五歲，但老當益壯，膽識過人。他為了改革，採取激烈的手段，殺人無數，從而確保國內安寧，亦扭轉了對外局勢。

梅荷美特四世對克普呂律的政績相當滿意，因此在他死後，又任命他的兒子法色爾阿荷美特為宰相，時法色爾阿荷美特年方二十有七，後來擁梅荷美特四世親征波蘭，簽訂〈布恰施條約〉，兼併波多利亞。在職十五年，奧斯曼帝國在各方面都有長足的進步，可惜嗜酒如命，英年早逝。

蘇丹梅荷美特四世對克普呂律父子之政績非常滿意，自己因而從未參與國事，只是盡情狩獵享受。待法色爾阿荷美特逝世，

又任命克普呂律的養子兼女婿卡拉莫斯塔發為宰相。卡拉莫斯塔發是個卓越的政治家，膽識過人，氣宇軒昂，但為人驕傲，愛慕虛榮，他為增加自己的聲望，而於 1682 年向奧地利宣戰，結果於翌年戰敗被處死。

　　在十七世紀，克普呂律家族中曾擔任宰相，而且對帝國有貢獻的，尚有其另一子法色爾莫斯塔發（Fazıl Mustafa Paşa，1689–1691 任職），和其姪胡笙（Amcazade Hüseyin Paşa，1697–1702 任職）。前者於 1691 年和奧地利作戰時壯烈犧牲，後者於 1699 年為大局著想，力主簽訂〈卡洛夫加條約〉。

　　在停頓時期共有六十一位宰相，其中有在位僅四小時者。除上述克普呂律家族外，一般而言，都是無用之輩。大多靠關係或賄賂才當上宰相，因此在就職以後都巴結奉承，盡力討好皇室。

　　宗教學者多半腐化，升任為「回教大教長」者，也多淪為蘇丹或宰相的傀儡，一味逢迎討好，濫頒「費特瓦」。

二、陸海軍

　　莫拉德三世破壞徵兵制度以後，新軍紀律開始敗壞，為達到自私自利的目的不惜流血叛變，挾蘇丹以令諸侯，甚或廢君立帝，為所欲為。

　　在停頓時期，因為地方與土地制度均不健全，采邑騎兵已失去以往的重要性。海軍也一蹶不振。

三、財政

十七世紀初期，雖和波斯、奧地利作戰，但財政尚平穩，甚至仍有餘資建築富麗堂皇的「蘇丹阿荷美特」清真寺。

但在阿荷美特一世之後的四位蘇丹，因為登基犒賞而使國庫竭罄。瘋子伊布拉希姆在位時，又因浪費而使財政更為敗壞。至梅荷美特四世時代，塔洪朱將軍（Tarhuncu Ahmet Paşa，1652–1653 任職）雖欲有所作為，但卻遭既得利益者反對，而被處死。自此以後，國庫一直空虛。

四、教育

停頓時期，歐洲在學術、藝術、文化和文學方面都有長足的進步。但奧斯曼帝國則反而一落千丈，和宗教學校毫無關係者也可擔任學者職位，甚至有尚未上學的孩童都當教授，此即十七世紀時所謂的「搖籃學者」(Beşik Uleması) 階級。

這些貪圖享受，唯利是圖者，為達目的不擇手段，使帝國的學術文化蕩然無存，留下來的只是一些空泛迂腐的思想而已。

五、語言與文學

在停頓時期仍然培養出一些偉大的學者，其中最有名的是卡提普（Katip Çelebi，1609–1657 年）。他諳阿拉伯文和波斯文，也懂拉丁文，歷任各種公職後，全心投入學術。作品當中最有名的是《奧斯曼歷史》。

另一偉大的人物是旅行家艾夫利亞（Evliya Çelebi，1611–1682 年）。他曾花了三十年遊遍奧斯曼帝國和歐洲各地，將所遊歷過國家的歷史、地理、風土人情寫成十冊的《艾夫利亞遊記》。

文學方面首推詩人納菲（Nefi，1572–1635 年），他擅長諷刺詩歌的寫作，但也因諷刺莫拉德四世時代的宰相巴依拉姆(Bayram Paşa)，而惹了殺身之禍。至於維西（Veysi，1561–1628 年）和內吉西（Nergisi，1592–1635 年）兩位作家，則以深奧的詞藻，使「廟堂文學」的散文艱深到令人看不懂的地步。

六、藝術

停頓時期最有名的建築師是梅荷美特（Mimar Mehmet Ağa，1540–1617 年），他以建築「蘇丹阿荷美特清真寺」而聞名。其聲望幾可媲美十六世紀的錫南。

圖 20：蘇丹阿荷美特清真寺

　　另一偉大的作品是「新清真寺」(Yeni Cami)，又名「太后清真寺」(Valide Sultan Camii)。該寺是 1597 年由莫拉德三世之后莎菲燕 (Safiye Sultan) 下令建造，至梅荷美特四世時，太后屠兒含大力協助，方才完成。其他如在莫拉德四世時代建造的「巴格達別墅」 (Bağat Köşkü) 和 「莫斯塔發將軍別墅」 (Mustafa Paşa Köşkü) 亦非常有名。

奧斯曼帝國的衰微時期（1683–1792 年）

第一節　俄國、奧地利與法國交相侵凌

自 1683 年第二次圍攻維也納失利，至 1792 年和俄國簽訂〈雅施條約〉為止，是奧斯曼帝國的「衰微時期」。

在這段時期的對外關係，可分為下列幾項敘述：

一、土、俄戰爭

莫斯塔發二世在簽訂〈卡洛夫加條約〉以後，自伊斯坦堡遷至艾迪內，終日狩獵娛樂，不理國事，朝臣遂發動政變，擁立其弟阿荷美特三世 （III. Ahmet，1703–1730 在位） 為蘇丹，時為 1703 年 8 月。帝國的國策是收復在 1699 年〈卡洛夫加條約〉中喪失的領土。

時俄國的沙皇彼得大帝在位。他在十七世紀末葉雖已佔領黑海北邊的亞速， 而且也在波羅的海 (Baltık Denizi) 建立了聖彼得

堡 (St. Petersburg)，但他仍不滿足，還想要併吞克里米亞汗國，南下黑海；控制波蘭，掌握巴爾幹半島上的東方正教徒。

　　彼得大帝之西出波羅的海和干涉波蘭內政，導致他和瑞典國王查理十二世的衝突，雙方在十八世紀初展開「大北方戰爭」（The Great Northern War，1700–1721 年）時，奧斯曼帝國不但關注戰局的發展，甚至一度想出兵援助瑞典。結果，俄國將瑞典部隊吸引至內陸，並於 1709 年 7 月在今烏克蘭境內的波塔瓦一役擊潰之。當時的烏克蘭正處於被俄國、波蘭和奧斯曼帝國三強瓜分的狀態下。

　　瑞典大敗以後，許多優秀的青年軍官被俘虜，並被流放到西伯利亞，其中有一名叫斯特拉連伯格者，後來竟意外的發現了在第八世紀時刻立的「突厥碑文」。

　　至於查理十二世則負傷逃到奧斯曼帝國尋求庇護，俄國部隊藉口追擊而屢犯奧斯曼領土。當時奧斯曼帝國亦正在尋找藉口和俄國作戰，加上查理十二世之慫恿，以及克里米亞汗國所提供之有利情報，土耳其遂於 1711 年向俄宣戰。

　　奧斯曼帝國宰相巴爾塔哲（Baltacı Mehmet Paşa，1704–1706、1710–1711 任職）率十萬大軍北上，越多瑙河，進入瓦拉齊亞以後，由於土耳其部隊之迅速推進，以及克里米亞部隊之窮追不捨，彼得大帝於 7 月間被困於普魯特 (Prut) 河岸❶的法哲村

---

❶ 普魯特河發源於烏克蘭，一路向東南流，成為今日羅馬尼亞和摩達維亞兩國間的國界河，最後流入多瑙河。

（Falcı Köy，今作 Stanileşti），局勢相當危急，不肉搏突圍，就必須投降。

正當彼得大帝在此危急存亡之際，幸賴其后凱薩琳（Catherine I，1725–1727 在位）出面解圍。她遣使向巴爾塔哲致贈厚禮，並賄賂其左右，促使雙方簽訂對俄損失不大的〈普魯特條約〉。其主要內容如下：

1. 根據〈卡洛夫加條約〉割讓給俄國的亞速城歸還奧斯曼帝國。
2. 俄國不得干涉波蘭內政。
3. 查理十二世可以自由返國❷。

條約內容相當溫和，俄國只同意歸還亞速城，並准許查理十二世返回瑞典而已，對俄國而言，損失不大。這完全是因為巴爾塔

---

❷　查理十二世負傷逃到奧斯曼帝國尋求庇護以後，不屈不撓的遊說土耳其攻擊俄國，「普魯特戰爭」可以說是他的傑作。他客居奧斯曼帝國，送都送不走，一住就是五年半，變成奧斯曼政府的一種負擔，土耳其人送諢稱他為「公家財產查理」(Demirbaş Şarl)。簽訂〈普魯特條約〉以後，查理十二世猛烈抨擊巴爾塔哲誤失良機，未能殲滅俄軍或俘虜彼得大帝，導致巴爾塔哲丟官並被放逐到愛琴海上的利米尼 (Limni)島。而其本人則遲至 1714 年 9 月，方在六百名土耳其士兵的護衛下，束裝回國。後來，查理十二世於 1718 年出征挪威時戰死沙場，俄國遂無後顧之憂，可以更積極的侵略土耳其。

哲宰相沒有遠見，而其左右又都是貪官污吏，平白喪失了打擊俄國的大好良機，使俄國日後成為土耳其的世仇大敵，實非始料所及。

二、奧斯曼與威尼斯和奧地利戰爭

奧斯曼帝國於 1711 年光復亞速城以後，下一目標就是要收復摩拉半島。時信天主教的威尼斯人壓迫半島上信東方正教的希臘人，引起反感。土耳其遂派宰相西拉赫塔阿里（Silahtar Ali Paşa，1713–1716 任職）於 1715 年 4 月率軍出征，在短短的六週之內，就收復摩拉半島。

奧地利眼看土耳其節節勝利，甚感憂慮，指稱土耳其破壞 1699 年的〈卡洛夫加條約〉，向奧斯曼帝國致最後通牒，要求賠償威尼斯人的損失，否則將參戰。

土耳其因西拉赫塔阿里的堅持，而於 1716 年 4 月向奧地利宣戰。但西拉赫塔阿里揮軍進入匈牙利，遭遇奧地利大軍時，卻不支而退，自己亦中彈身亡❸。奧地利部隊遂於 8 月 18 日攻陷貝爾格勒 (Belgrat)。

時奧斯曼帝國新宰相伊布拉希姆 （Nevşehirli Damat İbrahim Paşa， 1718–1730 任職） 主和，英國和荷蘭居間調停，雙方於 1718 年 7 月在塞爾維亞的巴沙洛夫加 (Pasarofça) 鎮，簽訂了〈巴

---

❸ 西拉赫塔 (Silahtar) 意謂「掌管武器者」，原被稱為「卓越的 (Şedit) 阿里將軍 (Ali Paşa)」，在匈牙利壯烈犧牲後，又被稱為「烈士 (Şehit) 阿里將軍」。

沙洛夫加條約〉。其主要內容如下：

　　1.將塔美施瓦省、巴納特高原和貝爾格勒割給奧地利。

　　2.摩拉半島與克里特島上的三個威尼斯碼頭劃歸土耳其。

　　3.將達爾馬其亞沿岸的一些碼頭割予威尼斯。

　　土耳其雖然收復了摩拉半島，但也喪失了軍事重鎮貝爾格勒，可謂得不償失。

三、土耳其、波斯戰爭

㈠波斯內亂

　　1718 年簽訂〈巴沙洛夫加條約〉以後，奧斯曼帝國邁向「鬱金香時期」（Lale Devri，1718-1730 年），在東方的波斯則發生什葉派和素尼派之爭。

　　因為波斯國王胡笙 (Şah Hüseyin) 壓迫素尼派教徒，導致在高加索和亞塞拜然一帶的素尼派人士於 1722 年叛離波斯，並向奧斯曼帝國求援。另一方面，在東邊的素尼派領袖馬木德汗 (Mahmut Han) 則佔領在今阿富汗境內的坎達哈 (Kandehar)，並自立為王，奠定今日阿富汗之基礎。

　　後來馬木德汗甚至俘虜了國王胡笙，胡笙之子塔馬斯布 (Şah Tahmasb) 則且戰且走，繼續奮鬥。

㈡土、俄瓜分波斯領土

　　由於波斯發生內亂，俄國和奧斯曼帝國欲乘機瓜分波斯領土，

而於 1724 年簽訂〈伊斯坦堡條約〉，並隨即開始佔領分予自己的土地。

波斯國王塔馬斯布不承認〈伊斯坦堡條約〉，乃同時與土、俄兩國作戰，但深知無法單獨抗拒，只好退至呼羅珊，向當地的阿夫沙 (Afşar) 土耳其人領袖納迪汗 (Nadir Han) 求援。

㈢納迪汗篡波斯王位

後來納迪汗反而在 1732 年推翻塔馬斯布，立其在襁褓中的嬰兒為王，封自己為「輔佐大臣」，控制整個波斯。奧斯曼帝國亦於 1736 年 10 月承認納迪汗 （1736–1747 在位） 為波斯國王。於是波斯遂由土耳其人的阿夫沙朝 (Afşarlar) 統治。

但是納迪汗卻在遠征印度以後 ， 又於 1743 年 5 月侵犯奧斯曼領土，歷經三年的無數戰役之後，雙方於 1746 年 9 月停火，並以 1639 年莫拉德四世時代所簽訂的〈卡斯勒施林條約〉為準據，再訂新約。

1746 年的和約，結束了土波之間的戰爭，也開展了兩國之間的和平時期。自 1746 年至今，土波兩國未曾有過任何嚴重的衝突。

四、土、俄及土、奧戰爭

1718 年簽訂 〈巴沙洛夫加條約〉 以後，土耳其在西線無戰事，但卻在東方和波斯作戰。時俄奧兩國聯盟，對土耳其各懷鬼胎：俄國欲佔領克里米亞，南下黑海，控制土國境內的東方正教徒；奧地利則欲佔領塞爾維亞、波士尼亞和黑塞哥維那。

當土耳其和納迪汗作戰時，曾命克里米亞部隊由高加索進入波斯參戰，但俄國不但不准假道，而且還攻擊亞速，侵犯克里米

亞半島。因此，土耳其於 1736 年 6 月向俄宣戰。

　　土國向俄宣戰後，因奧、俄有聯盟，奧地利亦於 7 月間向土宣戰，土遂同時和奧、俄兩國作戰。

　　結果土軍兩戰皆捷，經由法國居間調停，土、奧於 1739 年 9 月簽訂〈貝爾格勒條約〉。規定：奧地利歸還在 1718 年〈巴沙洛夫加條約〉中取自土耳其的領土（但巴納特高原和塔美施瓦省除外）。

　　土、奧簽訂和約以後，瑞典支持土耳其，動員備戰，俄不敢再戰，亦在法國調停下，於 1739 年 10 月和土耳其簽訂〈貝爾格勒條約〉。其內容如下：

　　1. 在矗伯 (Dnieper) 河和布格 (Buǧ) 河之間的土地歸俄。
　　2. 亞速城亦歸俄，但必須摧毀堡壘，且不得再修築。
　　3. 俄國軍艦和商船不得在黑海行駛。

　　對土耳其而言，上述兩個條約是十八世紀中最後兩個光榮有利的條約，尤其是後者的第三項，表示黑海仍是土耳其的一個「內湖」。

　　簽訂〈貝爾格勒條約〉以後，俄、奧延長盟約，並通知土耳其。土耳其和瑞典亦簽訂盟約，並分別轉告俄、奧，雙方維持將近三十年的和平。在此時期，土耳其亦結束與波斯的戰爭，在國內進行一連串的軍事改革；俄奧則捲入奧地利皇位之戰以及七年戰爭。

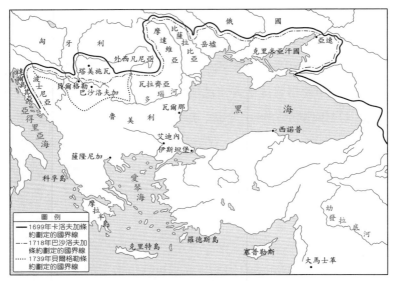

圖 21:〈卡洛夫加條約〉、〈巴沙洛夫加條約〉以及〈貝爾格勒條約〉

五、土、俄戰爭

㈠戰爭原因

俄國一向干涉波蘭內政。遵行彼得大帝政策的凱薩琳二世（Catherine II，1762–1796 在位）更重視波蘭問題。土耳其對俄國的南下政策深感憂慮，尤其對俄國干涉雙方間之緩衝國波蘭的內政，非常不滿。

1763 年，波蘭國王奧古斯特三世（Augustus III，1734–1763 在位）逝世，俄國女皇凱薩琳二世乘機扶植其親信波蘭貴族波尼亞托夫斯基（Stanislas Poniatowski，1764–1795 在位）為國王候選人。在俄軍包圍下，波蘭國會被迫選他為國王，俄國從而繼續

控制波蘭。1768 年，波蘭貴族在巴耳 (Bar) 鎮集會，商討抗俄大計，結果決定要歸還在 1699 年〈卡洛夫加條約〉中取得的波多利亞，以換取土耳其的援助。但俄國卻突擊巴耳鎮，驅散波蘭貴族。一部分波蘭貴族逃入土耳其境內，俄國藉口追擊，侵犯土境，屠殺波蘭人和土耳其人。

因此，仇俄的土耳其蘇丹莫斯塔發三世（III. Mustafa，1757-1774 在位）遂於 1768 年 10 月向俄宣戰。

(二)戰爭經過

戰爭一開始，俄國陸軍就南下佔領摩達維亞的雅施和瓦拉齊亞的布加勒斯特 (Bükreş)。1770 年 8 月，三萬名俄軍在多瑙河三角洲尖端伊斯邁爾 (İsmail) 附近，擊潰了軍紀不良的十八萬土耳其部隊，土軍陣亡者高達五萬。1771 年 7 月，俄軍又佔領克里米亞。

海軍方面，俄國波羅的海艦隊於 1770 年春，在英國協助下，自波羅的海經直布羅陀海峽，至摩拉半島，煽動希臘人叛變，雖被土耳其弭平，但俄艦卻又侵犯愛琴海，並於 7 月 6 日在伊茲米爾西邊的茄施美 (Çeşme) 海港，焚毀土耳其艦隊。

俄軍節節勝利，引起奧地利不安，因為奧地利也覬覦俄國所佔領的摩達維亞和瓦拉齊亞。土耳其利用奧地利的野心，與其達成協議，規定奧地利必須採取外交或軍事手段，將俄國在戰爭中所佔領的土地歸還土耳其，土耳其則將償付二萬袋銀幣，並割讓瓦拉齊亞西部和布寇維納（Bukovina，本地區今分屬烏克蘭和羅馬尼亞兩國）予奧地利。奧土協議則又對俄國的盟邦普魯士 (Prusya) 不利，普魯士為拉攏奧地利，建議瓜分波蘭，俄、普、

奧三國遂於 1772 年首度瓜分波蘭。

然後，普魯士居間調停土俄戰爭。未果，戰事又起。1774年，正當戰局惡化之際，莫斯塔發三世憂鬱而終，其弟阿布都哈密德一世（I. Abdülhamit，1774–1789 在位）繼立。

㈢戰爭結果

阿布都哈密德一世在位初期，俄軍又大舉進攻，土軍不支，只好求和。1774 年 7 月，雙方代表在古屈克卡伊納加 （Küçük Kaynarca，今保加利亞境內），僅花七個小時就簽訂了苛刻的〈古屈克卡伊納加條約〉。其主要內容如下：

1. 承認克里米亞獨立，但其可汗在宗教方面仍隸屬於哈里發。
2. 將亞速及其周圍之地、位於亞速海和黑海之間的刻赤 (Kerç)、以及布格河和轟斯特河之間的領土割讓予俄國。
3. 俄國歸還在戰爭中佔領的瓦拉齊亞、摩達維亞、比薩拉比亞以及地中海上的島嶼，但奧斯曼帝國必須：
   (1) 在上述地區宣布特赦。
   (2) 暫不向上述地區人民徵稅。
   (3) 當地人民可以自由遷徙。
   (4) 當地人民享有宗教自由。
   (5) 俄國基督教徒可以到聖地朝覲。
4. 俄國人可在黑海、地中海以及其他土耳其水域和港口貿易，亦可享受給予法國和英國的優惠條款。
5. 俄國可在伊斯坦堡派駐常任大使，亦可在奧斯曼帝國境

內隨意開設領事館。俄國使節得享受英法使節所擁有的
權利。

6.俄國將保護土耳其籍的東方正教徒以及瓦拉齊亞和摩達
維亞兩侯主。

7.奧斯曼帝國分三期賠償俄國戰費一萬五千袋銀幣。

土耳其在〈古屈克卡伊納加條約〉中割予俄國的領土雖然不
多，但卻喪失了克里米亞汗國❹，尤其是承認俄國保護土耳其籍
東方正教徒的權利，使俄國得以干涉土耳其內政，引發無窮後患。

六、土俄、土奧戰爭

1774 年簽訂〈古屈克卡伊納加條約〉，承認克里米亞獨立以
後，俄國開始干涉克里米亞內政，並於 1783 年 7 月宣布兼併克里
米亞。克里米亞是回教國家，有一百五十萬土耳其人定居，俄國
併吞時，屠殺意欲離境的半數土耳其人民，對土耳其而言，實是
莫大的打擊。

後來俄奧又擬訂瓜分土耳其的新計畫，使英國也感到憂慮，
英國乃將兩國聯盟之事告知土耳其，並慫恿土耳其作戰。另一方

---

❹ 戰勝國要求戰敗國承認其屬國獨立，繼之必將併吞該屬國。俄國於
1774 年擊敗土耳其，強迫土耳其承認克里米亞獨立，繼之旋於 1783 年
併吞之，是一例證。1895 年清朝與日本簽訂〈馬關條約〉時，日本要
求清朝承認朝鮮（現稱韓國）獨立，十五年以後，日本又於 1910 年併
吞朝鮮，則是另一例證。

面，普魯士認為俄奧壯大對己不利，故亦支持土耳其。土耳其受英國和普魯士之煽動，終於在 1787 年 8 月向俄宣戰。

戰爭由土耳其之攻擊而揭開序幕，但奧地利亦於翌年 2 月參戰，土軍被迫兩面作戰。俄軍於 1788 年 12 月佔領黑海北岸的岳墟 (Özü) 並屠城。奧地利亦於 1789 年 10 月佔領貝爾格勒，11 月攻陷布加勒斯特。

普魯士深恐俄奧兩國長驅直入，遂和土耳其結盟，言明奧地利若越多瑙河南下，普魯士即參戰。普魯士為逼迫奧地利，甚且下令總動員。奧地利不得已，於 1791 年 8 月，單獨和土耳其在斯施托威（Zistovi，在今保加利亞境內、多瑙河右岸）簽訂〈斯施托威條約〉，歸還在戰爭中所佔領的土地，結束土奧間的最後一次戰爭。自 1529 年土耳其第一次圍攻維也納，土奧兩國斷斷續續一共打了二百六十二年。

簽訂〈斯施托威條約〉以後，土耳其仍想繼續和俄作戰，但心有餘而力不足，時俄國亦落單，也願媾和，雙方於 1792 年 1 月，簽訂〈雅施條約〉。其主要內容如下：

1. 承認克里米亞屬於俄國。
2. 岳墟城割予俄國，俄土兩國以轟斯特河為界。

俄國打敗土耳其以後，隨即於 1793 年和普魯士第二次瓜分波蘭。兩年以後，俄、普、奧又第三次瓜分波蘭，波蘭終於亡國。（直到 1918 年第一次世界大戰結束以後方才獨立復國，總共從地

圖上消失長達一百二十三年之久。）對俄國而言，繼瑞典之後，波蘭問題亦已解決，可以集中力量對付土耳其了。土耳其既然承認克里米亞屬於俄國，表示俄國勢力已經瀕臨黑海岸，下一步就是穿越海峽，進入地中海。1796 年，雖然俄國的凱薩琳二世病逝，但法國的拿破崙繼之而起。土耳其又多了一個侵略者。

七、十八世紀的土、法關係

㈠法國對土耳其的政策

自從 1683 年第二次圍攻維也納而惡化的土、法關係，至 1699 年簽訂〈卡洛夫加條約〉以後，又逐漸改善。因為土耳其眼見俄、奧強大，認為必須再和法國重建友誼。而法國亦重視其對土國的「傳統友誼」，針對侵略者，保護土耳其，從而亦可保護自己在土耳其的利益。

㈡ 1740 年的優惠條款

1739 年簽訂〈貝爾格勒條約〉以後，法國利用其對土耳其的影響力，重新檢討自蘇烈曼時代即開始不斷給予法國的優惠條款，和土國簽訂了新的貿易協定。

在 1740 年簽訂的這項協定稱為〈1740 年優惠條款〉。法國根據此約，獲得了許多經濟、法律和宗教方面的權益，其中最大的特點是：該約永遠有效，不再修訂。

〈1740 年優惠條款〉使法國在土耳其享有較他國更優越的地位。後來由於土國戰敗或某些政治事件，其他國家亦爭取到法國所擁有的權利。如此一來，土耳其國內外貿易均操在外人手裡，

對土國精神和物質方面均造成嚴重的傷害，這些已演變成不平等
條約的優惠條款，直到 1923 年 7 月 24 日簽訂〈洛桑條約〉
(Lozan Antlaşması) 時，方才廢除。

㈢拿破崙侵略埃及

　　從 1740 年至 1789 年法國大革命期間，土、法關係相當友
好。法國發生革命時，全歐敵對，但土國仍忠於友誼，承認法國
新政權。

　　雖然如此，法國在大革命後，卻對土耳其採取了虛偽的政策，
對奧斯曼帝國的埃及存有覬覦之心。表面上，當時法國正和英、
俄交戰，法國為擊敗英國，必須佔領英人手中的印度，也因此必
須先佔領通往印度要道上的埃及。其實，打擊英國是藉口，因為
法國深信奧俄終將擊敗土耳其，所以必須趁早侵佔對法國之生存
具有重要性的埃及。而向法國政府闡釋此一觀念，並規劃佔領埃
及者，就是革命培育出來的名將拿破崙 (Napoléon Bonaparte，
1769–1821 年，後來成為法國皇帝拿破崙一世 Napoléon I，1804–
1814 在位)。

　　法國政府同意拿破崙的埃及計畫，並命他為征埃總司令。
1798 年，拿破崙率領強大海軍與三萬五千名陸軍，登陸亞歷山大
(İskenderiye) 港，擊敗當地土耳其部隊，進入開羅 (Kahire)。

　　因此，正和法國交戰的英、俄提議援助，土耳其同意，三國
遂結成聯盟。英俄海軍開往地中海，俄派遣海軍佔領法國的「七
個希臘島嶼」 (Yedi Yunan Adası，亦稱愛奧尼亞群島 "Ionian
Islands")，英海軍大將納爾遜 (Horatio Nelson，1758–1805 年)

則向亞歷山大港突擊，法艦除數艘外，餘均被焚毀。

　　拿破崙的海軍雖被殲滅，但為逼和土耳其，乃向敘利亞進軍，圍攻阿卡（Akka，今以色列境內），但卻被法國自己訓練出來的新制軍 (Nizam-ı Cedit) 打敗，只好又退回開羅。

　　拿破崙被擊敗後，因局勢惡化，不得已於 1799 年潛返法國。後來土、英兩國部隊攻進埃及，法軍不得已，在 1801 年投降，將埃及歸還土耳其，法軍則由英艦運返法國，結束了法國在埃及為期三年的統治。

　　自從拿破崙遠征埃及而惡化的土法關係，直到 1804 年拿破崙稱帝以後，方才好轉。

第二節　鬱金香時期的改革運動：未能普及各階層

　　奧斯曼帝國在衰微時期的改革運動比以前更為具體，也更有效果。因為土耳其已瞭解自己比歐洲落後，並致力於探討其原因。雖然如此，所有改革運動仍僅局限於蘇丹和有遠見的朝臣，並未能普及全國各階層。現僅以鬱金香時期❺的改革運動為例，簡單

❺　現在一提起鬱金香，就令人想到其盛產國荷蘭。其實鬱金香的原產地在西亞，亦即現在的土耳其，數百年以來，一直都是土耳其的國花。鬱金香大約在十六世紀時傳入歐洲，當時因為其花型類似回教婦女所戴的頭巾，歐洲人遂按語出波斯文的土耳其字 Tülbent（紗布做的頭巾），稱之為 Tulip。到十七世紀時，荷蘭人因為重視鬱金香的栽培和改良，將它發揚光大，才奠定了「鬱金香王國」的崇高地位。

介紹如下：

　　一如前述，奧斯曼帝國於 1718 年和奧地利簽訂〈巴沙洛夫加條約〉以後，邁向「鬱金香時期」。鬱金香時期是盡情享樂的時期，這雖是蘇丹阿荷美特三世和宰相伊布拉希姆的個人愛好，卻也是土耳其人對世界觀的一種改變。土耳其人在此之前，凡事都以宗教眼光審視，偏重後世而非今生。但在鬱金香時期，上自王公貴族，下至販夫走卒，都想擺脫長期戰亂的悲傷慘痛，意欲及時享受舒適愉快的今生。

　　在鬱金香時期，伊斯坦堡變成一個歌舞昇平的城市，到處都是宮殿、別墅、噴泉和公園，在遍植各地的花卉當中，以鬱金香最受歡迎，且成為這一時期的象徵，因此史稱這一時期為「鬱金香時期」。

　　鬱金香時期，以蘇丹和宰相為首，達官貴族和富商巨賈，經常在花前月下彈琴唱歌，或在宮廷官邸飲酒作樂，盡情享受美好的時光。但是由於奢侈浪費，物價隨之高漲，政府為平衡收支，只好增加收稅。一般升斗小民，苦不堪言。

　　在鬱金香時期，被派為駐法國大使的梅荷美特（Çelebi Mehmet Efendi，1670–1732 年）赴巴黎就任時，曾攜其子沙伊特 (Sait Efendi) 同行。沙伊特在巴黎研究過印刷術，回到伊斯坦堡後，憑藉宰相伊布拉希姆的鼎力支持，於 1727 年創立了第一所印刷廠。根據當時回教大教長所頒發的費特瓦，除宗教書籍以外，印刷了許多歷史、地理和文學書籍，對學術文化發展有相當大的助益。

　　遺憾的是，所謂「印刷了許多書籍」，其實只有十七本而已。而且該印刷廠在 1742 年就關閉，直到 1784 年才又重新開張，平均大約一年才印一本書而已。之所以如此，必須要瞭解當時奧斯曼土耳其人對「書」的看法：書就像地毯一樣，是必須要用手工製作的「高級」產品，只有富人才能擁有，而非在印刷廠大量生產，從而人人都可買得到的「通俗」產品。至於神聖的宗教書籍，對回教大教長而言，豈可隨便印刷？那不就冒犯真主、褻瀆天經了嗎？時至今日，仍有許多長者，為了表達虔誠和敬意，或是純粹為了修心養性，還在手抄各種經書，適足以印證當年奧斯曼土耳其人對宗教書籍的心態。

　　除印刷廠以外，在伊布拉希姆的贊助下，還由新軍組織了救火隊，並設立造紙廠、織布廠和瓷器廠，他亦命令當代學者組織委員會，翻譯東方古典文學作品。

　　但是伊布拉希姆所倡導的安逸享樂時期，引起保守派和貧民的不滿。時始於 1722 年的土、波戰爭，仍在進行中，效忠波斯國王的納迪汗收復大布里斯，土耳其御前會議決定由宰相率軍出征，但因宰相是文臣而非武將，故一味拖延，不肯出征。反對者乃造謠說是宰相下令將大布里斯贈予波斯，於是引發一場暴動。在巴耶西特 (Bayezit) 浴室為客人洗澡的阿爾巴尼亞人帕特羅納（Patrona Halil，1690-1730 年），糾集亂民登高一呼，暴動隨之擴大，不願到波斯作戰的新軍亦加入，要求處死宰相及其女婿，蘇丹阿荷美特三世雖應允照辦，但亂民仍逼退之，並擁立馬木德一世為蘇丹，時為 1730 年。

第三節　衰微時期的文明

一、教育

　　衰微時期，土耳其在教育方面並無重大改變，只是在宗教學校以外，又新設立一些技術學校，雖然破壞了教育的統一，但對比歐洲落後的土耳其而言，確有向歐洲學習的必要。

　　令人遺憾的是，在鬱金香時期 1727 年首度創設的印刷廠，日後仍是唯一的印刷廠，直到幾乎是一百年以後的「維新運動」時期，尤其是在「第一次君主立憲」時期（1876–1878 年），方才增設了其他的印刷廠。

　　在「鬱金香時期」，宰相伊布拉希姆曾下令組織學術委員會，翻譯東方古典文學作品。栖林三世（III. Selim，1789–1807 在位）時代為擴充陸軍和海軍工程學校，亦從歐洲引進科技書籍，並在上述學校中，指定法文為外國語文，使土耳其對歐洲有更進一步之認識。

二、語言與文學

　　奧斯曼文學仍然朝廟堂文學和大眾文學兩方面發展，但廟堂文學在語言方面的比重，已逐漸為伊斯坦堡土耳其文（標準土耳其文）所取代。在詩歌中，除仍用阿拉伯文和波斯文外，也大量地使用土耳其文。

三、藝術與音樂

在衰微時期，古典的奧斯曼土耳其式建築已被波斯式和歐洲式建築所取代。

在鬱金香時期，有名的建築師大多為外國人。歐洲的「巴洛克式」建築在土耳其非常流行，其特色為裝飾與曲線特多，可惜這些宮殿、別墅、噴泉、客棧、澡堂和花園大多在帕特羅納叛變中被破壞。目前尚存的，以「阿荷美特三世飲水泉」(III. Ahmet Çeşmesi) 最為有名。

關於裝飾藝術方面，仍以刺繡、瓷器和書法為主。雖然回教禁止繪畫或雕塑人像，但繪畫亦開始佔有一席之地。因為外國使

圖 22：阿荷美特三世飲水泉

者帶畫家至土耳其，繪畫風景、服飾和人物，尤其是繪畫蘇丹和大臣的肖像，引起土耳其人對繪畫的興趣。最有名的畫家是烈弗尼 (Levni)。

在鬱金香時期，因為受到歌舞昇平的享樂觀念，以及蘇丹朝臣對音樂之愛好的影響，音樂非常發達。馬木德一世和莫斯塔發三世都非常喜歡音樂，至於栖林三世則幾乎可以稱之為音樂家。

對歐洲人而言，十八世紀時，土耳其國勢雖已淪落到「衰微時期」，但是在音樂方面深植人心的「土耳其風」仍未被忘懷。1778 年莫札特（Wolfgang Amadeus Mozart，1756–1791 年）譜寫的「土耳其進行曲」（Turkish March，土耳其文作 Türk Marşı）就是一個很好的例子。那麼鏗鏘有力、輕快流暢，實在令人震撼、陶醉，連土耳其人都引以為傲。

第八章 | *Chapter 8*

奧斯曼帝國的瓦解
（1792–1918 年）

第一節　拿破崙在土俄戰爭中舉棋不定

一、土、法、英、俄關係

　　拿破崙於 1804 年稱帝，且和英、俄、普魯士、奧地利重燃戰火，因此又想恢復和土耳其的傳統友誼，乃遣使覲見栖林三世，意欲建立友好關係。

　　時土、英、俄聯盟仍然有效，但俄卻利用此聯盟關係，在巴爾幹半島上從事宣傳，煽動叛變。塞爾維亞果於 1804 年叛變。土耳其致力於平亂時，瓦拉齊亞和摩達維亞又和俄國勾結，準備叛變。土耳其遂撤換該兩侯主，並針對不遵守盟約的俄國封閉海峽。

　　英、俄兩國大使向土國抗議，土政府正在商討對策之際，俄軍突於 1806 年春越聶斯特河，進入摩達維亞和瓦拉齊亞，並攻佔賀丁等地，土耳其遂於 1806 年 12 月向俄國宣戰。

二、土、俄戰爭（1806–1812 年）

　　土、俄戰爭對正和法國作戰，同時也是俄國盟邦的英國不利，英使為阻止戰爭，於 1807 年 2 月親自搭乘英艦至伊斯坦堡，要求土國與俄和解。土國在英、俄威脅下，只好恢復兩侯主職位，但仍拒絕驅逐法國大使，並決定防禦伊斯坦堡，在沿岸布置砲兵陣地。

　　英使眼見情況惡化，無能為力，只好撤離伊斯坦堡，但英艦在駛經恰納克卡雷海峽時，卻有兩艘被擊沉，四百名士兵失蹤。英艦為報此仇恨，於 1807 年轉而進攻亞歷山大港，但卻被埃及省長梅荷美特阿里（Kavalalı Mehmet Ali Paşa，1805–1848 任職）擊退。

　　英國海軍撤離伊斯坦堡以後，土、俄戰爭又爆發。時法國曾經同意調解土、俄戰爭，但後來又承認俄國佔領摩達維亞和瓦拉齊亞。然而不久，拿破崙和沙皇又反目成仇，甚且計畫遠征莫斯科，並要求土耳其繼續對俄作戰。結果，因土耳其對拿破崙之搖擺政策不滿，遂於 1812 年 5 月，與俄國簽訂〈布加勒斯特 (Bükreş) 條約〉。其主要內容如下：

　　　1.將轟斯特 (Dniester) 河和普魯特河之間的比薩拉比亞 (Besarabya) 割予俄國，兩國以普魯特河為界。
　　　2.准許塞爾維亞擁有內政自主權。

　　1812 年 6 月，拿破崙果然率領五、六十萬大軍征俄，俄國採取堅壁清野戰略，法軍雖於 9 月間進入莫斯科，但面對的幾乎是

一座空城，最後拿破崙終於輸給俄國的「冬天將軍」，慘遭敗績，於 11 月底狼狽撤退回到法國的只有兩、三萬人❶。

1812 年法、俄之間的戰爭是拿破崙由盛轉衰的關鍵點，當年奧斯曼帝國「如果」繼續、而且加強對俄作戰，俄國就必須兩面應戰，不能集中力量對付拿破崙，對土、法、俄三國之國運應該多少會有一點影響。

第二節　塞爾維亞與希臘相繼叛亂建國

一、塞爾維亞之叛亂與建國

塞爾維亞在征服者梅荷美特二世時代即已被奧斯曼帝國徹底兼併。當時，一如帝國轄下的其他基督教徒，塞爾維亞亦享有語言和宗教自由，並得以保持其固有的傳統文化。

在 1699 年簽訂〈卡洛夫加條約〉以前，塞爾維亞人是奧斯曼帝國最忠實的國民。但自此以後，在整個十八世紀中，由於奧斯曼帝國和奧地利以及俄國經常作戰，使塞爾維亞人無法安居樂業，而且也增加了和外人接觸的機會。

塞爾維亞在十九世紀初，因反抗新軍而叛亂。開始時，三三

---

❶ 偉大的俄國小說家托爾斯泰（Leo Nicholaevich Tolstoy，1828–1910 年）在其世界名著《戰爭與和平》（*War and Peace*）中，就是以上述拿破崙侵略俄國的戰爭為時代背景，巧妙的描寫出俄國社會的形形色色。

兩兩上山打游擊，但到 1804 年，有一名叫「黑喬治」（Kara Yorgi，即 George Petrovich）者又給這些零星的叛亂活動注入了民族意識。

當黑喬治之叛亂蔓延時，土耳其因 1806 年爆發土、俄戰爭，無暇顧及，但俄國卻協助塞爾維亞擴大叛亂，後來在 1812 年土、俄簽訂的〈布加勒斯特條約〉中，甚且規定給予塞爾維亞內政自主權。

戰後，黑喬治即根據此條款要求獨立，因而引起奧斯曼帝國的重視。1813 年，黑喬治被土軍擊敗，逃往奧地利。但不久，又有一名叫米洛施（Miloš Obrenović，1780–1860 年）者起而領導。這次，土耳其為避免俄國干涉，只好承認米洛施為塞爾維亞公爵，並給予有限度的自治權。於是在 1817 年，誕生了一個在土耳其統治下享有部分自治權的塞爾維亞公國。從 1459 至 1817 年，塞爾維亞一共被土耳其直接統治了三百五十八年。

1829 年，土俄簽訂〈艾迪內條約〉以後，塞爾維亞已成為隸屬於土耳其，但在內政上自主的一個公國，土耳其僅在幾個城鎮派軍駐守而已。

二、希臘之叛亂與建國

㈠希臘叛亂與埃及省長之平亂

希臘也是在征服者梅荷美特二世時代開始被奧斯曼帝國統治，一如其他基督教徒，希臘人亦享有宗教語言自由，尤其是在摩拉半島和愛琴海諸島上的希臘人，幾乎完全獨立自主。

　　法國大革命時，希臘人懸掛土耳其旗幟在各地通行無阻，壟斷了地中海貿易，因而致富。他們在希臘創辦學校，散播民族、自由和獨立的思想。最後，在摩拉半島的希臘人為爭取獨立，終於在 1821 年 2 月叛變。

　　希臘革命普受歐人的關心和支持，因為歐洲的知識分子大多認為當時的希臘人就是代表古文明之希臘人的後裔，視希臘亂民為英雄，在金錢和物質方面大力支持，甚至尚有許多志願軍親赴希臘作戰，著名的英國詩人拜倫 （George Gordon Byron， 1788-1824 年）即是其中之一。

　　摩拉半島的叛亂甚至蔓延至愛琴海群島，歷經三年，土耳其的新軍始終無法弭平，最後只好在 1824 年求助於埃及省長梅荷美特阿里，並允諾在亂平之後，可以兼任摩拉和克里特省省長，阿里於是派其子亞伯拉罕 (İbrahim) 率強大艦隊暨一萬六千名精兵到摩拉半島，並於 1825 至 1826 年間暫時弭平了亂事。埃及省長之成功同時也暴露出新軍之失敗，新軍的作戰能力確實低落，已經沒有存在的價值了。

㈡納瓦林事件（1827 年）

　　希臘叛亂被弭平後，英俄深恐摩拉半島和克里特島會落入梅荷美特阿里手中。因為兩國寧願在此地區有一蕞爾小國希臘，或一積弱不振的奧斯曼帝國，而不願有一強大的省長插足於此。原先只在金錢和武器方面支持叛亂的英、俄兩國遂出面干涉。英、俄兩國拉攏法國，簽訂協約，向奧斯曼帝國發出最後通牒，要求准許希臘獨立。蘇丹馬木德二世（II. Mahmut，1808-1839 在位）

認為此係干涉土國內政，斷然拒絕。他向英國大使說：「我們有干涉你們的愛爾蘭問題❷嗎？如果那是你們的內政問題，那麼希臘問題也是我們的內政問題。」

雖然如此，三國還是派海軍到摩拉半島，先封鎖停泊在納瓦林 (Navarin) 港的土耳其和埃及海軍，然後又在 1827 年 10 月 20 日，進攻該港，焚毀艦艇。

三、土、俄戰爭（1828–1829 年）與希臘獨立（1829 年）

土耳其向英、俄、法三國抗議，並要求賠償和道歉。但三國不承認過錯。法國甚且佔領摩拉半島，直到希臘問題解決；英國將在摩拉半島上的埃及軍隊運返亞歷山大港；俄國則更激烈地向土耳其宣戰，於是展開了 1828 至 1829 年的土、俄戰爭。

時土耳其並無作戰準備，新軍甫被廢除，海軍剛在納瓦林受創。俄軍趁此良機，在歐陸一舉攻佔摩達維亞和瓦拉齊亞，越多瑙河陷瓦爾那 (Varna)。在小亞細亞方面，俄軍亦自高加索推進到卡爾斯 (Kars) 和阿達罕 (Ardahan)。

---

❷ 愛爾蘭 (Ireland) 島位於大不列顛 (Great Britain) 島的西邊，島上居民是塞爾提克人 (Celtics)，說蓋爾語 (Gaelic)，在民族和語言方面都和英國不同。在大不列顛島上由英格蘭 (England) 和蘇格蘭 (Scotland) 聯合組成的「大不列顛王國」(Kingdom of Great Britain)，就是我們所通稱的英國。英國早在第十六世紀時就已經開始入侵愛爾蘭島，歷經無數悲慘戰役，終於在 1801 年併吞之。自此以後，愛爾蘭人前仆後繼的爭取獨立，英國則加以血腥鎮壓。此即馬木德二世所謂的「愛爾蘭問題」。

根據1812年簽訂的〈布加勒斯特條約〉割予俄國之土地
根據1829年簽訂的〈艾迪內條約〉享有自治的地方
根據1829年簽訂的〈艾迪內條約〉而獨立的希臘
圖 23：〈布加勒斯特條約〉和〈艾迪內條約〉

　　翌年，俄軍在東線又攻佔埃勒族魯姆 (Erzurum)；在西線也越巴爾幹山脈，直抵艾迪內，斥候且滲透至伊斯坦堡城下，土耳其舉國震驚，遂於 1829 年 9 月和俄簽訂〈艾迪內條約〉。其主要內容如下：

1. 承認希臘獨立。

2. 給予摩達維亞、瓦拉齊亞和塞爾維亞內政自主權。

3. 准許俄國商船自由通行伊斯坦堡和恰納克卡雷兩海峽。

4. 賠償俄國軍費八百五十萬里拉。

希臘是在英、法、俄鼎力支持下才獲得獨立，因此在政治、經濟和軍事上都要仰賴上述三國的援助，這也是日後他們干涉希臘內政的原因。

第三節　埃及省長梅荷美特阿里之叛變與海峽問題

一、埃及省長梅荷美特阿里

埃及在西元前 30 年被羅馬帝國佔領，成為帝國的一個行省。395 年，羅馬帝國分裂為東西羅馬帝國時，埃及被併入東羅馬帝國（亦稱拜占庭帝國）。641 年，第二任哈里發約曼爾在位時征服埃及，埃及從此進入阿拉伯時代。在這段時期，埃及人迅速地阿拉伯化，接受了阿拉伯語和回教。

但是從第九世紀以後，在巴格達的阿拔斯朝已經無法駕馭偏遠地區，於是在埃及又先後出現了五個大大小小的獨立王朝：圖倫王朝 （Tulon Oğulları Devleti ， 868–905 年）、 伊赫石德王朝（İhşit Oğulları Devleti，935–969 年）、法提瑪王朝、艾育布王朝以及奴隸王朝。 自從 1517 年奧斯曼帝國的栖林一世消滅奴隸王

朝，埃及雖然在 1798 年曾經遭受法國拿破崙之侵略，但一直都是
奧斯曼帝國的一個省份。

　　梅荷美特阿里原籍在今希臘北部的卡瓦拉 (Kavala)。1798 年拿
破崙侵犯埃及時，以志願軍身分前往埃及抵抗法國部隊。雖然是文
盲，但為人聰明。戰後，奧斯曼政府於 1804 年任他為埃及省長。

　　梅荷美特阿里上任以後，第一件大功勞是在 1807 年擊退了進
攻亞歷山大港的英軍。時在漢志又有亂民佔領麥加和麥地那，妨
礙教徒朝覲，他派其子亞伯拉罕弭平之，使朝覲之途暢通無阻，
他也因此而在回教世界聲譽大振。

二、梅荷美特阿里之叛變

　　1829 年簽訂〈艾迪內條約〉時，土耳其承認希臘獨立。因
此，土國遂無法履行讓梅荷美特阿里兼任摩拉省長的諾言。梅荷
美特阿里要求蘇丹給他克里特和敘利亞兩省，但只獲得克里特省
長一職。梅荷美特阿里心生不滿。而蘇丹也一直懷疑他，因他擅
自撤退其在摩拉半島的部隊，而且在 1828 年的土、俄戰爭中，又
未服從中央之命令派兵助戰，朝臣都慫恿蘇丹對他採取行動。

　　正當馬木德二世計畫要將梅荷美特阿里撤職查辦時，梅荷美
特阿里卻先發制人，派其子亞伯拉罕進軍在今以色列境內的阿卡
(Akka)，攻佔大馬士革，於是所有敘利亞城市均望風而降。

　　1833 年，亞伯拉罕攻進阿達納 (Adana)。不久，又越托魯斯
(Toros) 山脈向伊斯坦堡逼進。宰相莫斯塔發（Mustafa Reşit Paşa，
1800-1858 年）率軍抵擋，但在孔亞被擊敗。當時已無人能阻擋

亞伯拉罕，對他而言，通往伊斯坦堡之路，已暢行無阻。

三、土向俄求援

　　馬木德二世因亞伯拉罕節節勝利，只有兩條路可以走，一是和埃及省長和解，另一是向歐洲列強求救，結果他選擇了後者，時英法兩國均無暇東顧，而不得不向俄國沙皇尼古拉一世（Nicholas I，1825–1855 在位）求助，他還說：「落海者連蛇也抱。」其實，與其要抱像俄國那麼危險的「蛇」，何不去抱埃及省長呢？沙皇求之不得，欣然答應，立即派黑海艦隊和一萬五千名陸軍至伊斯坦堡。原為內政問題的埃及叛亂，至此遂演變成國際問題。原只袖手旁觀的英、法兩國，唯恐土耳其倒向俄國懷抱，遂起而干涉，居中調停，促使蘇丹釜底抽薪，和亞伯拉罕於 1833 年 5 月 14 日在庫塔希亞簽訂條約。其主要內容有二：

　　1.梅荷美特阿里除任埃及和克里特省長外，亦兼任敘利亞省長。
　　2.亞伯拉罕除任吉達 (Cidde) 省長外，亦兼任阿達納省長。

　　以前奴隸王朝的領土大約是從埃及延伸到敘利亞，現在埃及省長兼任敘利亞省長，後來在 1958–1961 年間，埃及和敘利亞又組成「阿拉伯聯合共和國」(United Arab Republic)，充分顯示埃及和敘利亞之間的關係相當密切。

四、海峽問題

簽訂〈庫塔希亞條約〉以後，埃及問題雖暫告一段落，但又引起和俄軍南下有關的「海峽問題」。

應馬木德二世之要求而到伊斯坦堡的俄國海陸軍，都駐紮在伊斯坦堡海峽區的渾卡爾 (Hünkar) 碼頭。土耳其和埃及雖然簽訂了〈庫塔希亞條約〉，而且亞伯拉罕亦已撤離小亞細亞，但俄軍仍未離開伊斯坦堡海峽，引起英、法兩國的疑慮。但蘇丹也因既恐梅荷美特阿里日後再度侵犯，又不相信英法兩國，而不得不於 1833 年 7 月 8 日，和俄國簽訂〈渾卡爾碼頭條約〉。其主要內容如下：

1. 若有任何敵人侵犯奧斯曼帝國，俄國將派兵保護之，但奧斯曼帝國必須償付戰費。
2. 若俄國遭受攻擊，土耳其不必派兵，但必須封鎖伊斯坦堡和恰納克卡雷兩海峽。
3. 條約有效期限為八年。

此條約對俄國而言，可免受來自黑海方面的攻擊。對土耳其而言，有俄國支持，可以對付梅荷美特阿里的再度挑釁。但封鎖兩海峽一事，卻對英、法不利。因此，埃及問題又引出海峽問題。

圖 24：蒙德羅斯港與「兩海峽」　土耳其人稱在南邊的海峽為「恰納克卡雷海峽」，橫跨海峽兩岸的省份為恰納克卡雷省，省會亦叫恰納克卡雷市；稱在北邊的海峽為「伊斯坦堡海峽」，橫跨海峽兩岸的省份為伊斯坦堡省，省會亦叫伊斯坦堡市；而且還合稱南北兩個海峽為「兩海峽」。

五、埃及問題再度爆發

　　土耳其蘇丹和埃及省長對 1833 年簽訂的〈庫塔希亞條約〉都不滿意。蘇丹因為將埃及、敘利亞、阿達納、克里特和吉達等重要省份讓給梅荷美特阿里統治，而感到不滿，而梅荷美特阿里也因未達到預期的目標而不滿。簽約以後，雙方仍積極備戰。

　　馬木德二世準備就緒後 ， 於 1839 年 7 月向梅荷美特阿里開戰，但因總司令梅荷美特（Hafız Mehmet Paşa，1894–1899 任職）不聽普魯士參謀的建議，而在尼西普 (Nizip) 平原慘遭敗績。而海軍總司令阿荷美特 (Ahmet Paşa) 亦於 7 月 3 日率艦隊至亞歷山大港，向梅荷美特阿里投降，消息傳到伊斯坦堡之前，馬木德二世已經逝世，由其子阿布都麥吉特（Abdülmecit，1839–1861 在位）

繼立。土耳其已經軍事破產，不堪一擊，帝國局勢雪上加霜，相
當危急。

六、倫敦協議（1840 年）

奧斯曼帝國在尼西普戰敗後，英國唯恐俄國會依據〈渾卡爾
碼頭條約〉派兵至土耳其，因此將埃及問題演變成歐洲問題。法
國雖支持埃及，而欲阻止之，但最後仍由英、奧、俄、普魯士和
土耳其等國的代表，在倫敦集會，並於 1840 年簽訂〈倫敦協議
書〉。其主要內容如下：

1. 埃及省在法律主權上仍隸屬於奧斯曼帝國，但其行政統
   治權則歸梅荷美特阿里及其後代。
2. 埃及每年要繳納八萬袋金幣給奧斯曼帝國，而且要歸還
   奧斯曼帝國的艦隊。
3. 敘利亞、阿達納和克里特島仍歸奧斯曼帝國。

埃及遂成為內政自主、外交隸屬於土耳其的一個特別省❸。
埃及問題解決以後，土、俄間簽訂的〈渾卡爾碼頭條約〉亦
已期滿。因此，1841 年又在倫敦召開會議，與會者除土、俄外，

---

❸ 梅荷美特阿里所建立的「埃及王朝」，歷時百年，至第二次大戰以後法
魯克 (Faruk) 在位時，方為納瑟 (Gamal Abdel Nasser，土耳其文作
Nasır) 等人推翻。

尚有英、法、普、奧。對海峽問題之決議如下：

> 1.伊斯坦堡和恰納克卡雷兩海峽由奧斯曼帝國統轄。
> 2.任何外國軍艦在平時均不可通航上述兩海峽。

如此一來，對英、俄而言，兩海峽互相封鎖了對方。

第四節　克里米亞戰爭暫時遏阻俄國的野心

一、戰爭原因

㈠俄國對土耳其的野心

土耳其於 1840 年解決了埃及問題，翌年又解決了海峽問題，自此以後，更積極展開維新運動。俄國不願見土耳其歐化進步，沙皇尼古拉一世稱土耳其為「病夫」，並迫切等待「病夫」的死亡。他意欲再度獲取 1833 年在〈渾卡爾碼頭條約〉中所得到的利益，從而瓜分土耳其。沙皇認為只要和英國協議，就可達到目的。

但英國未表同意。沙皇遂公開表達其對土耳其的看法，並決定要單獨採取行動。欠缺的只是藉口而已。

㈡聖地問題

耶路撒冷（Jerusalem，土耳其文作 Kudüs）和巴勒斯坦（Palestine，土耳其文作 Fillistin）是耶穌及其母親瑪利亞和許多偉人的誕生地，因此被視為聖地，在這些地方建造了許多教堂和

紀念物，天主教和東方正教的神職人員咸認在聖地服務是無上光榮，甚至還為此互相競爭。回教發源於沙烏地阿拉伯的麥加，創始人穆罕默德升天之前曾經神遊耶路撒冷，因此回教亦視耶路撒冷為聖地。一般而言，當時的教派都和國家或政治集團互相結合。各個宗教或教派之間的鬥爭，往往演變成激烈的政治鬥爭。

　　自 1535 年蘇烈曼一世賜予法國優惠待遇以後，天主教在聖地擁有許多權利。俄國興起後，東方正教亦獲得一些類似的權利。雙方在聖地的競爭更趨白熱化。法國於 1848 年革命後宣布第二共和，路易拿破崙（Louis Napoléon，1808-1873 年）靠天主教黨之支持而當選總統，開始努力爭取天主教在東方喪失的權益。土耳其蘇丹亦允其所請，因而激怒了俄國的東方正教徒。

　　俄國沙皇尼古拉一世正欲瓜分土耳其之際，想到可以利用宗教問題為藉口，遂派海軍部長孟施可夫 (Menshikov) 親王為特使，到伊斯坦堡交涉。

㈢俄、土談判破裂

　　孟施可夫負有公開和秘密兩個任務。其公開任務是磋商並解決聖地問題。 秘密任務是和土耳其簽訂盟約 。 盟約必須以符合 1833 年的〈渾卡爾碼頭條約〉和承認沙皇保護土耳其境內之東方正教徒為原則。

　　孟施可夫抵達伊斯坦堡後，耀武揚威，完全不顧國際禮儀，最後並向總理府提出 「哀的美頓書」（Ultimatum ， 亦即最後通牒）， 奧斯曼政府若不按沙皇之條件締約 ， 則將採取最嚴厲的懲罰——雙方斷交。

土耳其將此哀的美頓書通知英、法兩國大使，英、法兩國不願俄國加強其影響力，力勸土耳其拒絕俄國的要求，孟施可夫遂於 1853 年 5 月憤而離開伊斯坦堡。

二、克里米亞戰爭（1853–1856 年）

俄國於 1853 年 7 月 3 日不宣而戰，佔領摩達維亞和瓦拉齊亞。奧地利為阻止戰爭，建議在維也納召開和會，英、法亦同意。但雖經長期會談，仍未能達成協議。因此，土國於 10 月 4 日對俄宣戰，雙方沿多瑙河岸展開大戰。

㈠俄軍突擊（1853 年）

時英、法海軍不顧 1841 年之倫敦協議，經恰納克卡雷海峽駛抵伊斯坦堡。俄國大怒，於 1853 年 11 月 30 日在黑海岸的西諾普焚毀十艘土耳其軍艦。後來英、法兩國要求俄國撤軍被拒，遂和土耳其結盟，並於 1854 年 3 月 28 日正式對俄宣戰。

時俄軍正進攻位於多瑙河右岸之西里斯特雷 (Silistre)，但被土軍擊退，後來奧地利聯合普魯士，逼迫俄軍於 8 月間撤出瓦拉齊亞和摩達維亞。奧地利為避免在此地區重燃戰火，和土耳其取得協議，佔領了上述兩地。如此一來，在這地區已無機會和俄國作戰，聯軍為逼迫俄國求和，遂決定登陸克里米亞。

㈡聯軍攻陷西瓦斯托堡（1855 年）

1854 年 9 月，土耳其和英法聯軍在克里米亞半島西南端的西瓦斯托堡 (Sivastopol) 附近登陸。翌年 1 月，薩丁尼亞 (Sardinya) 王國（義大利的前身）亦派一萬五千名部隊參戰。

聯軍由海陸圍攻西瓦斯托堡，激戰幾近一年，方於 1855 年 9 月攻陷之，新沙皇亞歷山大二世（Alexander II，1855-1881 在位）只好求和。此役，俄軍只在戰爭末期在東線獲得勝利，並攻入卡爾斯。

三、〈巴黎條約〉（1856 年）

和會在巴黎召開，與會者有土、俄、英、法、奧和薩丁尼亞。於 1856 年 3 月 30 日簽訂〈巴黎條約〉。其主要內容如下：

1. 奧斯曼帝國被視為歐洲國家，得以引用歐洲法律，並由歐洲國家保證其領土完整。
2. 承認黑海為中立海域，各國軍艦不得進入，但商船則可以。土俄兩國在黑海皆不得擁有軍艦，亦不可在黑海沿岸設造船廠。
3. 伊斯坦堡和恰納克卡雷兩海峽仍按 1841 年簽訂的 〈倫敦協議書〉管理。
4. 俄將比薩拉比亞南部割予摩達維亞。
5. 准許瓦拉齊亞和摩達維亞自治，由列強保證之。
6. 歐洲列強關注奧斯曼帝國在此時宣布、並以副本呈送和會的 1856 年〈改革詔書〉(Islahat fermanı)，但不得干涉按此詔書推行的改革。

四、克里米亞戰爭的影響

　　克里米亞戰爭及戰後簽訂的〈巴黎條約〉，遏阻了俄國對土耳其的野心。俄國喪失了自 1774 年〈古屈克卡伊納加條約〉至1829 年〈艾迪內條約〉中在巴爾幹半島上所獲得的權益。由於伊斯坦堡和恰納克卡雷兩海峽之封鎖，英、法兩國在地中海得到保障。一直無法引用歐洲法律的土耳其終於被視為歐洲國家，並得以引用國際法。

　　但是，〈巴黎條約〉卻也將土耳其置於歐洲國家之保護下，換言之，土耳其已承認無力保障自己之安全。說得更露骨一點，土耳其已經淪為歐洲列強的「次殖民地」，俄國是因為想要獨吞才遭受其他列強的抵制。在西方人心目中的「東方問題」，說穿了就是「如何瓜分奧斯曼帝國問題」。否則，既然被視為歐洲國家，何不廢除不平等條約，從而平起平坐？歐洲列強既然可以保證土耳其的安全，當然也可以破壞土耳其的完整，瓜分土耳其。

　　簽訂〈巴黎條約〉以後，奧地利於 1857 年撤出摩達維亞和瓦拉齊亞。兩年以後，兩者先合併為「摩達維亞－瓦拉齊亞聯合公國」(United Principalities of Moldavia and Walachia)。因為他們自認為其領土是古代羅馬帝國所屬戴西亞 (Dacia) 省的一部分，人民也是羅馬人的後裔，所以在 1862 年，又改稱為今日的「羅馬尼亞」。

　　對薩丁尼亞而言，因為贊助英、法和土耳其對抗俄國，後來也得到法國的支持，終於在 1861 年奠定了統一義大利的基礎。

第五節 1877-1878 年的土俄戰爭與柏林會議

一、戰爭的背景與原因

㈠歐洲政局與泛斯拉夫主義

〈巴黎條約〉雖暫時遏阻了俄國對土國的野心，但至 1870 年時，德國打敗法國，德意志完成統一，但也破壞了歐洲均勢。俄國遂利用此良機，於 1870 年 10 月底，宣布不承認〈巴黎條約〉中有關黑海為中立海域之條款。翌年初，歐洲國家在倫敦召開會議，不得不接受俄國之要求，因為英國不願單獨對抗俄國。

俄國獲此外交勝利後，又開始實現其對奧斯曼帝國的野心。這次以種族為途徑，提出了將巴爾幹半島上的東方正教徒和斯拉夫人在俄國的領導下團結一致的「泛斯拉夫主義」。在巴爾幹半島上組織秘密協會，開始散播泛斯拉夫主義。

俄國的活動引起了很大的震撼。後來在巴爾幹半島果然發生叛變，並導致土、俄戰爭。

㈡塞爾維亞叛變（1875 年）

1875 年黑塞哥維那因納稅問題而首度爆發叛亂。由於土耳其處置不當，叛亂迅速蔓延至塞爾維亞。因此，土耳其決定使用武力，擊敗塞爾維亞的亂民。塞爾維亞侯主向歐洲求助，於是俄國出面干涉，向土提出最後通牒，土只好停止軍事行動。

㈢伊斯坦堡會議（1876 年）

　　歐洲各國不願爆發戰爭，決定在伊斯坦堡召開會議，討論巴爾幹問題。

　　1876 年 12 月 23 日伊斯坦堡會議開幕時，土耳其亦宣布第一次君主立憲，表示即將選舉議員，組織國會，自行解決巴爾幹問題，顯然意欲阻撓大會之進行，但是列強不予理會，因此並未成功。與會者有土、俄、英、法、奧、德、義等國。外國代表先行集會，擬妥向土國提出之條件，然後再向大會提出。但未為土耳其接受，結果不歡而散。

　　英國為挽救局勢，避免俄國開戰，又在倫敦召開會議，將伊斯坦堡會議中之條件稍微放寬，亦為土耳其拒絕。

二、戰爭的經過與結果（1877-1878 年）

　　1877 年 4 月 24 日，俄國因土耳其連續拒絕兩次會議中有關巴爾幹問題的決定，而向土耳其宣戰。當年剛好是回曆（奧斯曼帝國所使用的魯米曆 "Rumi Takvimi"）1293 年，因此土耳其人習稱該戰役為「九三戰爭」(Doksanüç Harbi)。

　　俄軍分由羅馬尼亞和高加索兩方面向土國進攻。在東線，俄軍佔領卡爾斯和阿達罕，並向埃勒族魯姆 (Erzurum) 進逼。

　　在西線，越過多瑙河的俄軍在普雷弗內 （Plevne，在今保加利亞境內）被阻，三萬土軍在奧斯曼將軍 (Gazi Osman Paşa) 指揮下，面對包括六百零八門大砲的十六萬俄軍，堅守半年，奮戰至彈盡援絕。是役土軍以寡敵眾，雖敗猶榮。

俄軍攻陷普雷弗內以後，越巴爾幹山脈，於 1878 年 1 月 20 日攻陷艾迪內，土國驚懼不已，蘇丹阿布都哈密德二世 （II. Abdülhamit，1876–1909 在位）遂於 1 月 29 日向俄軍要求停火。

俄軍之進入艾迪內，促使保持中立的英國採取行動，英艦藉口護僑，駛抵馬爾馬拉海南岸的木當亞 (Mudanya)。俄軍大怒，越過伊斯坦堡西邊的恰塔爾加 (Çatalca) 停火線，推進至阿亞斯鐵法諾斯（Ayastefanos，即今之耶希魁 "Yeşilköy"，伊斯坦堡「凱末爾機場」"Atatürk Havaalanı" 所在地），直逼伊斯坦堡。

三、〈阿亞斯鐵法諾斯條約〉（1878 年）

土、俄雙方在阿亞斯鐵法諾斯舉行和會，俄方強迫土方接受其苛刻之要求，土耳其代表團主席沙菲特 (Saffet Paşa) 於 1878 年 3 月 3 日含淚簽署和約，其主要內容如下：

1. 建立一大保加利亞王國，原保加利亞、馬其頓 (Makedonya) 和東魯美利 (Doğu Rumeli) 省均包括在內。
2. 波士尼亞和黑塞哥維那享有自治權。
3. 准許塞爾維亞、羅馬尼亞和黑山國 ❹ 獨立。

---

❹ 1389 年，奧斯曼部隊在科索沃 (Kosova) 戰役，大破以塞爾維亞國王拉薩爾 (Lazar) 為首的十萬歐洲聯軍，並擒獲拉薩爾。戰後，部分塞爾維亞人逃入山區，成立獨立小國，是為黑山國 (Kara Dağ)。土耳其文的 Kara 是「黑」，Dağ 則是「山」的意思。英文作 "Montenegro"，語出義大利文，monte 是「山」，negro 是「黑」的意思。國人有時意譯為「黑

4. 將鐵薩利亞 (Tesalya) 割予希臘。

5. 將卡爾斯、阿達罕、阿特芬 (Artvin) 和巴統 (Batum) 割予俄國。

6. 土耳其賠償俄國戰費三千萬里拉。

7. 在克里特島和亞美尼亞進行改革。

四、〈柏林條約〉（Berlin Antlaşması，1878 年）

俄國雖然根據〈阿亞斯鐵法諾斯條約〉達到了瓜分土耳其的目的，但此條約對英國和奧地利則頗為不利，兩國乃拉攏德國，不承認該條約。俄國不願冒險再啟戰端，不得已接受三國之決定，在柏林由德國宰相俾斯麥（Otto von Bismarck，1871–1890 任職）召開會議，歷時一個月，於 1878 年 7 月 13 日，簽訂了〈柏林條約〉。其主要內容如下：

1. 根據〈阿亞斯鐵法諾斯條約〉而建立的大保加利亞劃分成為三部分：

   ⑴ 多瑙河和巴爾幹山脈 (Balkan Dağları) 之間，以索菲亞 (Sofya) 為首府，成立內政自主、外交隸屬於土耳其，並向土耳其納貢的保加利亞王國。

   ⑵ 在巴爾幹山脈南邊，以菲利貝 (Filibe) 為省會，成立東魯

山國」，有時則音譯為「蒙（門）特尼（內）哥羅」。

美利省，任命基督教省長治理，並給予相當的自治權。

⑶馬其頓在進行改革的條件下劃歸土耳其❺。

2.波士尼亞與黑塞哥維那仍被視為土耳其領土，但暫時由奧地利統治。

3.黑山國、塞爾維亞和羅馬尼亞各自獨立。

4.將卡爾斯、阿達罕和巴統割予俄國。

5.承認鐵薩利亞屬於希臘。

6.土耳其分期賠償俄國六千萬里拉戰費。

7.奧斯曼帝國在巴爾幹半島和小亞細亞上有亞美尼亞人居住的地方進行改革。

　　無論是在未被承認的〈阿亞斯鐵法諾斯條約〉，或者是在取代它的〈柏林條約〉中，都提到要在「亞美尼亞地區」進行改革。所謂「亞美尼亞地區」是指包括今日土耳其東部凡 (Van)、比特利斯 (Bitlis)、艾拉則 (Elazığ)、迪亞巴克 (Diyarbakır)、埃勒族魯姆和西瓦斯 (Sivas) 等六個省份的廣大地區。必須要強調的是，當年這六個省份的面積，因為後來又被劃分設立其他省份，所以比今天同樣名稱的省份大很多。 土耳其人是在塞爾柱帝國時代， 於 1071 年，在凡湖北邊的馬拉茲吉特戰役打敗東羅馬帝國以後才進

---

❺　如此一來，奧斯曼帝國在陸地上仍然可以和阿爾巴尼亞連成一片，但是卻引起希臘、保加利亞、塞爾維亞和黑山國的覬覦。上述四小國為了瓜分這一片領土，終於引爆兩次「巴爾幹戰爭」。後來因為阿爾巴尼亞在奧地利的支持下獲得獨立，四小國只能瓜分到馬其頓。

圖 25：根據〈阿亞斯鐵法諾斯條約〉和〈柏林條約〉
所規定的巴爾幹諸國

入小亞細亞。簡言之，上述「亞美尼亞地區」就是土耳其人尚未
侵入小亞細亞以前亞美尼亞人居住的地區。

第六節　英、法、希、保、奧瓜分奧斯曼帝國

柏林會議以後，土耳其進入阿布都哈密德二世的恐怖暴政時期，在此三十三年中，內有暴政，外則分崩離析。蘇丹為避免和歐洲國家發生任何摩擦或衝突，對列強的無理侵犯都噤若寒蟬，喪失了許多領土。

一、英國佔領塞普勒斯（1878 年）

1878 年 6 月 4 日，即將召開柏林會議之際，英人藉口預防俄國將來再度侵犯，以佔領塞普勒斯❻為條件，而和土耳其締結聯盟。

二、法國佔領突尼西亞（1881 年）

法國早在土、俄戰爭（1828–1829 年）之後，即於 1830 年 7 月佔領了阿爾及利亞。後來又藉口阿爾及利亞之安全，而大舉進攻突尼西亞❼，只遭輕微抵抗，便於 1881 年 5 月 12 日宣布兼併

---

❻　奧斯曼帝國於 1571 年從威尼斯人手中佔有塞普勒斯，一共統治了三百零七年，島上居民希臘人佔多數，土耳其人比較少。1960 年塞普勒斯脫離英國獨立。後來因為島上的希臘人想要和希臘本土合併，土耳其總理艾西費特 (Bülent Ecevit) 遂於 1974 年派兵佔領該島的三分之一領土，甚至於 1983 年扶植建立了「北塞普勒斯土耳其共和國」(KKTC = Kuzey Kıbrıs Türk Cumhuriyeti)。目前承認該的只有土耳其和亞塞拜然等一、兩個國家。

之。對此，土耳其僅能抗議而已。

三、英國佔領埃及（1882 年）

　　自 1840 年簽訂〈倫敦協議書〉以後，埃及已享有半獨立性的自治權，在梅荷美特阿里及其子薩伊德 (Said) 的統治下，發展迅速，尤其在 1869 年蘇伊士運河通航以後，埃及的政治經濟地位更是一躍千丈。但英國也一直對埃及懷有野心，亟思伺機佔領之，俾便控制通往印度的要道。

　　後來梅荷美特的孫子伊斯邁爾 (İsmail Paşa) 從 1863 到 1879 年統治埃及時，因揮霍無度而呈現財政危機，遂向英法大量貸款。不久，又因過分浪費而窮困到無法償付利息的地步，遂於 1875 年不得不將 44% 的蘇伊士運河股票售予英國，英國因而獲益良多，且得以開始干涉運河事務。

　　1876 年，埃及宣告財政破產，英法起而干涉，獲得控制埃及財政的權利。不願外人干涉內政的埃及人，對此相當不滿，在阿拉比將軍 (Ağrabi Paşa) 的領導下，發動叛變，控制了政府。時在亞歷山大亦發生暴亂，歐人被殺害，商店被搶奪，英國遂藉口護僑，派兵登陸亞歷山大港，佔領埃及。從此土耳其又損失一個富有的省份，時為 1882 年 9 月 15 日❽。

---

❼　奧斯曼帝國於 1574 年驅逐西班牙人，消滅貝尼哈弗斯國，佔領突尼西亞，一共統治突尼西亞長達三百零七年。

❽　根據 1840 年簽訂的〈倫敦協議書〉，埃及在法理上仍然屬於奧斯曼帝國，統治權則歸梅荷美特阿里及其後代。但是從 1882 年至 1914 年第

四、希臘併吞克里特島（1908 年）

土耳其人早在 1669 年就從威尼斯人手中佔領了克里特島。根據 1829 年的〈艾迪內條約〉，土耳其雖然承認希臘獨立，但仍擁有克里特島。其實克里特島人亦希望併入希臘，為此經常叛變。

1896 年克里特島又叛變，因此引發翌年的土、希戰爭。結果協議：希臘自克里特島撤軍，並賠償戰費四百五十萬里拉，但土耳其同意給克里特島自治權，並由希臘王室之王子任省長。

這種情況持續到 1908 年，時土耳其宣布第二次君主立憲，希臘乘機佔領克里特島，並宣布兼併之。當時土耳其並不承認，直到第二次巴爾幹戰爭結束，土、希於 1913 年簽訂〈雅典條約〉時，才承認克里特島屬於希臘。至此，土耳其人一共實際統治克里特島二百四十四年。

一次世界大戰爆發這一段時間，因為英國宣布埃及脫離其宗主國奧斯曼帝國，埃及在事實上已經成為英國的殖民地，梅荷美特阿里的後代只是英國的傀儡，至於瀕臨土崩瓦解的奧斯曼帝國，則更是自顧不暇，無力過問。屈指算來，土耳其從 1517 年消滅奴隸王朝佔領埃及，至 1840 年簽訂〈倫敦協議書〉，埃及享有半獨立性的自治權為止，實際統治埃及三百二十三年。如果算到 1882 年埃及脫離土耳其，確實成為英國的殖民地，則又可以說土耳其直接或間接地一共統治埃及三百六十五年。

五、保加利亞兼併東魯美利省 (1885 年) 與宣布獨立 (1908 年)

　　根據 1878 年的〈柏林條約〉，保加利亞被劃分成三部分，但保加利亞對此新界線維持不到十年。1885 年 9 月 18 日，保加利亞人在菲利貝叛變，驅逐基督教省長，宣布東魯美利歸屬保加利亞。

　　此舉顯然破壞了〈柏林條約〉，土耳其和歐洲列強均不承認此事，保加利亞大公被迫退位，國人分裂為兩派：親俄派表示準備接受沙皇遴選的大公；主張完全獨立者則想要擺脫土俄的控制。鬥爭結果，後者獲勝，德國親王斐迪南 (Ferdinand) 於 1887 年被選為保加利亞大公。土耳其不但承認之，同時還任命斐迪南為東魯美利省省長，等於承認該省隸屬於保加利亞。

　　1908 年 10 月 5 日，保加利亞利用土國宣布第二次君主立憲的機會，宣布獨立並兼併東魯美利省，土國因俄國之調停，不得不於翌年 4 月 18 日承認之。

六、奧地利兼併波、黑二州 (1908 年)

　　根據 1878 年的〈柏林條約〉，波士尼亞與黑塞哥維那由奧地利管轄，但主權仍屬土耳其。但至 1908 年，土國宣布第二次君主立憲時，奧地利乘機於 10 月 5 日宣布併吞波、黑二州。此舉引起塞爾維亞和黑山國的不滿。

　　翌年 2 月，土奧達成協議，將新市（Yenipazar，現屬保加利亞）郡劃歸土耳其，土耳其則承認波、黑二州屬於奧地利。

第七節　義大利侵佔土耳其在非洲的最後一片領土利比亞（1911-1912 年）

義大利自 1870 年統一以後，即積極向海外拓展殖民地。原先對突尼西亞頗有興趣，但法國已於 1881 年捷足先登。後來又想奪取阿比西尼亞 (Habeşistan)，但卻於 1896 年被打敗。

義大利為掩飾此項敗績，遂覬覦土耳其在非洲的最後一片領土的黎波里 (Trablusgarp) 和班加西 (Bingazi)，經營數年後，終於獲得英、法的同意。因此，在 1911 年 4 月致函土耳其，要求承認義大利對的黎波里和班加西的統治權，不久又於 9 月 28 日致最後通牒，要求土耳其自的黎波里撤軍，但兩項要求均被土耳其拒絕，義大利遂於翌日展開軍事行動。

義大利的海軍強大，部隊得以順利登陸的黎波里和班加西。在陸軍方面，土耳其和的黎波里之間有埃及，而埃及卻早在 1882 年就已經被英國佔領，因此無法通過馳援。土耳其在陸地上的防務僅由當地的一支土耳其守軍和土著負擔，亦有一些英勇的軍官從伊斯坦堡喬裝成百姓，經由埃及或突尼西亞前來助戰。這些軍官包括有恩弗爾 （Enver Bey，1881-1922 年） 和費特昔 (Fethi Okyar)，以及日後的土耳其國父凱末爾等人。

義大利在土軍堅強的抵抗下，只能佔領沿岸一帶，為了威脅並逼和土耳其，義大利海軍猛烈砲轟恰納克卡雷海峽，擊沉土艦數艘，登陸並佔領包括羅德斯島在內的「十二島嶼」(Oniki Ada)。雖然如此，在的黎波里的土軍仍奮勇抵抗，義大利在非洲毫無進展。

　　正當義大利尷尬不已，無顏面對世人之際，巴爾幹諸國正醞釀聯盟對付土耳其，大戰有一觸即發之勢。土耳其深知同時兩面作戰對己不利，不得不與義大利談和。於 1912 年 10 月 15 日，在瑞士的奧契 (Ouchy) 簽訂和約。其主要內容如下：

1. 土耳其將的黎波里和班加西割予義大利。
2. 義大利暫時管轄「十二島嶼」❾。

　　於是，土耳其喪失了在北非的最後一片領土，巴爾幹諸國亦因此而受到鼓舞，敢向土耳其挑釁，終至引爆巴爾幹戰爭。

第八節　四小國欲將土耳其驅逐出境而發動巴爾幹戰爭（Balkan Savaşı，1912–1913 年）

一、戰爭的原因

　　在巴爾幹半島上，雖然希臘、塞爾維亞、黑山國和保加利亞

---

❾ 義大利本來願意將在戰爭中佔領的 「十二島嶼」（土耳其文作 Oniki Ada。中文按英文 Dodecanese，音譯為「多德卡尼斯」群島）歸還給土耳其。但土耳其深恐在巴爾幹戰爭中會被希臘佔領，因此同意暫時由義大利管轄。敵人要歸還在戰爭中佔領的土地，只因恐怕會被另一個敵人侵佔而不敢收回，真是可悲又可憐！在 1923 年簽訂的〈洛桑條約〉中，仍然將「十二島嶼」劃歸義大利。至 1947 年 2 月對義和約中，方規定多德卡尼斯群島割予希臘。

都已經獨立。但是在半島的中段，東起海峽及愛琴海北岸，西至亞得里亞海之間的一片廣闊條形地帶，包括馬其頓及阿爾巴尼亞等地，仍為土耳其所有。

這些新獨立的國家在俄國的支持下，為了要將土耳其驅逐出整個巴爾幹半島，彼此盡棄前嫌，締結聯盟。1912 年 3 月，首先是保加利亞和塞爾維亞簽訂秘密協定，5 月，則又有希臘和黑山國加入，於是組成了「巴爾幹聯盟」(Balkan Antlaşması)。

締約國利用土耳其在的黎波里與義大利作戰的機會，以要求在魯美利諸省進行改革為藉口，宣布總動員。由於奧地利和其他歐洲國家之干涉，土耳其同意在巴爾幹半島上進行改革，但黑山國仍於 10 月 8 日向土耳其宣戰，因而挑起了巴爾幹戰爭。

二、第一次巴爾幹戰爭（1912 年）

巴爾幹戰爭爆發之際，土耳其在巴爾幹半島上的部隊本就雜亂無章，加以受到四個巴爾幹小國從四面八方的攻擊，而導致土軍在各戰場全盤潰敗。黑山國佔領新市，塞爾維亞佔領馬納斯特 (Manastır，現屬北馬其頓共和國)，希臘攻陷薩隆尼加 (Selanik) ❿。包圍艾迪內的保加利亞部隊，後來一直推進到伊斯

---

❿　薩隆尼加位於今日希臘北部，濱臨薩隆尼加灣。奧斯曼帝國於 1430 年
　　將它併入版圖，至 1912 年巴爾幹戰爭爆發，方被希臘佔領。薩隆尼加
　　在凱末爾誕生時 (1881 年)，是奧斯曼帝國在歐洲的最大省會和港都，
　　也是最現代化的城市。目前則為希臘僅次於首都雅典 (Atina) 的第二大
　　都市。

坦堡西邊的恰塔爾加 (Çatalca) 方被阻擋住。

1912 年，由於奧地利反對塞、黑、希三國瓜分阿爾巴尼亞，主張讓其獨立，在伊斯坦堡的阿爾巴尼亞國會議員伊斯邁·凱末爾（İsmail Kemal，1844–1919 年）遂乘機於 11 月 28 日返國宣布獨立。成千上萬的土耳其難民則從巴爾幹半島蜂擁逃回伊斯坦堡。此時希臘亦派兵登陸愛琴海上的島嶼，封鎖恰納克卡雷海峽。

正當保加利亞人逼至恰塔爾加一線，阿爾巴尼亞人宣布獨立之際，在伊斯坦堡亦發生政府改組之事。曾經在 1877–1878 年的土俄戰爭中重創俄軍的阿荷美特 （Ahmet Muhtar Paşa， 1912 任職）總理引咎辭職，新組閣的卡米爾（Kamil Paşa，1912–1913 任職）總理於 1912 年 12 月 3 日要求停火。

和會在倫敦召開，巴爾幹各國要求瓜分土耳其在巴爾幹半島上的所有領土。列強亦致函土耳其，要求放棄愛琴海諸島嶼。卡米爾政府正欲應允之際，以恩弗爾為首的「聯合進步黨」(İttihat ve Terakki Cemiyeti) 突襲總理府，推翻卡米爾，由馬木德 （Mahmut Şevket Paşa，1913 任職）繼任，時為 1913 年 1 月 23 日。

新政府拒絕列強的要求，戰火重燃，但艾迪內卻淪陷。列強再度干涉，重新停火，於 1913 年 5 月 30 日在倫敦召開和會，決定以米迪耶（Midye，現作 Kıyıköy）至艾內斯 (Enez) 一線為界，以西歸巴爾幹諸國。

艾迪內就在上述一線的西邊，還是被劃歸巴爾幹諸國。當初恩弗爾突襲總理府的目的就是要解救艾迪內，結果卻未能收回，從而引發反對黨的抨擊，確實令他顏面無光。後來甚至導致馬木

德總理在 6 月 11 日被暗殺，但也因為繼任者哈里木（Sait Halim Paşa，1913-1917 任職）是「聯合進步黨」黨員，從而結束了「聯合進步黨」的「遙控執政」(Denetleme İktidarı) 時期，開始完全親自執政。

三、第二次巴爾幹戰爭（1913 年）

由於奧地利出面干涉，巴爾幹諸國不得不承認阿爾巴尼亞獨立，但是為了瓜分馬其頓而導致保、塞失和；俄國有意仲裁，但保加利亞因奧地利之煽動而拒絕，且向塞爾維亞宣戰。此即巴爾幹諸國因分贓不均而挑起的第二次巴爾幹戰爭，時為 1913 年 6 月 29 日。

後來希臘和羅馬尼亞因深恐保加利亞壯大，亦加入戰爭，聯合擊敗保加利亞，結果於 8 月 10 日簽訂〈布加勒斯特條約〉。其主要內容是：

1. 保加利亞割讓一部分多布魯加 (Dobruca) 予羅馬尼亞。
2. 希臘佔領薩隆尼加 (Selanik)。
3. 塞爾維亞人佔領馬納斯特。

四、馬其頓問題

提起馬其頓，總令人想起亞歷山大大帝 (Alexander the Great, 356-323 B.C.) 曾經在西元前 336 年建立過地跨歐亞非三洲的大

圖 26：巴爾幹戰爭結束後巴爾幹諸國所獲得的領土
（大約就是「馬其頓」的範圍）

帝國，以及在他死後帝國分崩離析的情形。

奧斯曼帝國是在莫拉德一世時征服馬其頓，一共統治五百多年。帝國末年歐洲人所謂的馬其頓，大約就是科索沃、薩隆尼加和馬納斯特三個省份。境內回教人最多，大約有一百五十萬；其次是保加利亞人，大約有九十萬；然後是大約三十萬的希臘人，

以及各有十萬左右的塞爾維亞和瓦拉齊亞人。上述所謂回教人，是以宗教為準，並非以種族為準，因此並非都是土耳其人。

　　由此觀之，境內人口最多的是保加利亞人，此即在〈阿亞斯鐵法諾斯條約〉中將馬其頓併入保加利亞的原因。但是後來在〈柏林條約〉中，又在進行改革的條件下劃歸土耳其，遂導致當地保加利亞人血腥叛亂，歐人干涉土國內政，土國派遣優秀的文武官員至馬其頓，「聯合進步黨」得以在當地日益壯大，以及爆發「巴爾幹戰爭」等等一系列的後續事件。

　　至 1913 年第二次巴爾幹戰爭結束，馬其頓終於被保加利亞、塞爾維亞和希臘三國瓜分。其中被保加利亞佔領的部分最小；希臘佔領最多，大約一半，土耳其國父凱末爾的誕生地薩隆尼加亦在希臘佔領區內；塞爾維亞佔領的部分稱之為「瓦爾達爾馬其頓」(Vardar Macedonia)，約佔 38%。

五、收復艾迪內

　　第二次巴爾幹戰爭爆發時，土耳其乘機採取行動，越過米迪耶和艾內斯一線向西推進。這次保加利亞同時必須對付希臘、塞爾維亞和羅馬尼亞之進攻，因而無法阻擋土軍攻勢，土軍於 1913 年 7 月 10 日收復艾迪內，當然也破壞了〈倫敦條約〉。

　　艾迪內之失而復得，不但令土耳其舉國歡騰，也讓率先揮軍進城的恩弗爾出口怨氣。追加在利比亞對義大利的戰功，他連升兩級，三十三歲就由中校跳過上校，升為准將。而且即將和他的未婚妻——當時蘇丹梅荷美特五世　（V. Mehmet Reşat，1909-

1918 在位）的姪女——芳齡十六的納吉耶 (Naciye) 締結良緣。可謂雙喜臨門。至於他的勁敵費特昔和凱末爾，則遠離政治核心伊斯坦堡，被「放逐」到索菲亞去當駐保加利亞大使和武官。

保加利亞因為在〈布加勒斯特條約〉中遭受重大損失，逐漸和俄國疏遠，反而和奧地利親近。同時，為了日後能向希臘，尤其是向塞爾維亞報一箭之仇，遂致力於和土耳其改善關係。

第二次巴爾幹戰爭結束以後，土耳其首先於 1913 年 9 月 29 日和保加利亞簽訂〈伊斯坦堡條約〉，規定將艾迪內等地割予土耳其，兩國以馬里乍河為界。

然後，土耳其又於 1913 年 11 月 14 日和希臘簽訂〈雅典條約〉：

1.承認楊亞 (Yanya)、薩隆尼加和克里特島屬於希臘。
2.土耳其不承認歐洲列強對愛琴海諸島嶼的決定 ❶。

巴爾幹戰爭以後，土耳其因與塞爾維亞和黑山國不接壤，所以並未簽訂任何條約。和保、希簽約後，雖仍保有巴爾幹半島一隅之地，但已喪失其歷時五百年的東南歐統治權，而成為一個亞

---

❶ 所謂列強之決定係：除在恰納克卡雷海峽口北邊之圭克切島 (Gökçeada) 和南邊之波斯佳島 (Bozcaada)，以及地中海沿岸的美伊斯 (Meis) 島以外，所有在愛琴海上的島嶼均歸希臘。因為土耳其不同意列強之決定，所以又展開磋商，但尚未達成協議就爆發第一次世界大戰，因此島嶼問題一直拖到簽訂〈洛桑條約〉時才解決。在這段時間（1912–1923 年），恰納克卡雷海峽口的兩個島嶼都在希臘手中。

洲國家。宛如奧匈帝國是由奧地利和匈牙利組成，奧斯曼帝國也只剩下土耳其和阿拉伯兩大支柱。

　　塞爾維亞則因無法經阿爾巴尼亞取得亞得里亞海上之港口，而加深了仇奧的心理。至於奧地利本身，雖然早在 1541 年就佔領了斯洛凡尼亞 (Slovenya) 和克羅埃西亞，至 1908 年又兼併了波、黑二州，但一直都未能善待上述境內的東方正教徒和回教徒，因而引發當地人民怨聲載道。

第九節　土耳其和德、奧、保加利亞聯盟參加第一次世界大戰（1914–1918 年）

一、土耳其參戰

　　1914 年 6 月 28 日，奧地利皇儲斐迪南 (Francis Ferdinand) 大公夫婦於波士尼亞首府塞拉耶佛 (Sarajevo) 被塞爾維亞青年浦林西普 (G. Princip) 刺殺，引起第一次世界大戰。時土耳其已與德、奧同盟，為預防萬一，立即宣布總動員，並於 9 月 5 日宣布廢除不平等條約。而且執政的「聯合進步黨」認為以德國為首的一方終將獲勝❷，故對參戰之事躍躍欲試。既然艾迪內可以失而復得，

---

❷　所謂以德國為首的一方，是指國、奧匈帝國和義大利所組成的「同盟國」，敵對的一方則是英國、法國和俄國所組成的「協約國」。包括德國在內，上述歐洲列強都和土耳其簽訂過不平等條約。土耳其是想要利用他們彼此戰爭的大好良機，宣布廢除不平等條約，爭取獨立自由。但這並非弱者一廂情願的說了就算數，也要對方強者同意才有效。

其他領土當然亦可光復。在大街小巷,「雪恥復國」、「還我河山」之聲不絕於耳,舉國上下熱血沸騰。

大戰爆發以後,因為德國海軍的實力不如英國,英艦到處搜捕德艦, 在地中海上的兩艘德艦戈本 (Goeben) 號和布勒斯勞 (Breslau) 號為逃避英艦追擊,而駛入恰納克卡雷海峽,並於 8 月 16 日在伊斯坦堡向土耳其尋求庇護,土耳其則聲稱已購買這兩艘軍艦搪塞英人。 後來該兩艘軍艦雖然分別改名為 「亞烏斯」 (Yavuz) 號和「米迪利」(Midilli) 號,而且升掛土耳其國旗,德國船員亦戴上象徵回教徒的費士帽 (Fes),其實指揮權仍在原本的德籍司令蘇瓊 (Souchon) 手中。

到了 1914 年 9 月,德國在歐陸之攻勢被法軍阻住,德國為減輕負擔,希望土耳其參戰,上述兩艘「土耳其」軍艦遂升掛土耳其國旗駛入黑海,砲轟俄國海港,攻擊俄國軍艦,招致俄國發出最後通牒,土耳其則在當時的國防部長恩弗爾和內政部長塔拉特 (Mehmet Talat,1874–1921 年) 的主張下,於 11 月 16 日向俄國宣戰,在同盟國的一方參加了第一次世界大戰。

結果上述列強,竟然一方面在戰場上互相廝殺,另一方面卻又互助合作,透過他們派駐伊斯坦堡的使節,發表共同聲明,反對土耳其的片面決定。因此,土耳其一方面要在沙場上和「協約國」作戰,另一方面又要和並肩作戰的「同盟國」在會議室裡面談判。幾經折衝,結果在 1917 年 11 月,德國僅同意不再簽訂任何對土耳其不平等的條約而已。

二、主要戰場

由於土耳其之參戰，原本在歐洲的戰場遂向東擴展，而土耳其亦在遼闊的邊境上和英、法、俄三國作戰。後來更由於保加利亞的加入（1915 年），使土耳其和德國以及奧匈帝國在陸地上取得連繫，彼此密切合作，並肩作戰。

㈠高加索戰線

奧斯曼帝國參戰後不久，國防部長恩弗爾率軍大舉進攻俄國，但卻於 1915 年 1 月 10 日在埃勒族魯姆附近的沙勒卡莫施 (Sarıkamış) 慘遭敗績，在冰天雪地的崇山峻嶺中，土軍凍死、餓死或病死者不計其數。然後，俄軍大舉反攻，推進到埃勒族魯姆和凡湖之西的比特利斯 (Bitlis) 和木施 (Muş) 一帶。

後來，在海峽戰役結束，被調至高加索戰線的凱末爾，才擊敗俄軍，收復比特利斯和木施。1917 年，因為俄國發生布爾什維克革命，土軍不但乘機收復其他地區，而且也在 1918 年光復了在 1878 年根據〈柏林條約〉割讓給俄國的巴統、卡爾斯和阿達罕❸。

---

❸　俄軍自 1917 年初，即已兵疲馬憊，歷經「二月革命」與「十月革命」後，被德軍從瑞士送回俄國的列寧 (Vladimir Lenin)，終於建立蘇維埃政府，並向德國求和，於 1918 年 3 月 3 日，在波蘭的布萊斯特‧里托夫斯克 (Brest-Litovsk) 和以德國為首的同盟國簽約，同意撤出巴統、卡爾斯和阿達罕三地。但是後來德國因為戰敗，而在 1918 年 11 月 11 日和聯軍簽訂的停戰協定中，則又宣稱〈布萊斯特‧里托夫斯克和約〉完全無效。

㈡海峽戰線

　　土耳其參戰後，協約國無法和俄國取得聯繫，俄國為進攻德國，急需武器彈藥的支援。因此，協約國必須經由海峽和俄國取得聯繫。為此，協約國海軍於 1915 年 2 月 19 日至 3 月 18 日，大舉進攻恰納克卡雷海峽，但遭遇土軍堅強抵抗，無功而退。

　　海戰失利後， 協約國又於 4 月 25 日登陸位於海峽歐洲岸的加里波魯 (Gelibolu) 半島，意欲由陸路向伊斯坦堡推進，當年世界上最精銳的英法聯軍加上「由殖民地徵調的強大部隊」，雖發動無數次的攻擊，仍無法越雷池一步，都被凱末爾所指揮的第十九師所挫。繼之演變成濠溝戰，最後因師老無功而於 1916 年 1 月撤退。是役英、法先後出兵四十五萬人，損兵折將二十萬，幾近一半。

㈢埃及和伊拉克戰線

　　土耳其意欲收復在 1882 年被英國佔領的埃及， 因此土軍於 1915 年 2 月經由巴勒斯坦向蘇伊士運河發動攻擊。正當國防部長恩弗爾在冰天雪地的高加索地區和俄軍廝殺時，由海軍部長傑馬爾 (Ahmet Cemal Paşa) 統率的三萬五千名部隊亦已抵達熾熱的西奈沙漠，但是因為除了駱駝以外沒有其他交通工具，不敢穿越而作罷。因此英軍不但擺脫來犯土軍，並於 1916 年 4 月在伊拉克的巴斯拉灣登陸，向巴格達推進，且於翌年 3 月 11 日攻陷之。

　　另一方面， 英國又以支持阿拉伯獨立為餌，派遣勞倫斯 (T. E. Lawrence) 煽動漢志的阿拉伯人叛變， 麥加領袖胡笙 (Şerif Hüseyin) 遂於 1916 年向土耳其宣戰，使土耳其和德國在此戰線陷於困境。

　　1917 年 11 月，由德國將領法肯漢 (Falkenhayn) 指揮的土耳其「閃電集團軍」在巴勒斯坦南方被英軍打敗，自耶路撒冷向大馬士革方向撤退。翌年 9 月，英軍陷大馬士革，直逼哈烈普 (Halep) 一帶，幸為凱末爾所阻。

三、土耳其慘敗

　　1917 年 4 月 6 日美國加入協約國對德宣戰，使第一次世界大戰的局勢完全改觀，協約國幾乎在每一戰線上皆獲得勝利。

　　1918 年，協約國由巴勒斯坦和伊拉克戰線向土耳其大舉進攻，土耳其慘敗，促使土耳其參戰的「聯合進步黨」人見大勢已去，紛紛逃亡出國，新政府不得不向協約國要求停戰。

　　10 月 30 日，土耳其和協約國簽訂了〈蒙德羅斯 (Mondros) 停戰協定〉，等於是無條件投降，協約國遂肆意佔領土國領土，瓜分了奧斯曼帝國，幾乎陷土耳其於萬劫不復的境地。

第九章 | *Chapter 9*

奧斯曼帝國末年的
改革運動

第一節　保守派推翻栖林三世與改革派擁立馬木德二世

一、保守派推翻栖林三世

　　奧斯曼帝國末年新軍雖然腐敗，但仍未到必須廢除的地步。因此，栖林三世並未向新軍開刀，只是另行創建一支由法國人訓練的「新制軍」。雖然如此，新軍和既得利益者還是群起反對。

　　1806 年 12 月，土耳其向俄國宣戰，大軍開往多瑙河岸時，反對「新制軍」者乘機採取行動，最後竟推翻栖林三世，擁立莫斯塔發四世（IV. Mustafa，1807–1808 在位），時為 1807 年 5 月 29 日。

二、馬木德二世登基

　　莫斯塔發四世患有精神病，
即位後任由亂黨擺布，廢除「新
制軍」，並處死諸將領，栖林三世
花費十五年的建樹，毀於一旦。

　　當時，有些「新制軍」逃至
魯斯楚克（Rusçuk，在今保加利
亞境內），投靠當地被稱為「阿
揚」（Ayan) 的軍閥阿連達將軍
(Alemdar Mustafa Paşa)。阿連達

圖 27：馬木德二世

手下有精兵一萬。他們利用和俄國停火的機會，向伊斯坦堡進發，
意欲擁護栖林三世復辟。

　　因此，亂黨建議處死栖林三世和皇弟馬木德 (Mahmut)，栖林
三世遂遇害。馬木德則在慌亂中逃到屋頂避難。衝進皇宮的阿連
達一見栖林三世的屍體，痛哭不已，乃推翻莫斯塔發四世，擁立
馬木德，是為馬木德二世，時為 1808 年。

第二節　馬木德二世的改革運動

一、軍事方面的改革

　　馬木德二世即位時，「新制軍」已被廢除。他雖和阿連達將軍

創立「新塞克榜」(Sekban-ı Cedit) 軍——新輕裝軍，但仍引起新軍的懷疑與叛變，而不得不廢除「新塞克榜」軍，此舉令新軍更為驕縱，變本加厲的魚肉善良百姓。

馬木德二世知其不可為而為，還是再度嘗試，於 1825 年 5 月另組一支「輕快步騎兵」(Eşkinci) 部隊。但不久，新軍亦覺察到此舉將對自己不利，乃於 1826 年 6 月發動叛變。

這次宮廷當即召開御前會議，決定廢除新軍。馬木德二世命胡笙將軍 (Ağa Hüseyin Paşa) 指揮作戰，軍民聯合向新軍軍營推進，在短短的數小時內，六千名新軍被殺，二萬名被俘虜，為害帝國數百年的新軍終於被消滅。

1826 年新軍被廢除後，馬木德二世另建「回教常勝軍」(Asakir-i Mansure-i Muhammediye) 取代之，並以胡笙為總司令。

二、政治方面的改革

自十八世紀以來，帝國宰相的官署，已經從「帕沙卡波色」(Paşa Kapısı)，改稱為「巴伯阿里」(Babıali) ❶。

後來因為「御前會議」一直都由宰相主持，所以乾脆就將會址遷到「巴伯阿里」。又因宰相本來就是一人之下萬人之上、全國最高的行政首長，因此「巴伯阿里」遂又有「御前會議」、「奧斯曼政府」(Osmanlı Hükümeti) 的意思。不過當時原為中央政府基

---

❶ 前者意謂「將軍 (Paşa) 府 (Kapısı)」，後者則是「崇高的 (Ali) 官府 (Kapı)」的意思。Paşa 一字，通常是指「將軍」，但亦可用以稱呼「高階文官」。

礎的「御前會議」早已喪失其重要性。

　　因此到十九世紀，馬木德二世致力革新時，「御前會議」遂被根本撤除。馬木德二世將其成員的名稱加以更改，「宰相」改稱為「總理」(Başvekil)，將隸屬於宰相和回教大教長的職權，分屬於各「部」(Nazırlık)，並將所有官員分為「內政」(Dahiliye) 和「外交」(Hariciye) 兩部分。

　　馬木德二世首度為軍事目的而舉行人口普查，時全國男性共有四百萬人，其中兩百五十萬人在小亞細亞，一百五十萬人在魯美利。

　　1829 年 3 月又進行服飾改革，規定政府官員要戴費士帽，禁止蓄鬍，並以身作則，但人民則不受此限。他甚且違反回教法規，令人畫其肖像懸掛在政府辦公室，自此以後且演變成習俗。

三、文化方面的改革

　　除宗教學校外又另設新制學校，並設立初級中學。為訓練政府官員設有「司法教育學校」，同時也創辦「軍官學校」、「醫學院」和「皇家音樂學院」等高等學校，並於 1827 年開始派學生至歐洲留學。

　　1831 年 11 月創辦了第一份報紙《每日事件》(*Takvim-i Vekayi*)。

　　另一劃時代的創舉是在 1833 年設立了「總理府翻譯室」(Babıali Tercüme Odası)。本來，在希臘革命以前，土耳其人純粹是為了研究東方的宗教、文學和學術，而學習阿拉伯文和波斯文，

除此以外，並不學習其他外國語文。當政府和某一西方國家進行交涉時，則由通曉該國語言的希臘人充當翻譯。1821 年希臘開始革命以後，土耳其人不再信任希臘人，翻譯的工作遂落到回教徒的頭上，因而開始設立翻譯室，培養翻譯人才。

第三節　維新運動：心有餘而力不足

一、〈維新詔書〉(Tanzimat-ı Hayriye Fermanı)

1839 年馬木德二世逝世，其子阿布都麥吉特繼立。原駐英大使雷西特 (Mustafa Reşit Paşa) 被任命為外交部長，他指稱只有採用歐洲的法律和制度，方能解救帝國，力諫蘇丹秉此方針，宣布改革措施。

蘇丹同意。雷西特遂於 1839 年 11 月 3 日在皇宮的「玫瑰花園」宣布〈維新詔書〉。因此〈維新詔書〉亦被稱為〈玫瑰花園御書〉(Gülhane Hatt-ı Hümayunu)。

蘇丹在〈維新詔書〉中宣布：

1. 不論回教徒或基督教徒，全國人民的尊嚴、名譽、生命和財產均將受到保障。
2. 改革軍事，健全徵兵和退伍制度。
3. 法院公開審判，不得任意處死或毒殺百姓。

　　〈維新詔書〉頗有「法律至上」的觀念，在當時的奧斯曼帝國，無人能想像在皇權之上竟然還有法律。在〈維新詔書〉的最後一項條文中，蘇丹表示將親自遵守，也要求每人都要遵守。

　　但是，我們也可以用「逆向思考」方式來看當年的〈維新詔書〉。想當年「君要臣死，臣不敢不死」。如果死後能獲得「全屍」，還要「謝主隆恩」，所以才會有「生命財產均受到保障」的條文。

　　在奧斯曼歷史中，稱〈維新詔書〉之頒布至「第一次君主立憲」之宣布這一段時期為「維新時期」（Tanzimat Devri，1839–1876 年）。

　　在「維新時期」以前，首都伊斯坦堡的居民，以及帝國境內所有「宗教學校」的學生都不必服兵役，「宗教學校」成為逃避兵役者的避難所，直到 1908 年「聯合進步黨」（İttihat ve Terakki Cemiyeti) 執政，改以考試錄取「宗教學校」學生，名落孫山者則必須服兵役。反之，有些服兵役者卻終生賴在軍中，吃定政府而不退役，因此才會有「健全徵兵和退伍制度」的條文。

　　凡此種種，確實可以看出當年的奧斯曼政府是多麼的腐敗。

二、「維新」之實施

　　〈維新詔書〉中，最引人注意的是「平等」的觀念，亦即不分回教徒和基督教徒，全國人民一視同仁的觀念。對土耳其人和回教徒而言，要他們和基督教徒或猶太教徒平起平坐，實在難以想像，因為他們一向自以為是征服者的後裔，而視基督教徒和猶

太教徒為被統治者。因此，要一下子徹底改革並非易事，〈維新詔書〉中所應允之事遂未能全部兌現。

三、〈改革詔書〉(Islahat Fermanı)

歐洲列強眼見奧斯曼帝國未能徹底改革，於是又起而干涉，尤其是俄國，因不願見土耳其革新圖強，遂煽動東方正教徒反土，而且又挑起克里米亞戰爭。此役英法援土，土國在 1856 年 3 月 30 日簽訂〈巴黎條約〉時，為避免列強抗議，決定頒發〈改革詔書〉，並將其副本致送巴黎和會。

此項〈改革詔書〉其實就是 1839 年〈玫瑰花園御書〉的補充，除重申〈玫瑰花園御書〉中的新政外，又多給予基督教徒和猶太教徒一些優惠條款。

第四節　第一次君主立憲時期：暴君應付改革派人士

一、第一次君主立憲之籌備與新奧斯曼人

在「維新時期」，有許多土耳其知識分子和歐洲人接觸，瞭解歐洲及歐洲列強對奧斯曼帝國的野心，歐洲人稱他們為「新奧斯曼人」(Yeni Osmanlılar)。他們深信只在「維新」或「改革」名義下推行的新政，無法解救奧斯曼帝國，因此他們主張建立立憲政體，終止皇帝的獨裁專制。

時阿布都阿西斯蘇丹在位，「新奧斯曼人」深知揮霍專制的蘇

丹不會接受君主立憲政體，因此和皇位繼承人莫拉德 (Murat) 秘密協議，於 1876 年 5 月底，逼退阿布都阿西斯，擁莫拉德為帝，是為莫拉德五世（V. Murat，1876 在位）。六日後阿布都阿西斯羞愧之餘，以剪刀割腕，自殺身亡。

　　莫拉德五世即位前已有精神不正常現象，登基後病情日益嚴重，三個月後「新奧斯曼人」認為他不可能有所作為，遂廢之，改立允諾實施君主立憲政體的阿布都哈密德二世。

二、宣布君主立憲與阿布都哈密德二世之專制

　　時塞爾維亞叛亂不已，歐人干涉，遂有伊斯坦堡會議的召開。阿布都哈密德二世為實踐諾言，任密特哈特 (Mithat Paşa) 為相，擬定第一部憲法，並於 1876 年 12 月 23 日，亦即伊斯坦堡會議開幕之日，鳴砲一百零一響，宣布君主立憲。

　　雖然如此，第一次君主立憲並未持續太久，阿布都哈密德二世只

圖 28：阿布都哈密德二世

是應付「新奧斯曼人」而已，不久，以密特哈特為首的「新奧斯曼人」領袖皆被判死刑。阿布都哈密德二世還假裝慈悲，根據憲法賦與他的權力，將死刑減免為放逐，將密特哈特及其兩位友人放逐到今沙烏地阿拉伯的塔易夫 (Taif)，然後又密令將他勒死在監獄。後來，又於 1878 年 2 月，以土、俄戰爭為藉口，下令國會

無限期休會。

　　自此以後，阿布都哈密德二世更變本加厲，在全國各地廣布密探，嚴密控制人民，尤其是大肆搜捕主張立憲、追求自由的愛國志士。他甚至還嚴密控制學校，除奧斯曼歷史以外，不准教授其他歷史。同時也禁止出版任何不利於他自己的小說和劇本。審查人員為求自保，避免被冠以「怠忽職守」的罪名，因而比哈密德本人更加猜疑。在馬木德二世時代，於 1831 年創辦的第一份官方報紙 《每日事件》，只因印刷錯誤而於 1890 年被關閉 （直到1908 年第二次君主立憲時方才復刊），可見審查尺度已經到了吹毛求疵的地步。

　　其實，歐洲各國也不喜歡阿布都哈密德二世暴力鎮壓國內少數民族的手段，都稱他為「紅色蘇丹」(Red Sultan)。

第五節　第二次君主立憲時期：「聯合進步黨」執政，帝國土崩瓦解

一、宣布第二次君主立憲

　　阿布都哈密德二世的專制極權，促使國內知識分子展開秘密活動，意欲再度建立君主立憲政體。1889 年終於在伊斯坦堡成立了「聯合進步黨」，時在法國大革命整整一百年以後。該黨主張在奧斯曼帝國境內的所有民族，不分宗教，團結一致，共同建立立憲政體。

　　「聯合進步黨」 原名 「奧斯曼聯合黨」 (İttihad-ı Osmani

Cemiyeti)，本來是五名「軍醫學院」(Askeri Tıbbiye) 的學生於
1889 年，在伊斯坦堡組織的一個秘密讀書會。後來受到在巴黎的
愛國青年阿荷美特勒沙 (Ahmet Rıza) 的啟示，在 1895 年改名為
「聯合進步黨」。

　　該黨因普受愛國青年之支持，擴充迅速，勢力日益龐大，在
海內外都設有分會。其中阿布都哈密德二世的姪子沙巴哈丁
(Prens Sabahattin)，以及上述阿荷美特勒沙曾經先後於 1902 和
1907 年在巴黎召開第一、二屆「青年土耳其大會」(Jön Turk
Kongresi，"Jön" 是法文，「青年」的意思)。歐洲人遂稱該等愛國
青年為「青年土耳其黨」(Young Turk Party)。其實，土耳其人還
是習於稱他們為「聯合進步黨」。

　　當時在巴爾幹半島上基督教徒與回教徒紛爭不已，尤其在馬
其頓方面經常發生叛亂。阿布都哈密德二世在歐人堅持下，同意
在馬其頓設一特別行政區，進行改革，因此派遣許多優秀的文武
官員至馬其頓。「聯合進步黨」也因而得以在比較自由的馬其頓地
區展開政治活動，爭取被派至當地的文武官員支持。至於被派到
當地去鎮壓革命、維護治安的文武官員，本來就因為熱愛國家反
對專制獨裁，從而遭受阿布都哈密德的懷疑，當他們看到當地的
所謂叛亂分子也是因為熱愛自己的國家而反抗奧斯曼帝國時，內
心深處五味雜陳，難免也會有同情心。另一方面，「聯合進步黨」
也認為為了避免歐人干涉內政，必須要逼迫阿布都哈密德二世接
受立憲政體。

　　1908 年，恩弗爾少校在巴爾幹半島的薩隆尼加附近叛變。「聯

合進步黨」員受此鼓舞，乃於 7 月 23 日早上佔領薩隆尼加官署。在馬其頓地區的大小城鎮亦紛紛致電奧斯曼政府，宣布「自由」。

　　阿布都哈密德二世深恐叛亂蔓延至全國，遂不得已在當天宣布君主立憲。當年的青年軍官恩弗爾，是土耳其國父凱末爾的學長，後來成為「聯合進步黨」的三巨頭之一，另外兩巨頭是：內政部長塔拉特和海軍部長傑馬爾。三者共同主宰奧斯曼帝國末年之命運，將帝國推向戰爭，戰敗後則又一起搭乘德國潛艇逃亡出國。

二、4 月 13 日事件

　　1908 年 12 月 17 日，阿布都哈密德二世舉行盛大典禮，召開奧斯曼國會，阿荷美特勒沙被選為議長。自此以後，國內政黨活動日益頻繁，從歐洲返國的沙巴哈丁，後來因為和「聯合進步黨」的理念不和，遂和保守派人士組織了「自由黨」(Ahrar Cemiyeti)，該黨的《火山報》總主筆哈桑 (Hasan Fehmi) 以文章抨擊「聯合進步黨」，並從事宗教宣傳，煽動百姓。

　　1909 年 4 月 8 日，哈桑在橫跨金角灣（Golden Horn，土耳其文作 Haliç）的加拉塔 (Galata) 橋上被暗殺身亡，保守派人士藉機渲染。4 月 13 日，被買通的獵人營部隊鳴槍亂射，殺死許多軍官、國會議員和記者，並要求處死「聯合進步黨」的領導人物。政府苦無對策，叛亂遂持續擴大。4 月 13 日剛好是回曆 3 月 31 日，因此土耳其人習稱之為「3 月 31 日事件」(31 Mart Vakası)。

　　伊斯坦堡的叛亂使「聯合進步黨」憂慮不已，消息一傳至薩隆尼加，立即派遣第三團司令馬木德 (Mahmut Şevket) 率「行動

部隊」(Hareket Ordusu) 趕往伊斯坦堡，控制局勢後，並且包圍耶爾德斯 (Yıldız) 皇宮。「行動部隊」由兩個師組成，恩弗爾是馬木德司令的參謀長，而凱末爾和卡拉貝克爾 (Kazım Karabekir) 則分別是兩個師的參謀長。馬木德在平亂以後隨即變成軍事強人，三位參謀長則到帝國末年方開始嶄露頭角。

另一方面，「聯合進步黨」領導人物亦在耶希魁召開會議，並按照決議，於 4 月 27 日推翻阿布都哈密德二世，將他遣往薩隆尼加，立其弟梅荷美特雷沙特 (Mehmet Reşat) 為蘇丹，是為梅荷美特五世。他心地善良，和藹可親，尤其是很少參與政治，相對於專制獨裁的哈密德二世，更適合「聯合進步黨」人推行憲政。

三、第二次君主立憲時期的奧斯曼帝國

「聯合進步黨」是革命黨，但其目的並非要推翻而是要拯救奧斯曼帝國。黨員年輕，甚或未婚，熱血沸騰，充滿活力。絕大多數是土耳其人，具有濃厚的土耳其民族意識。大部分都是接受過西式教育的公務員或軍官，嚮往歐洲的科技與工業文明，希望能提升土耳其人民的生活水準。

在此時期，「聯合進步黨」人因為年紀輕，並未在敬老尊賢的傳統政壇擔任閣揆，但是卻能在幕後掌控內閣。因此，我們可以說，在整個第二次君主立憲時期，事實上是由「聯合進步黨」執政，在內政方面採取「土耳其民族主義」(Türkçülük) 政策。在此之前，土耳其人曾經推出「奧斯曼主義」(Osmanlılık)，希望全國人民不分種族、語文或宗教，一致效忠奧斯曼帝國。但因未獲境

內希臘、亞美尼亞、保加利亞和塞爾維亞等少數民族的支持，而未能成功❷。因此改採「土耳其民族主義」政策，希望帝國境內所有土耳其人都團結一致，效忠奧斯曼帝國。

　　一如前述，馬木德在平亂以後隨即變成軍事強人。在「聯合進步黨」內原本有軍事和民政兩大部門，如今馬木德既然抬頭，軍事部門的地位當然也就水漲船高。尤有甚者，馬木德在阿布都哈密德二世時代，因為採購武器而和德國往來密切，是親德派人士。而德國是新興強權，正在與英法等國爭霸，卻又未曾欺侮土耳其。因此，「聯合進步黨」在外交方面，採取「親德政策」，希望能憑藉德國之勢力以抵抗俄、英、法之侵略，甚至收復失土。因此，國內之科技、工業、軍事、財政等均深受德國的影響。

　　在為期十年的第二次君主立憲時期，奧斯曼帝國歷經了 1911 年的土、義戰爭與 1912–1913 年的巴爾幹戰爭，而且都慘遭敗績，喪失了更多的領土。最後，又參加了 1914–1918 年的第一次世界大戰，結果也失敗，而且又簽訂了喪權辱國的條約，而「聯

---

❷　甚至還有「土朗主義」(Turancılık)。「土耳其人的家鄉，不是土耳其，也不是土耳其斯坦，而是一個廣闊無垠，永恆常在的土朗 (Turan)。」這是土耳其近代學者慈亞・郭卡爾普 (Ziya Gökalp，1876–1924 年) 為土耳其民族創建的一個理想領域。所謂「土耳其」是指今日在小亞細亞以及巴爾幹半島一隅的土耳其領土。所謂「土耳其斯坦」，就是「中亞」。所謂「土朗」，指的是除了「土耳其」和「土耳其斯坦」以外，尚包括任何一切土耳其人所居住的地方。鼓舞土耳其人收復固有河山，建立一個大土耳其國的論述、理念和思想，就是「土朗主義」。

合進步黨」的領導人物卻不顧國家民族，各自四散逃亡，致使立國六百餘年的奧斯曼帝國因而崩潰瓦解。

第六節　帝國瓦解前夕的文化活動和經濟概況

一、文化活動

馬木德二世時代的文化活動，在「維新時期」更具體化，不但改革初級中學，開辦藝術學校，而且還為培育師資，而於 1848 年設立了師範學校。

1856 年頒布〈改革詔書〉以後，在教育方面亦深受歐洲影響。1863 年，在法國的影響下，為教授法文，而成立了「加拉塔撒拉依中學」(Galatasaray Sultanisi = Galatasaray Lisesi)。

十九世紀後半葉，歐洲人為了宣揚自己的語言文化，在土耳其各地開設了許多學校，破壞了奧斯曼帝國在教育上的統一性。當時全國的學校有下列四大類別：

1. 最古老、最重要的「宗教學校」。
2. 十八世紀時開始創辦的公立學校，學制上模仿歐洲，教學內容仍以土耳其與回教文化為主。
3. 法國人為教授自己的語文而設立的「加拉塔撒拉依中學」和「醫藥學校」(Tıbbiye Okulu)。所有教師都是法國人，課程和教材亦均由法國教育部提供。

4.外國人直接創設的外國學校，只教授外國語言和文化。

在阿布都哈密德二世時代，除設立一般性的「高級中學」(İdadi = Lise) 以外，在軍事重鎮也開辦「軍事高級中學」(Askeri idadi)。

二、語言和文學

在「維新時期」，除了在行政、司法、財政和經濟各方面的改革以外，在文學方面亦引進了新體裁。大量採用波斯文和阿拉伯文的「廟堂文學」逐漸被遺棄，代之以深受西洋文學影響、被稱為「維新文學」(Tanzimat Edebiyatı) 的一種新文學。其最大特點是：文學語言接近口語。當代詩人和學者史納西 (Şinasi)、納莫克 (Namık Kemal) 和慈亞 (Ziya Paşa) 等是此一潮流的先驅。在作品方面，引進了「廟堂文學」中所欠缺的小說、戲劇、專欄和短篇故事等。作家大多以土耳其歷史為題材，致力於灌輸民族意識和愛國情操。

在阿布都哈密德二世時代的學者，諸如菲克雷特 (Tevfik Fikret)、沙哈貝汀 (Cenap Sahabettin) 和哈立特慈亞 (Halit Ziya) 等，都在《理學財富》(Servet-i Funun) 雜誌上發表作品，因此稱當時的文學為「理學財富文學」(Servet-i Funun Edebiyat-ı)。他們雖使土耳其文學擺脫了「廟堂文學」規則的束縛，但在文字上也不願純淨化，他們一如歐洲的象徵主義者，主張「為藝術而藝術」。

至於在第二次君主立憲時期，因為在文學中特別標榜民族意

識，因此稱之為「民族文學時期」，時「土耳其民族主義」潮流亦隨之洶湧澎湃，日益壯大。主要作家有慈亞‧郭卡耳普和梅荷美特艾敏 (Mehmet Emin) 等。

三、經濟狀況

維新運動其實就是西化運動，所以當時的土耳其在經濟方面和歐洲的關係相當密切。一切新政，尤其是軍事方面的革新，都增加了政府的支出，導致入超劇增，原已不健全的財政，更形惡化。

1854 年，奧斯曼帝國在克里米亞戰爭中首度向歐洲貸款，自此以後即欲罷不能。雖有一部分貸款用以支付革新的開銷，尤其是添購武器彈藥，但是大部分還是用來建造宮殿或供蘇丹個人揮霍浪費，幾乎對帝國經濟毫無貢獻。

阿布都哈密德二世時代，政府不但無法償還貸款，甚至連利息都無法支付，蘇丹不得已於 1881 年 12 月，答應歐洲債權國組織一個「總債務司」(Genel Borçlar)，在土耳其徵收印花、菸、酒、鹽、絲和魚等稅，甚至於在某些富庶的省份徵收農牧稅。該組織純由歐洲債權國派代表組成，等於是政府中的政府，雖然干涉了土耳其的財政，但也因債權國的介入，幸運的改善了土耳其的財政，使兩億五千二百萬金幣的債務，減低至一億零六百萬金幣。遺憾的是阿布都哈密德二世卻因債務減少反而再向歐洲貸款揮霍。

奧斯曼帝國的財政雖然已經崩潰，公務人員三個月才能領到一次薪資，但全國卻呈現民生用品充裕，物價低廉的現象，其原因是奧斯曼帝國已成為歐洲列強的開放市場，往昔賜予歐洲各國

的優惠條款，已演變成不平等條約，土耳其毫無民族工業可言，連一枚縫衣服的針也不會做。歐洲列強視土耳其為彼此競爭的市場，不但壟斷道路、橋樑、港口、鐵路、電車、隧道、電力、瓦斯和自來水等事業，甚至連國內港口之間的航權亦被列強控制。

　　土耳其國父凱末爾就是在此惡劣情況下，領導革命，驅逐外患，推翻帝制，創建土耳其共和國。

Turkey

第 III 篇

土耳其共和國

第十章 | *Chapter 10*

第一次世界大戰結束時的奧斯曼帝國

第一節　協約國根據〈蒙德羅斯停戰協定〉瓜分奧斯曼帝國

一、〈蒙德羅斯停戰協定〉(Mondros Mütarekesi)

　　奧斯曼帝國在第一次世界大戰末期慘遭敗績以後，宰相塔拉特（曾任內政部長）於 1918 年 10 月 13 日引咎辭職。翌日，改由皇帝的侍從官伊塞特 (Ahmet İzzet Paşa) 組閣。新政府於 10 月 30 日在愛琴海希臘屬地利米尼島蒙德羅斯港內的英國軍艦上，和協約國簽訂〈蒙德羅斯停戰協定〉。代表奧斯曼帝國簽字的是海軍部長歐爾拜 (Hüseyin Rauf Orbay)。協定共有二十五條，其主要內容如下：

圖 29：塔拉特　艾迪內人，家貧。薩隆尼加法學院肄業。是「聯合進步黨」的創始人之一，也是促使奧斯曼帝國參加第一次世界大戰的領導人物之一。 1916 年戰況不利之際，又被任命為宰相。 為人清廉，忠黨愛國。戰敗以後，逃亡德國，隱居柏林。 1921 年 3 月 5 日被亞美尼亞秘密組織成員暗殺身亡。

1. 恰納克卡雷與伊斯坦堡 (İstanbul) 海峽完全開放，各國船隻都可以自由通航。
2. 協約國得任意徵用奧斯曼帝國的商船以及海港和鐵路設施。
3. 德國和奧地利的文武官員以及士兵在一個月內離開土耳其。
4. 土耳其必須和德國、奧地利以及保加利亞斷交。
5. 奧斯曼帝國立即解散其武裝部隊，並將其戰艦移交予協約國。
6. 土耳其東部六省若發生暴亂，協約國得佔領之。
7. 協約國認為本身安全受到威脅時，得佔領奧斯曼帝國的軍事重鎮。

　　協約國乃根據上述最苛刻的第七條款，展開其佔領土耳其重要城鎮的行動。

二、協約國佔領首都伊斯坦堡

簽訂〈蒙德羅斯停戰協定〉以後，協約國隨即派遣六十艘軍艦於 1918 年 11 月 13 日駛抵伊斯坦堡，在城內少數民族的歡呼中，派兵佔領市區。自 1453 年 5 月 29 日，奧斯曼帝國的梅荷美特二世從東羅馬帝國手中佔領的伊斯坦堡於焉淪陷。

三、協約國侵佔小亞細亞

協約國佔領首都伊斯坦堡之前，英國已於 11 月 3 日佔領了今日屬於伊拉克的石油產地木蘇爾 (Musul)。不久又派兵進入加斯安鐵普與馬拉施 (Maraş) ❶ 等省，並登陸黑海岸的薩姆森 (Samsun)。英國人還煽動小亞細亞東部的庫德人 (Kürtler) 爭取獨立，協助亞美尼亞人屠殺無辜的土耳其百姓。至於伊拉克、巴勒斯坦以及約旦亦由英國保護。法國佔領地中海濱的阿達納 (Adana) 及其附近一帶，並保護敘利亞與黎巴嫩。義大利佔領孔亞 (Konya) ❷ 和安塔利亞 (Antalya) 等省。希臘則於 1919 年 5 月

---

❶ 馬拉施位於土國東南部，在加斯安鐵普的北邊。土耳其國會為嘉獎他們在第一次世界大戰以後奮勇抵抗法國部隊，而於 1925 年 4 月 5 日頒贈「解放勳章」(İstiklal Madaliyası)，後又於 1973 年 2 月 7 日，在該省（省會與省同名）省名之前，加上 Kahraman（英勇的）一字，而改名為 Kahramanmaraş（卡賀拉曼馬拉施，意謂「英勇的馬拉施」）。

❷ 孔亞位於土耳其中南部，是全國最大省份孔亞省的省會。小亞細亞塞爾柱帝國曾奠都於此，土耳其大思想家麥夫拉納 （Mevlana Celâlettin

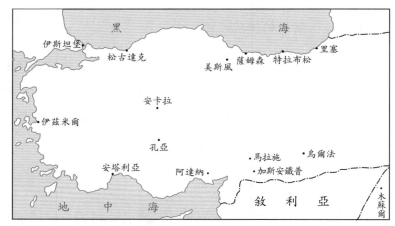

圖 30：被協約國侵佔的都市（安卡拉、特拉布松和里塞除外）

15 日佔領了有「愛琴海之珠」之美譽的伊茲米爾 (İzmir)。

　　協約國對瓜分奧斯曼帝國之事真可謂不遺餘力。至此奧斯曼
帝國已名存實亡。

第二節　土耳其的民間反應

一、境內少數民族的活動

　　居住在黑海沿岸從里塞 (Rize)❸至伊斯坦堡一帶的希臘人，

　　Rumi，1207–1273 年）的陵寢亦在該市，居民對回教的信仰比較虔誠，
　　民風略顯保守。是土耳其歷史、文化和宗教的大都會之一。

❸　里塞在土耳其黑海岸的東段，依山傍水，景色宜人，除木材業以外，
　　尚以紅茶享譽全國。土耳其人愛喝茶的程度不亞於中國人，最特別的

自從 1829 年希臘本土獨立以後，變成仍然留在奧斯曼帝國境內的少數民族，而且也都一直想要獨立建國。在簽訂〈蒙德羅斯停戰協定〉以後，美籍希裔神父克烈馬提斯 (Klematyos) 在黑海沿岸創設「彭度斯」（Pontus，亦作「本都」）協會❹，從國外運入許多武器彈藥，甚且在里塞西邊的特拉布松 (Trabzon) 和薩姆森等地組織游擊隊，擄掠土耳其農村。

　　至於在東部的亞美尼亞，亦在大主教沙凡 (Zaven Efendi) 的領導下，不遺餘力的在土國各地進行破壞活動。

二、叛逆組織

　　除了境內少數民族所組成的協會以外，當時還有一些總部設於伊斯坦堡的叛逆組織：

　　1.庫德進步協會 (Kürt Teali Cemiyeti)：主要目的是要在土

是土耳其人煮茶的方式：將一個沒有蓋子、裝了清水的大茶壺放在爐上，上面再放一個有蓋子、裝了紅茶和微量清水的小茶壺，燒開大壺裡的清水，利用它產生的蒸氣，慢慢的去蒸小壺裡的紅茶。飲用時先從小壺往有腰身的杯裡倒微量的紅茶，然後再從大壺加入開水，兩者要調配得宜，色澤鮮紅清澈，宛如土耳其人所戲稱的「兔子的血」(Tavşan Kanı)，才是上等好茶。趁熱喝時加糖，但不加牛奶。

❹　「彭度斯」原本是一個位於黑海沿岸的希臘化國家，曾經盛極一時，佔有整個小亞細亞，但後來卻在西元前 63 年被羅馬大將龐培 (Pompey the Great, 106–48 B.C.) 消滅。希臘人對此未曾忘懷，一直希望能再建立一個「彭度斯」國。

圖 31：菲利特　為末帝梅荷美特六世
的姊夫，因為這層關係，菲利特平步
青雲，在簽訂停戰協定以後，更由於
英國的支持，曾先後五次擔任宰相。
他雖然受過良好的教育，但卻自視不
凡，而且又缺乏判斷力。深信土耳其
只有在英國的保護下，方能圖存，而
且也頑固的執行其理念，終成為凱末
爾革命建國的最大阻力之一。晚年，
見大勢已去，逃亡歐洲，死於法國的
尼斯 (Nice)。

耳其東部成立一個在列強卵翼下的庫德國。

2. 回教進步協會 (İslam Teali Cemiyeti)：其目標在孔亞一
   帶，希望在亂世中建立自己的勢力範圍。

3. 英國友好協會 (İngiliz Muhipleri Cemiyeti)：奧斯曼帝國
   末帝梅荷美特六世（VI. Mehmet，1918–1922 在位）和
   宰相菲利特（Damat Ferit Paşa，1853–1923 年）等政府
   高級官員都加入這個組織。協會的目標有二：在公開方
   面是要使奧斯曼帝國在英國的保護下謀求領土的完整。
   在秘密方面是要在奧斯曼帝國境內製造紛亂，使協約國
   有藉口得以佔領之。而後者才是真正的意圖。

三、愛國組織

在此危急存亡之秋，許多人已喪失信心，但有些愛國志士，仍不屈不撓的團結奮鬥。由他們組成的重要協會如下：

1. 色雷斯和土耳其歐洲部分協會 (Trakya-Paşailli Cemiyeti)：領導人物深信奧斯曼帝國終將土崩瓦解，因此意圖保全色雷斯，甚至於包括西色雷斯一帶。但彼等並無信心，只想依賴英國或是法國之協助來達成此一目的。

2. 東方各省護權協會 (Şark Vilayetleri Müdafaa-i Hukuk-u Milliye Cemiyeti)：總部設於伊斯坦堡，宗旨是向全世界表明東部各省人民的宗教、政治和歷史權利，阻止東部各省劃歸亞美尼亞人。該協會還在埃勒族魯姆設有一個分會。

3. 特拉布松地區自治中心協會 (Trabzon ve Havalisi Adem-i Merkeziyet Cemiyeti)：總部設於伊斯坦堡，目的在使本區回教居民免於遭受希臘人的迫害。

第三節　土耳其的軍事抵抗

一、希臘佔領伊茲米爾

第一次世界大戰時，希臘的國王是君士坦丁一世　(I.

Constantine，1913–1917、1920–1922 在位），總理則是維尼塞洛斯（Elefterios Venizelos，1864–1936 年）。親英國的總理因巴爾幹戰爭獲勝，而深得民心，他本欲和協約國並肩作戰，但國王是德皇的親戚，而且又受過德國教育，主張中立不參戰。當時，英、法、俄三國曾向希臘保證：若希臘和協約國並肩作戰，而且協約國獲勝的話，將把安那托利亞的一部分土地割予希臘，作為酬勞。雖然如此，君士坦丁一世仍然堅持不參戰。

1915 年 10 月初，協約國佔領了凱末爾的故鄉薩隆尼加。翌年 9 月，維尼塞洛斯總理背叛君士坦丁國王，逕在薩隆尼加以臨時政府名義對德宣戰。1917 年 6 月，維尼塞洛斯又藉協約國之助推翻君士坦丁國王，擁其次子亞歷山大（Alexander，1917–1920 在位）繼立。被亞歷山大任命為總理的維尼塞洛斯遂以二十萬大軍投入戰場，正式和協約國並肩作戰。因此，希臘也就取得了佔領一部分安那托利亞和東色雷斯等大片領土的權利。其實，希臘在 1917 年才加入協約國陣營作戰，而且在第一次世界大戰中，從未和土耳其正面衝突直接打過仗。

希臘在簽訂停戰協定以後，曾致函和會，要求將從地中海的美伊斯 (Meis) 島至馬爾馬拉海一線以西之地劃歸希臘，但被拒絕，只允給予包括伊茲米爾、阿以登 (Aydın) 和馬尼沙 (Manisa) 等省的地區。時義大利亦覬覦該地區，對此決定深表不滿。但是希臘背後有英國首相勞合喬治（Devid Lloyd George，1863–1945 年）撐腰，義大利亦莫可奈何。

有關伊茲米爾及其附近之地即將劃歸希臘之事，於 1919 年 3

月間傳抵該市，市民悲憤不已，邀請鄰市各派三名代表，於 3 月 20 日在伊茲米爾集會抗議，並且還在 5 月 14 日組織了「反併吞協會」(Reddi İlhak Cemiyeti)。

惜該協會並無任何實力，對入侵部隊亦未能積極抵抗。希臘部隊遂於 5 月 15 日佔領伊茲米爾，並隨即開始向阿以登和馬尼沙等地推進。但沿途均遭「國民部隊」(Kuvay-ı Milliye) 之頑抗。

二、法國佔領南部地區

簽訂〈蒙德羅斯停戰協定〉以後，英軍於 1919 年 1 月佔領了烏爾法（Urfa 或 Şanlıurfa）❺、加斯安鐵普和馬拉施等地。七個月以後，英軍又將上述地區連同敘利亞移交給法國。

法國當時也佔領了美爾欣 (Mersin) 和阿達納等地，並且徵召佔領區內的亞美尼亞人，組成軍隊，協同迫害土耳其人民。但法國部隊也因此而在土耳其南部遭遇到堅強的抵抗。

其中以安鐵普城之抵抗最為悲壯，該城居民和裝備機槍大砲的三千名法軍，頑抗長達十個月，後因彈盡援絕，傷亡慘重，方

---

❺　烏爾法（省會與省同名）位於土耳其東南部，與敘利亞為鄰，人口混雜，有土耳其人、庫德人和阿拉伯人。第一次世界大戰結束以後，先後被英國和法國佔領，端賴當地民兵奮勇抵抗，方於 1920 年 4 月 11 日驅逐法國部隊。土耳其大國民議會於 1984 年 12 月 6 日通過提案，在該省省名之前，冠上 Şanlı（意謂「光榮的」）一字，而改稱為 Şanlıurfa（尚勒烏爾法，意謂「光榮的烏爾法」）。2016 年，國會甚且頒贈該省「解放勳章」，以嘉獎其英勇事蹟。

才失陷。 1921 年 2 月，土耳其大國民議會為嘉許該城的抗戰事
蹟，而封該城為「加斯」(Gazi)。因此，土耳其人遂改稱之為「加
斯安鐵普」(Gaziantep)。

第四節　凱末爾從伊斯坦堡到安那托利亞領導革命

面對〈蒙德羅斯停戰協定〉所帶來的危機，凱末爾綜觀全局，
認為唯一的救國之道，便是遠離列強佔領下的伊斯坦堡，到安那
托利亞號召愛國志士，共同尋求救國救民之道。當時奧斯曼政府
亦視凱末爾為眼中釘，亟欲擺脫他，使他遠離伊斯坦堡，因此派
他為第九軍團（後改編為第三軍團）的「督察」(Müfettişlik)，負
責平定黑海沿岸一帶的暴亂。

凱末爾於 1919 年 5 月 16 日，亦即希臘人佔領伊茲米爾的翌
日，自伊斯坦堡乘邦德馬 (Bandırma) 輪，前往黑海岸的薩姆森，
領導革命，建立共和國。

第十一章 | *Chapter 11*

領導革命以前的凱末爾

第一節　誕生、家世與童年

一、誕生與家世

　　凱末爾出生於薩隆尼加。關於他的誕辰，可謂眾說紛紜，莫衷一是。不過一般都認為是 1881 年。至於誕生的日子和月份，則更不清楚。但是凱末爾卻曾說過：「就算是 5 月 19 日又何妨？」5 月 19 日是凱末爾在 1919 年抵達薩姆森，開始其革命事業的日子。以前的回教徒，習於將嬰兒的生日記在《古蘭經》或《穆罕默德傳》的空白地方，凱末爾的父親阿里先生 (Ali Rıza Efendi) 似乎沒有這麼做。

　　關於凱末爾雙親的事，我們知道的也不多，母親茹比黛 (Zübeyde Hanım) 只是個普通家庭主婦，嫁給比她大二十歲的丈夫阿里，生了一女二男，不幸都夭折，生老四凱末爾時，可能只有

二十歲出頭。 凱末爾的弟弟亦不幸夭折 ， 只有妹妹瑪可布萊 (Makbule) 長大成人。

　　凱末爾的父親也是個名不見經傳的普通人物，年輕時曾在慈善機構當秘書，1877 年土、俄戰爭爆發時，志願從軍，因為能讀會寫，而成為上尉軍官。結婚日期不詳，僅知他當時是在土、希邊界的一個山區裡當稅務員。後來辭職從商，做起木材生意，但是因為不善經營而失敗。心灰意懶之餘，終日借酒澆愁，隨之病魔纏身，最後鬱鬱而終。享壽四十七左右，時凱末爾年僅七歲。

　　簡言之，凱末爾並非出自名門富豪，既無聲望可言，亦無錢財可恃，而他自己亦無後嗣。他的歷史，自其生而始，隨其逝而終。

二、童年與薩隆尼加軍事初級中學

　　凱末爾六歲時，父母為其求學之事發生爭執。父親力主他接受新式教育，母親則堅持他上舊制的宗教學校，希望他日後能當一個清真寺的教長，從而步入回教學者之林。為了安撫他的母親，凱末爾只好先進舊制的社區小學。幾天後，他父親才將他轉入新式的「閃姆西小學」(Şemsi Efendi Mektebi) 就讀。

　　凱末爾上小學後不久，父親就與世長辭。年輕的寡母為生活所逼，只好舉家到鄉下去投親。凱末爾因此輟學，和妹妹在舅父的農場裡趕烏鴉或打雜。

　　1893 年，凱末爾被送回在薩隆尼加的外婆家，並轉入「薩隆尼加初級中學」(Selanik mülkiye Rüştiyesi) 就讀。時凱末爾醉心軍校，雖然母親極力反對，他還是偷偷的考進「薩隆尼加軍事初級

中學」 (Selanik Askeri Rüştiyesi)。 由此可見他的資質還相當不錯❶。

第二節　軍校求學時期

一、考取馬納斯特軍事高級中學

　　凱末爾十三、四歲，尚在「薩隆尼加軍事初級中學」讀書時，他的母親改嫁。 繼父拉革普 (Ragıp Efendi) 先生是菸酒公賣局裡的一名小職員。父親已逝，而母親又再婚，在他幼小的心靈中，難免會有一種孤單和被遺棄的感覺。但他並未因此而心灰意懶，他於 1895 年又考取了 「馬納斯特軍事高級中學」 (Manastır Askeri İdadisi)。當年馬納斯特是奧斯曼帝國在巴爾幹半島上的行政與軍事重鎮。現在屬於「北馬其頓共和國」，並已改名為比托拉 (Bitola)。

　　凱末爾在校時，除仍對數學有濃厚的興趣以外，其法文和體育兩門功課，以及在書法和演講方面，也都有卓越的表現。

---

❶ 凱末爾本名「莫斯塔發」(Mustafa)，回教人用此名者不勝枚舉，根本就是一個「菜市仔名」。當凱末爾在軍校讀書時，對數學特別有興趣，他的數學老師是個上尉，也叫「莫斯塔發」，很喜歡他。有一天，他的數學老師說：「孩子，你叫莫斯塔發，我也叫莫斯塔發，這樣不太好，總該有個區別才對。以後你就叫『莫斯塔發・凱末爾』(Mustafa Kemal) 好了。」從那天起，凱末爾就擁有複名，而叫莫斯塔發・凱末爾了。

二、進入伊斯坦堡軍校

1899 年 3 月 13 日，凱末爾又考入伊斯坦堡軍校 (Harp
Okulu)。他的成績很好，一年級時全班第 4 名，全校 460 人中第
20 名。三年級，亦即最後一年時，成績更好，全校 459 人中名列
第 8。

但是，奧斯曼帝國的局勢並不好，暴君阿布都哈密德二世的
爪牙橫行全國，慘遭殺害的忠良志士，不計其數。

三、保送參謀大學

1902 年 2 月 10 日凱末爾從軍校畢業，官拜陸軍少尉，時年
僅二十一歲。按當時的傳統規定，凡在軍校以優異成績畢業者，
概不分發部隊服役，而是保送參謀大學 (Erkan-ı Harp) 深造。凱末
爾是被保送者之一。

1905 年 1 月 11 日凱末爾畢業於參謀大學。在 37 位軍官學生
中，其成績是第 5 名。時年二十四歲。官拜上尉。

但是當凱末爾正在等待分發部隊服役時，卻因在校時曾經發
行手寫報紙，散播自由思想等事件為宮廷密探偵悉，而被捕入獄。
在阿布都哈密德二世的耶爾德斯 (Yıldız)❷皇宮裡經過一番審訊

---

❷　阿布都哈密德二世多疑且怯懦，在 1876 年自己即位以前，諸如阿布都
　　阿西斯之被推翻，並於六日後之自殺身亡；以及莫拉德五世被擁立三
　　個月後之旋又被廢等事件，無一不令他寢食不安。因此，為了安全起
　　見，他放棄多爾馬巴賀切 (Dolmabahçe) 皇宮，改住在耶爾德斯皇宮，

以後，雖因罪證不足而獲釋，但他仍被視為「嫌犯」，而被「流放」
到大馬士革（Damacus，土耳其文作 Şam），開始其軍旅生涯。

第三節　服役、入黨、立憲與參戰

一、敘利亞服役時期

　　大馬士革是今日敘利亞的首都，也是當年奧斯曼帝國第五軍
的駐地。凱末爾和他同時被「流放」於此的朋友莫菲特
(Kırşehirli Müfit) 分別被派到隸屬於第五軍的第二十九和三十騎
兵營實習，並嚴禁他們擅離駐地。兩人在名義上都是連長，但卻
無兵權。

　　凱末爾以實習為藉口，遊遍敘利亞全境，對帝國之腐敗，有
了更進一層的認識。1906 年，凱末爾遂和莫菲特，以及另一個被
放逐的醫生莫斯塔發組織了「祖國與自由黨」(Vatan ve Hürriyet
Cemiyeti)，積極展開革命活動。

　　凱末爾為擴充組織，後來還秘密搭船，潛往故鄉、馬其頓境
內的最大都市薩隆尼加，並於 1906 年 4、5 月間，和他的軍校同
學組織了一個「祖國與自由黨」的分會。奧斯曼帝國在 1878 年的
〈柏林條約〉中承諾要在馬其頓地區進行改革，環境因而比較自

並令人在皇宮外築起一道圍牆，在牆外又以非土耳其人的回教徒充當
禁衛軍，負責戍守皇宮。

由，有志青年競相爭取前往該地服務。

　　1907 年 6 月 20 日，凱末爾晉升為「資深上尉」（Kolağası，介於上尉和少校之間的官階）。

二、加入「聯合進步黨」

　　1907 年 10 月 13 日，凱末爾終於如願以償，被調到駐守薩隆尼加的第三軍服務。但是他發現前一年和他組織「祖國與自由黨」分會的朋友，都已加入了「聯合進步黨」。該黨在 1889 年 5 月 21 日創於伊斯坦堡，普獲青年軍官的支持，勢力相當龐大。凱末爾亦於 1907 年 10 月 29 日加入該黨。

　　當時凱末爾的職務是第三軍指揮部的參謀。雖也參與「聯合進步黨」裡的秘密活動，但是他和該黨的領導人意見相左，相處不睦。主要原因是他認為黨的革命政策不妥當，而經常討論、抨擊之。另一原因可能是凱末爾為人豪爽，不拘小節，工作之餘，經常毫無忌諱地飲酒作樂。一些中央委員，尤其是恩弗爾少校，對他的印象都不佳。

三、第二次君主立憲與凱末爾

　　1908 年 7 月 23 日「聯合進步黨」發動政變成功，皇帝阿布都哈密德二世於當日宣佈第二次君主立憲。時恩弗爾少校已成為爭取自由

圖 32：恩弗爾

民主的英雄，而凱末爾仍是一個被摒於黨外的上尉。

「聯合進步黨」的目的並非要消滅奧斯曼帝國，而是要拯救它，使它起死回生。但是當時的保守派竟然無法容忍，而於 1909 年 4 月 13 日發動政變，包圍國會，殘殺議員。

消息傳抵薩隆尼加後，當地指揮官立即組成「行動部隊」趕往伊斯坦堡平亂。該部隊由兩個師組成，凱末爾只是其中一個師的參謀長，而恩弗爾少校則是馬木德司令的參謀長。凱末爾再次被排擠。

自此以後，尤其是 1909 年夏天召開第二次黨員大會以後，凱末爾便脫離了「聯合進步黨」，致力於做一個忠於職守的軍人。

四、土、義戰爭與巴爾幹戰爭時的凱末爾

1911 年 9 月 29 日，義大利進攻奧斯曼帝國在非洲僅存的領土（今利比亞之）的黎波里和班加西，凱末爾於 10 月 1 日抵達的黎波里，被任為德爾奈（Derne，在班加西的東邊）陣地指揮官，隸屬於班加西戰區司令恩弗爾。

由於凱末爾之艱苦奮戰，義大利部隊始終無法向內陸順利推進。凱末爾亦因此於 11 月 14 日晉升為少校。

1912 年巴爾幹戰爭爆發時，奧斯曼帝國為防備來自海峽的進攻，而在加里波魯半島北邊的波拉耶爾 (Bolayır) 鎮成立一軍，並以凱末爾為該軍參謀長。自 1912 年 11 月至翌年 10 月間，凱末爾因職責所在，得以有機會研究防守恰納克卡雷海峽的計畫。

1913 年第二次巴爾幹戰爭爆發，凱末爾曾於 7 月間，揮軍追

擊保加利亞部隊，而率先進入艾迪內，但是上級卻將該城之收復歸功於「聯合進步黨」的寵兒恩弗爾中校。

第四節　第一次世界大戰時在海峽戰役擊退英法聯軍

一、第一次世界大戰爆發以後的凱末爾

巴爾幹戰爭結束後，凱末爾於 1913 年 10 月 27 日，被派為駐保加利亞武官。對他而言，駐外武官等於是一種政治放逐。但從另一方面而言，短暫的文牘生涯，也可能是他一生中最寫意的一段時期。翌年 3 月 1 日，他於任內被晉升為中校。

1914 年 11 月 11 日，奧斯曼帝國向英、法等國宣戰後，凱末爾爭取到在馬爾馬拉海北岸的鐵奇達 (Tekirdağ) 新成立的第十九師服役，並奉調駐防加里波魯半島，參加恰納克卡雷海峽戰役。在此，凱末爾擊退了英、法聯軍的進攻，拯救了奧斯曼帝國的首都伊斯坦堡，也奠定了他豐功偉業的基礎。

1916 年 2 月 27 日，凱末爾的第十六軍奉調至東南部的迪亞巴克 (Diyarbakır)，他本人並於 4 月 1 日晉升為准將，時年三十有五。同年 8 月，俄軍來襲，凱末爾以寡敵眾，擊潰俄軍，收復了凡湖西邊的比特利斯和木施。翌年 3 月，因功晉升為第二軍團司令。

1917 年 7 月，奧斯曼帝國為收復巴格達，而新編一支「閃電集團軍」，以德國的法肯漢將軍為總司令，第二、四、七、八軍團皆受其節制。7 月 5 日，凱末爾被調為第七軍團司令，駐防於今

敍利亞北邊的哈烈普。

　　時奧斯曼帝國和英國亦正在巴勒斯坦一帶對峙。德籍司令法肯漢意欲發動攻勢，將英軍逐退至蘇伊士運河。凱末爾上書總司令部和當時的宰相塔拉特，力主採取守勢。未果，憤而告假，逕返伊斯坦堡。

　　1918 年 6 月凱末爾因腎臟不適，而前往維也納治療。7 月 4 日，奧斯曼皇帝梅荷美特五世病逝，皇儲瓦德丁繼立，是為梅荷美特六世，一如其兄梅荷美特五世，他疑心病很重，但比較關心政治，敵視「聯合進步黨」。凱末爾於 7 月 27 日奉召返國，並於 8 月 7 日再度被任為在敍利亞的第七軍團司令。

　　時奧斯曼帝國在敍利亞的部隊已潰不成軍。一如凱末爾所料，1917 年 11 月底的攻勢果被英軍擊敗。奧斯曼帝國雖陣前換將，以桑德斯 (Liman Von Sanders) 元帥取代法肯漢為總司令，力圖固守大馬士革，但為時已晚，於事無補。

　　凱末爾到任不久，英軍旋於 1918 年 8 月 18 日，以三倍兵力發動攻勢，並於 9 月初陷大馬士革。桑德斯元帥的總司令部被迫撤至小亞細亞的阿達納。10 月 30 日，奧斯曼帝國不得已簽訂〈蒙德羅斯停戰協定〉，結束了第一次世界大戰。

二、第一次世界大戰結束以後的凱末爾

　　奧斯曼帝國戰敗，勢必簽訂停戰協定時，塔拉特宰相不得不於 10 月 13 日宣布辭職，「聯合進步黨」的政府亦因而垮臺。翌日，皇帝的侍從官伊塞特將軍出任宰相。凱末爾嚮往的國防部長

一職，亦暫由伊塞特宰相兼任。

　　凱末爾於 10 月 31 日晚間獲悉已簽訂停戰協定的消息，並按協定之規定，繼束裝返國的桑德斯元帥之遺缺為「閃電集團軍」總司令。11 月 13 日奉命返抵伊斯坦堡，但召他回京城的伊塞特宰相卻已辭職，高齡七十三歲的新宰相鐵菲克 (Tevfik Paşa) 未邀他入閣任國防部長。

　　12 月至翌年 3 月間，在佔領軍監視下的奧斯曼政府數度更迭，毫無建樹。4 月 18 日，亞美尼亞人佔領東部的卡爾斯 (Kars)。29 日，義大利佔領地中海岸的安塔利亞。5 月 15 日，希臘佔領愛琴海濱的伊茲米爾。奧斯曼帝國已被瓜分，而凱末爾卻毫無實權，不能有所作為。

　　就在此時，協約國幫了凱末爾一個大忙。居住在黑海沿岸一帶的希臘人早就想脫離奧斯曼帝國的統治，建立所謂「彭度斯國」。1919 年初，當地的希臘游擊隊變本加厲，日益猖獗，不斷侵擾國破家亡的土耳其農民。但是，在伊斯坦堡的協約國佔領軍卻宣稱在薩姆森的希臘人飽受土耳其人擄掠，要求奧斯曼政府維護當地的治安，否則亦將佔領之。奧斯曼政府明知此乃協約國之陰謀，但卻苦於有口難辯，只好決定派人前往「維護治安」。這個人選就是凱末爾。

　　當時凱末爾有許多袍澤都在小亞細亞服役，其中卡拉貝克爾 (Kazım Karabekir) 是駐守埃勒族魯姆的第十五軍軍長，該軍是奧斯曼帝國唯一還保有戰鬥力的一個軍；哲別索伊 (Ali Fuat Cebesoy) 是駐守安卡拉的第二十軍軍長。而凱末爾在伊斯坦堡卻

毫無實權，不能有所作為。因此，凱末爾於 1919 年 5 月 2 日，欣然接受第九軍團（後改為第三軍團）「督察」的職務，而且還運用關係，在其任官令上多加了兩個條款：一是可指揮薩姆森以東各省省長以及駐軍；二是可向其他地區的軍政首長發表通告。其權力之大，實出乎意料之外。

在希臘佔領伊茲米爾的次日，亦即 5 月 16 日，凱末爾自伊斯坦堡搭乘「邦德馬」輪前往黑海沿岸的薩姆森。三天後（5 月 19 日），凱末爾安全抵達薩姆森，開始其號召全國軍民，驅逐外患，推翻帝制，建立共和的神聖使命。時年三十八歲。

一般史家咸認為，凱末爾的革命事業是從他抵達薩姆森之日開始的，後來，為了紀念此一神聖的日子，土耳其共和國遂訂該日為「青年體育節」(Gençlik ve Spor Bayramı)。

第十二章 | *Chapter 12*

土耳其大國民議會政府

第一節　凱末爾號召人民團結奮鬥

一、從薩姆森到阿馬西亞 (Amasya)

　　凱末爾於 1919 年 5 月 19 日星期一早晨抵達薩姆森。他一面執行督察職責，維護治安；一面和軍政要員聯繫，建立組織，團結民眾。5 月 28 日，凱末爾致函各省軍政首長，命他們舉行群眾大會，抗議希臘佔領伊茲米爾、馬尼沙和阿以登等地。全國各地如火如荼的抗議活動，確使希臘佔領部隊和奧斯曼政府的領導人物頭痛不已。

　　6 月 12 日，凱末爾又前往薩姆森南邊的阿馬西亞。6 月 22 日，凱末爾和歐爾拜、哲別索伊以及貝雷 (Refet Bele) 等將領磋商後，從阿馬西亞向各省軍政首長發表通告：「決定於最短期間內，在安那托利亞中部的西瓦斯召開會議。因此，各省必須推選三名

代表，立即動身參加會議。」

　　對伊斯坦堡政府早已喪失信心的各省軍政首長，尤其是曾經透過電報聯絡，參與通告內容的另外兩位將領：駐地在埃勒族魯姆的第十五軍軍長卡拉貝克爾，和駐地在孔亞的第二軍團督察小傑馬爾 (Küçük ya da Mersinli Cemal Paşa)❶，均毫不猶豫的響應了凱末爾的這項呼籲。

　　凱末爾的活動觸怒了伊斯坦堡政府，當時的內政部長阿里．凱末爾 (Ali Kemal) 曾通告安那托利亞各省省長，指稱凱末爾已被解職，並訓令不得與之洽商公事，或接受其對政府之任何要求。內政部長的這一則通告，確也達到了混淆視聽的目的。有一小撮人起而反對凱末爾，意欲在他抵達西瓦斯時逮捕他。

二、埃勒族魯姆會議

　　凱末爾於 6 月 27 日抵達西瓦斯，受到當地民眾與官員的熱烈歡迎。皇帝的特使加利普 (Ali Galip) 雖然不敢在當地逮捕他，但凱末爾也獲悉內政部長 6 月 24 日的命令，知道自己已被撤職查辦。翌日清晨又上路，並於 7 月 3 日趕至埃勒族魯姆。

---

❶　這位傑馬爾將軍並非「聯合進步黨」三巨頭之一的傑馬爾將軍 (Ahmet Cemal Paşa)，為區別起見，一般都稱這位為「小」(Küçük) 傑馬爾將軍或「美爾欣人」(Mersinli) 傑馬爾將軍，這位傑馬爾將軍雖不似另一位掌握帝國之命運，但也是第一次世界大戰和停戰時期的風雲人物，曾在巴勒斯坦戰區擔任軍團司令，屢建軍功，簽訂停戰協定以後任國防部長，私下非常同情並且支持凱末爾的革命運動。

圖 33：參加埃勒族魯姆會議者合影留念

　　自從奧斯曼帝國簽訂停戰協定以後，被瓜分的危機迫在眉睫，全國各地遂有護權、自保和自治等協會出現，「東方各省護權協會」即是其中之一。該協會於 1919 年 3 月 10 日在埃勒族魯姆成立分會。後來主客易勢，分會比本會更積極活躍。凱末爾到埃勒族魯姆時，該分會正籌備於 7 月 10 日召開大會，但是因為與會代表未能到齊，所以又延至 7 月 23 日召開。

　　埃勒族魯姆會議在 1919 年 7 月 23 日召開，8 月 7 日閉幕，凱末爾在卡拉貝克爾將軍的支持運作下被推選為大會主席。其重要決議如下：

　　　1.若奧斯曼政府不能維護國家獨立自主，則將成立臨時政府，以維護國家之獨立自主。此一臨時政府的組成分子

將由國會遴選之。國會若無法召開，則由「代表委員會」
(Temsil Heyeti) 遴選之。

2. 不接受外國的託管或保護。

3. 立即召開國會，政府由國會監督。

　　埃勒族魯姆會議的決議，踏出了土耳其人民追求獨立自主的
第一步，也是最堅強的一步。大會選出「代表委員會」，並推舉凱
末爾為「代表委員會」主席後散會。凱末爾則率領部分「代表委
員會」委員離開埃勒族魯姆，準備出席西瓦斯會議。

三、西瓦斯會議

㈠會議的經過

　　西瓦斯會議在 1919 年 9 月 4 日 ，亦即在凱末爾抵達西瓦斯
兩天以後召開。凱末爾僅以三票之差，被推選為大會主席。

　　大會議程包括兩大項：一是埃勒族魯姆會議的決議案，另一
是凱末爾抵達西瓦斯以前，25 位與會代表聯名提出的建議案。

　　埃勒族魯姆會議的決議，略事修正後隨即表決通過，其修正
要點，包括下列兩項：一是將「東方各省護權協會」更名為「安
那多魯與魯美利護權協會」 (Anadolu ve Rumeli Müdafaa-i Hukuk
Cemiyeti) ❷。二是將「代表委員會代表安那多魯東部」字樣修改

---

❷　土耳其人稱小亞細亞為 「安那多魯」 (Anadolu ，國人習於按英文
　　Anatolia 譯為 「安那托利亞」)，統稱自己在歐洲部分的領土為 「魯美

為「代表委員會代表全國」。

會議的大部分時間都在討論二十五位代表聯名提出的建議。大多數與會代表都主張要救國就必須接受美國的託管。以凱末爾為首的另一方則認為國家之命運必須操之於全體國民，極力排斥託管之議。雙方激辯不已，結果後者因凱末爾之動人演說而獲勝。

西瓦斯會議於 9 月 12 日，推選以凱末爾為主席的「代表委員會」後閉幕。

㈡會議的重要性與影響

出席「埃勒族魯姆會議」者雖然多達五十六名，但一如前述，其組織是地方性質的。而西瓦斯會議則是由全國各省各推選三名代表參加，雖然因為局勢危急，實際參加者只有區區 38 人，但是還是全國性質的。

凱末爾被推選為「代表委員會」的主席後，得以此頭銜，以大會之名義展開活動，號召各地的文武官員，團結全國的救國力量，為一致的目標努力奮鬥。

1927 年，凱末爾手創的「共和人民黨」甚且追認「西瓦斯會議」為該黨的「第一次全國黨代表大會」。

㈢奧斯曼政府阻撓西瓦斯會議的陰謀

正當西瓦斯會議緊鑼密鼓，籌備召開之際，震驚的奧斯曼政府

利」(Rumeli)。換言之，原指「羅馬 (Rum) 世界 (eli)」或「羅馬 (Rum) 領土 (eli)」的「魯美利」，後來變成專指土耳其人在歐洲部分的領土。因此，所謂「安那多魯與魯美利護權協會」，其實就是「土耳其在小亞細亞和歐洲部分領土的護權協會」，也就是「土耳其全國護權協會」。

隨即任命加利普為哈普特 (Harput) 省省長，俾便就近率兵突襲西瓦斯，並拘捕凱末爾。但事機不密，為凱末爾獲悉，立即派兵擊潰之。

此事引起了「代表委員會」對奧斯曼政府的反擊。1919 年 9 月 11 日，凱末爾拍電給奧斯曼政府，強烈譴責其陰謀詭計。隨後並下令各省不得與伊斯坦堡進行任何聯繫。如此一來，伊斯坦堡政府因無法與安那托利亞方面通訊，而陷於孤立無援的困境。

因此，「代表委員會」乘機向奧斯曼蘇丹提出解散菲利特內閣與召開國會的要求，蘇丹不得已應允之。1919 年 10 月 2 日改由勒沙 (Ali Rıza Paşa) 組閣，並籌開國會。自此以後，伊斯坦堡政府又恢復了它與安那托利亞之間的聯繫。

第二節　國會與〈國民公約〉(Misak-ı Milli)

一、國會的籌備

籌備期間，雙方對召開國會的地點也發生了爭執。凱末爾主張要在敵人鞭長莫及的安那托利亞內陸召開。然而伊斯坦堡政府卻擔心安那托利亞會完全脫離伊斯坦堡，因此主張國會必須在伊斯坦堡召開。最後，凱末爾知道再堅持也於事無補，而放棄己見。

凱末爾雖然在這段時間已經當選為埃勒族魯姆籍國會議員，但是為了安全起見，他都在安卡拉❸運籌帷幄，並未前往伊斯坦

---

❸　安卡拉是今日土耳其共和國的首都，位於小亞細亞中部的一個高原上，

堡參加國會。

　　凱末爾認為國會的任何決議都必須以民意為依歸，因此於
1919 年 12 月 27 日抵達安卡拉以後，立刻召集選自安那托利亞的
國會議員，共商大計，叮嚀他們要在國會裡組織一個強大的「安
那多魯與魯美利護權協會」黨團，俾使西瓦斯會議的決議能成為
國會的決議。

二、國會開幕與〈國民公約〉

　　國會於 1920 年 1 月 12 日在伊斯坦堡召開。以「安那多魯與
魯美利護權協會」之名義而出席的國會議員，聽從了凱末爾在安
卡拉的叮嚀，根據西瓦斯會議的決議，擬定了一份名為〈國民公
約〉的文件，並於 1 月 28 日促使國會通過。此乃奧斯曼帝國最後
一屆國會所作的唯一有意義的事。〈國民公約〉的主要內容如下：

> 1. 1918 年 10 月 30 日簽訂〈蒙德羅斯停戰協定〉時，在敵
>   人佔領下以及阿拉伯人居多數的奧斯曼領土，以民族自
>   決為原則，由各該地之人民投票表決其依歸。但是在簽
>   署停戰協定時未被敵人佔領的奧斯曼領土則不容再予
>   分割。

當年只是一個人口兩萬出頭的小鎮，貧窮的鎮裡有一座山丘，山丘上
有一荒廢的碉堡，山腳下的房舍散布在沼澤之間。蚊蟲叢生，但也盛
產蜂蜜和舉世聞名、毛質美如絹絲的安卡拉山羊。

2. 回到祖國懷抱的卡爾斯、阿達罕和阿特芬❹三省，必要時得舉行公民投票表決其依歸。

3. 將留待在對土耳其和約中解決的 「西色雷斯」 (Batı Trakya) 之法律地位，亦可由當地居民自由表決之。

4. 必須維護首都伊斯坦堡與馬爾馬拉海之安全。在不違背此項原則的條件下，土耳其和其他有關國家針對各國商船自由通行兩海峽之決定，方才有效。

5. 希望並促使在土耳其境內的所有少數民族，能享有在鄰國境內居少數之土耳其人所享有的權利。

6. 一如其他各國，土耳其如欲進步繁榮，必須完全獨立自主，因此必須廢除在政治、司法、財政方面，足以妨礙土耳其發展的治外法權協定。

　　從〈國民公約〉主要內容的前三點觀之，在簽訂停戰協定時，阿拉伯人居多數的地區，亦即敘利亞、伊拉克和阿拉伯半島等地區，已經分別被英國和法國佔領；卡爾斯被亞美尼亞人佔領，阿達罕和阿特芬則被喬治亞人佔領；西色雷斯被希臘佔領。「帝國」已經是一個歷史名詞，「亡國」 迫在眉睫，凱末爾是個務實主義

---

❹　卡爾斯、阿達罕和阿特芬三省皆在土國東北部，靠近俄國。1878 年土被俄打敗，簽訂〈柏林條約〉，將上述三地以及巴統割予俄國。1918 年 3 月 3 日，俄國蘇維埃政府向德國求和，在波蘭東部的布萊斯特・里托夫斯克簽約，承認放棄外高加索地區，土耳其依約光復前兩省；並乘機派兵佔領後者，舉行公民投票，收復之。

者，深知量力而為，先求生存才是當務之急。他並未明言放棄上
述地區，但時機未成熟時不莽動，一有機會仍將積極爭取之，土
耳其在 1920 年 10 月擊敗亞美尼亞，收復卡爾斯；翌年 2 月，又
逼迫喬治亞歸還阿達罕和阿特芬即為他的傑作。總之，〈國民公
約〉可以說是土耳其的「獨立宣言」，因此而引起列強的恐慌，再
度向土耳其施加壓力。

三、國會被解散

安卡拉和伊斯坦堡之間的長期爭執，使協約國認為奧斯曼政
府是一個無能的膿包。國會開幕不久，英、法和義大利等使節，
聯名要求奧斯曼政府將國防部長小傑馬爾和參謀總長傑瓦特
(Cevat Paşa) 撤職查辦。原因是協約國認為他們是「國民部隊」的
支持者。無能的奧斯曼政府對協約國的無理要求莫可奈何，只好
照辦。

不久，勒沙又遇到另一難題，那就是：協約國要求在安那托
利亞抵抗希臘部隊的土耳其「國民部隊」撤退。勒沙當然無能為
力。因為「國民部隊」並非聽命於伊斯坦堡政府，而是由在安卡
拉的「代表委員會」指揮。其實協約國也洞悉此事，其目的僅在
拖垮勒沙內閣而已。

結果勒沙只好向皇帝承認無法滿足協約國的要求，而引咎辭
職。新內閣於 1920 年 3 月 3 日，由海軍部長沙立荷 (Salih Paşa)
組成。私下鼎力支持凱末爾的恰克馬克 (Fevzi Çakmak) 將軍則被
任命為國防部長。

　　不久，民間傳說協約國將佔領伊斯坦堡。3 月 16 日協約國部隊果然進城，佔領政府機構，並包圍國會，拘捕愛國議員，將他們放逐到馬爾他島。末帝梅荷美特六世因而於 4 月 11 日正式宣布國會解散。有些學者認為，在 1918 年帝國戰敗、領土被瓜分時，「第二次君主立憲」就已名存實亡。如今，國會既然被正式解散，「第二次君主立憲」當然就壽終正寢，毋庸置疑。

　　這次，連同其他各界精英，共有一百四十五人被放逐到馬爾他島。協約國之侵門踏戶，恐怖大搜捕，實在令人髮指。另一方面，協約國早在簽訂停戰協定以後，就已經於 1918 年 11 月 13 日派兵佔領了伊斯坦堡，如今只是再度加強佔領而已。

第三節　在安卡拉成立土耳其大國民議會政府

一、土耳其大國民議會的召開

　　1920 年 3 月 19 日，亦即協約國佔領伊斯坦堡三天以後，凱末爾通告各省軍政首長，宣稱將在安卡拉召開國會。

　　凱末爾一面邀請伊斯坦堡淪陷時逃到安那托利亞的國會議員；一面又下令各省不論人口之多寡，各選五名國會議員到安卡拉開會。前者有 78 名，後者有 285 名。後來又有 14 位從馬爾他島獲釋的國會議員趕來參加，所以第一屆「土耳其大國民議會」(Türkiye Büyük Millet Meclisi) 的議員人數共有 377 名。

　　第一屆「土耳其大國民議會」於 1920 年 4 月 23 日在安卡拉

召開，後來，土耳其政府為紀念此一神聖的日子，遂訂該日為「國家主權和兒童節」 (Ulusal Egemenlik ve Çocuk Bayramı)。自此以後，奧斯曼帝國在法理上雖仍在敵人砲火下苟延殘喘，但在事實上卻已壽終正寢。因為真正代表土耳其人民的國會已擔負起救國救民的重責大任。

二、土耳其大國民議會政府的成立

土耳其大國民議會開幕之日，凱末爾提出了一項非常重要，在當時而言也是非常微妙的一個建議。因為當時大多數的國會議員並不認為皇帝是賣國賊，反而視他為遭受協約國欺侮的受害者。凱末爾不得不考慮到這點，所以他在建議中指出：

1. 必須成立政府。
2. 但不宜設置臨時的政府首長或擁立皇帝。
3. 土耳其大國民議會的權力至高無上。
4. 土耳其大國民議會有權制定並執行法律。由議員中所遴選並由國會所任命之委員會負責組織政府事宜。國會議長為該委員會之當然主席。
   註：有關皇帝兼哈里發事宜，待其擺脫外敵之控制，另由國會立法決定之。

上述建議，歷經兩天的熱烈討論後，終為土耳其大國民議會表決通過。

　　根據上述原則，政府的形式理應為「共和」。但是當時有許多國會議員仍熱衷於帝制，他們對皇帝和哈里發等問題都很敏感。因此凱末爾在時機尚未成熟時，並不急於解決之。該註解既安撫了熱衷帝制者，又暗示皇帝仍屈居於至高無上的國會之下。凱末爾真是用心良苦。

　　有關組織政府的法規解決以後，凱末爾立即被選為國會議長，時三十九歲。1920 年 5 月 4 日，國會又依法選出十一名部長，並組成「部長委員會」（Bakanlar Kurulu，相當於我們的行政院），國會議長凱末爾依法身兼該委員會之主席，亦即身兼閣揆。由大國民議會所組成的政府於是誕生焉。新成立的政府稱之為「土耳其大國民議會政府」(Türkiye Büyük Millet Meclisi Hükümeti)。

三、安那托利亞反叛大國民議會政府

　　1920 年 3 月 16 日協約國佔領伊斯坦堡，拘捕國會議員後，沙立荷內閣被迫下臺。新內閣於 4 月 5 日，由極端反對革命救國運動的菲利特組成。

　　菲利特上臺後，立即採取打擊土耳其大國民議會政府的措施。先於 5 月 11 日，宣判凱末爾死刑。並嗣即煽動安那托利亞的叛亂活動，將阿諛奉承的回教大教長都呂沙德 (Dürrüzade Abdullah Efendi) 接二連三頒發的「費特瓦」印成傳單，用英國飛機運至安那托利亞散發。在這次散發的「費特瓦」中，指稱所有參加革命救國運動者都是不忠於皇帝的叛賊，而凱末爾及其左右則為罪魁禍首，並呼籲全國人民聲討之。

由於伊斯坦堡政府之煽動與挑撥,尤其是在散發費特瓦以後,
在安那托利亞的比加 (Biga)、度斯結 (Düzce)、伊茲米特、尤茲加
特 (Yozgat)、阿芙蓉 (Afyon)❺、孔亞和斯伊特 (Siirt) 等地果然發
生了許多令人頭痛的叛亂事件。

這次的叛亂並非針對在伊斯坦堡的奧斯曼政府,而是針對在
安卡拉的凱末爾革命陣容。所謂「叛亂」是純從後者的角度觀之,
若從前者的角度觀之,他們是效忠皇室與回教的正義之師。前者
是專制獨裁的、封建主義的、反革命的奧斯曼政府,而後者則是
民主與民族主義者的革命陣容「大國民議會政府」。大國民議會政

圖 34:安那托利亞反叛大國民議會政府(深色部分是叛軍作亂的範圍)

---

❺ 阿芙蓉位於西安那托利亞地區的內陸。塞爾柱土耳其人因該城有黑色
的 (Kara) 碉堡 (Hisar),而稱之為「黑碉堡」(Karahisar)。至十六世紀
時,因種植罌粟,盛產鴉片(Afyon,亦即阿芙蓉),又被稱為阿芙蓉。
今亦有將兩者合而為一,稱之為阿芙蓉黑碉堡 (Afyonkarahisar)。

府歷經無數浴血苦戰，方才一一平服之。

四、「綠軍協會」

　　「土耳其大國民議會政府」成立（1920 年 5 月 4 日）以前，在西線只有一師正規軍，既要弭平安那托利亞各地的暴亂，又要抵抗深入內陸的希臘部隊，任務艱巨繁重。因此，「國民部隊」就扮演了相當重要的角色。凱末爾卻認為由老百姓所組成的 「國民部隊」，實不足以和裝備優良的敵軍對抗，力主儘速建立一支正規軍。

　　但是大部分的人卻認為「國民部隊」比正規軍更精良、更有效率，從而有人認為在建立一支現代化的國軍以前，必須妥善運用之，因此在土耳其大國民議會開幕時，又將它編組成「綠軍協會」(Yeşil Ordu Cemiyeti)。「綠軍協會」 是一種政治性的軍事組織。具有濃厚的 「伊斯蘭主義」 (İslamcılık) 和 「土朗主義」(Turancılık)，而且崇尚回教視為神聖的「綠色」，因而得名。

　　有些「綠軍協會」的組成者是凱末爾的密友，當初他們確也將有關活動稟報凱末爾，然而凱末爾正疲於應付接二連三的叛亂事件，對該協會的活動未能密切注意。而該協會的活動後來也變了質，從編組軍隊的性質，演變成擴張政治資本的型態。

第十三章 | *Chapter 13*

〈色佛爾條約〉與對外關係的拓展

第一節　喪權辱國但幸未付諸實施的〈色佛爾條約〉

一、協約國瓜分奧斯曼帝國的企圖

　　協約國原希望趁國會在伊斯坦堡召開期間，簽訂和約，俾便透過奧斯曼皇帝的影響，促使國會通過和約條款。此即協約國，尤其是英國，從而也是奧斯曼政府堅持國會要在伊斯坦堡召開的原因。然而國會卻通過了追求獨立自主的〈國民公約〉，當然對協約國不利。所以協約國又佔領伊斯坦堡，並解散國會。

　　在此情況下，對協約國而言，除了先誘使奧斯曼政府簽訂和約，再以武力作後盾迫使安那托利亞方面接受外，實別無他途。因此，協約國於 1920 年 4 月 22 日邀請奧斯曼政府參加巴黎和會。奧斯曼政府也欣然同意，派了一個代表團前往巴黎。代表團團長是曾任宰相的鐵菲克。

二、土耳其大國民議會政府阻撓和會召開

土耳其大國民議會於 1920 年 4 月 23 日,亦即協約國邀請奧斯曼帝國參加巴黎和會的翌日召開,並於 4 月 30 日,正當以鐵菲克為首的代表團準備啟程之際,照會歐洲各國外交部長,宣稱:土耳其國會已於 4 月 23 日開幕;任何與奧斯曼政府締結的和約,將不被土耳其人民接受;只有和唯一合法的土耳其大國民議會政府締結和約方才有效。

三、會談結果

1920 年 5 月 20 日,協約國將和約條款通知奧斯曼代表團。團長鐵菲克是個有遠見的政治家,他認為條件過於苛刻,而且也發覺協約國之間的意見並不完全一致,所以拒絕討論。

當時,雖然英國不承認土耳其大國民議會政府,但是法國卻於 1920 年 5 月 30 日,建議土耳其大國民議會政府與法國簽訂一項有關土國東南部的停戰協定。由此可見,英、法之間的意見的確有迥殊之處。

可惜奧斯曼政府並不激賞鐵菲克的英明果斷,反而撤銷其首席代表的職務。宰相菲利特親赴巴黎,並於 6 月 25 日開始和協約國舉行會談。

四、宣誓效忠〈國民公約〉

協約國一方面在巴黎和奧斯曼政府舉行和會,一方面卻又分

別於 1920 年 6 月 25 日和 7 月 2 日，派英國軍隊登陸馬爾馬拉海
南岸的木當亞 (Mudanya) 和邦德馬 (Bandırma)，希臘部隊亦早在
6 月 22 日就已再向安那托利亞內陸推進。

　　協約國此舉顯然是在威脅土耳其大國民議會政府，預防它採
取任何反抗行動。但事與願違，安那托利亞方面並未因此而屈服。
土耳其大國民議會早在 1920 年 6 月 18 日的一項秘密會議中，就
宣誓效忠〈國民公約〉，再度表達維護土耳其領土之完整的決心。

五、簽訂〈色佛爾條約〉

　　菲利特和協約國所達成的和約內容非常苛刻，但是在皇帝於
7 月 22 日親自主持的會議中，幾乎所有與會人員均起立表示同
意。因此又派菲利特率團前往法國，並於 1920 年 8 月 10 日，在

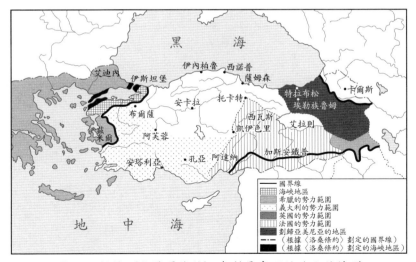

圖 35：根據〈色佛爾條約〉奧斯曼帝國被瓜分的情形

色佛爾 (Sevres) 市簽訂了〈色佛爾條約〉(Sevres Antlaşması)。

　　簽訂〈色佛爾條約〉的消息傳到土耳其後，舉國震驚，悲憤不已。若依約行事，則土耳其將毫無領土完整或主權獨立可言。幸而該約因凱末爾之極力反對，而從未付諸實現。其主要內容如下：

1. 疆界：
　　(1)歐洲領土部分的色雷斯 (Trakya) 疆界：約以恰塔爾加（Çatalca，距離伊斯坦堡五十一公里）一線為界，以西之地割予希臘。
　　(2)伊茲米爾地區：自南而北，以綏克 (Söke) 至布哈尼耶 (Burhaniye) 一線為界，此線以西之地的主權歸屬土耳其，但是土耳其將把這項主權移交給希臘，而僅在伊

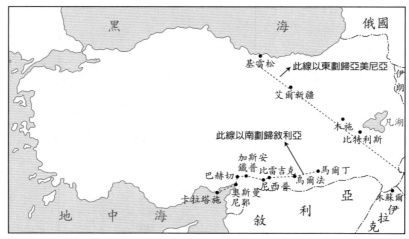

圖 36：東部與東南部和〈色佛爾條約〉有關的主要城市

兹米爾城外的某一防禦工事內，懸掛土耳其國旗，作為土耳其主權的象徵。該區將於半年內成立一個議會，在五年以後，可以決定該區是否永遠歸併希臘。

(3)敘利亞疆界：自西而東，約以卡拉塔施 (Karataş) 和馬爾丁 (Mardin) 等地的北邊為界。此線以南之地統歸敘利亞。

(4)伊拉克疆界：以木蘇爾的北邊為界。

(5)東部疆界：以黑海岸基雷松 (Giresun) 之東，沿艾爾新疆 (Erzincan)、木施之西，比特利斯以及凡湖之南一線為界。此線以東之地歸亞美尼亞。

(6)海峽地區：海峽地區的範圍包括：歐洲方面的土耳其領土；在亞洲方面以起自布哈尼耶至薩旁加 (Sapanca) 湖之西端一線為界，此線以西之地屬海峽地區。只有協約國可以在海峽地區駐軍或採取軍事行動。

2.將第一次世界大戰以前屬於奧斯曼帝國的阿拉伯和伊拉克領土劃歸英國 ❶。

3.和約條款若不能按協約國之意願執行，則將佔領伊斯坦堡。

4.奧斯曼帝國必須裁減軍備，廢除徵兵制。全國兵力不得超過四萬五千人，而且亦不得擁有飛機、大砲等重武器。

---

❶ 簽訂〈色佛爾條約〉以後，協約國之間又簽約劃定他們在土耳其的經濟勢力範圍。若將義大利和法國等經濟勢力範圍除去不算，奧斯曼帝國的領土只剩下安那托利亞的四分之一而已。

奧斯曼帝國不得擁有海軍，甚至於大型商船。

5. 恢復協約國在戰前所享有的治外法權；甚至於戰後新成立的國家亦得享有之。

6. 國家稅收優先償付戰費和協約國的佔領費。

7. 任何土耳其人皆可申請加入協約國中任何一國的國籍。入籍後亦當享有治外法權，不必向奧斯曼政府納稅。

8. 海峽管理委員會：由美國、英國、法國、義大利、日本和俄國共同組成「海峽管理委員會」，負責海峽之航運、燈塔之管理與維護以及領航等事宜。

喪權辱國的〈色佛爾條約〉對奧斯曼政府而言，無異是一紙死亡判決書。但奧斯曼政府卻視它為一項政治上的成果，竟不惜和協約國攜手合作，在安那托利亞煽動暴亂，打擊土耳其大國民議會政府，希冀協約國能順利的在安那托利亞執行和約條款。其顢頇腐敗，實無以復加。

第二節　希臘與亞美尼亞東西夾擊土耳其

一、希臘軍隊再向內陸推進

一如上述，協約國為了逼迫新成立的土耳其大國民議會政府接受即將簽訂的〈色佛爾條約〉，一方面派英國軍隊登陸木當亞和邦德馬，另一方面也同意希臘部隊大舉向安那托利亞內陸推進。

　　1920 年 6 月 22 日至 7 月 8 日間，希臘部隊在北邊佔領了布爾薩和巴勒凱希爾 (Balıkesir)，在東邊也推進到都姆魯普納爾 (Dumlupınar) 山。土耳其國民部隊和正規軍之節節敗退，引起了在國會中的激烈爭論。其中尤以故都布爾薩之淪陷，最令人悲憤。

　　希臘在安那托利亞方面得逞後，復於 7 月 20 日派兵登陸鐵奇達，向艾迪內方面推進。土軍不支而潰，或被俘，或遁入保加利亞，東色雷斯遂在四十天內盡為希臘佔領。色雷斯以馬里乍河為界，分為東色雷斯（即今土耳其擁有者）和西色雷斯（即今希臘擁有者）兩部分。如此一來，希臘遂佔有整個色雷斯。

二、亞美尼亞侵犯東疆

　　自從 1878 年簽訂〈柏林條約〉以後，在奧斯曼帝國境內的非回教徒都已經獨立或享有自治權，唯一例外就只剩下亞美尼亞人。由於受到希臘裔美國傳教士的鼓吹慫恿，亞美尼亞人遂積極爭取獨立自主的權益。但是亞美尼亞人的抗爭有兩大困難：一是位置問題，「亞美尼亞地區」不在巴爾幹半島，而是位於小亞細亞東部，距離歐洲比較遠，列強頗有鞭長莫及之憾；二是人口問題，亞美尼亞人大多離鄉背井出外謀生，留在「亞美尼亞地區」內的人口反而不多，即或是在亞美尼亞人口最多的比特利斯省，也不過佔所有人口的三分之一而已。

　　雖然如此，亞美尼亞人還是前仆後繼地爭取獨立，歐洲列強也不遺餘力地支持。在簽訂〈柏林條約〉四十年以後，協約國在第一次世界大戰中打敗奧斯曼帝國，簽訂停戰協定時甚至規定：「土耳

其東部六省若發生暴亂,協約國得佔領之」。換言之,當地居民必須接受亞美尼亞人的統治,不得反抗,否則協約國將出兵干涉。列強支持亞美尼亞人獨立建國之決心,令土耳其人傷透腦筋。

另一方面,早在第一次世界大戰爆發以後,在土耳其東部的亞美尼亞人就接受俄國資助,稱兵作亂,屠殺當地的土耳其人,並於 1915 年 4 月間宣布獨立。此事引起奧斯曼政府極大反感,不但派兵血腥鎮壓,而且還強迫亞美尼亞人遷徙到敘利亞。數十萬亞美尼亞人或被土軍殺害,或死於遷徙途中。兩民族間之仇恨,因此而日益加深。

1917 年俄國發生革命以後,在高加索南部的艾里溫 (Erivan)❷、古姆律 (Gümrü,今作 Leninakan) 和卡爾斯等地及其附近一帶,建立了亞美尼亞政府。而且協約國曾經允諾將特拉布松、古姆施哈內 (Gümüşhane)、埃勒族魯姆、艾爾新疆、比特利斯和凡等土耳其東部諸省份劃歸新成立的亞美尼亞政府。因此亞美尼亞政府從 1918 年簽訂〈蒙德羅斯停戰協定〉以來,一直想儘早取得上述土地,並以各種藉口殘害其境內甚至於境外的土耳其人。

1920 年 6 月間,亞美尼亞之攻勢變本加厲。7 月 17 日,土耳其外交部向亞美尼亞發出最後通牒,但亞美尼亞相應不理,仍然

---

❷ 艾里溫亦稱 Revan 或 Yerevan,是今亞美尼亞共和國的首都。距土耳其邊界僅 20 公里。自從 1549 年奧斯曼帝國的蘇烈曼一世佔領該地以後,土耳其和波斯競相爭奪,曾經數度易手。後來新興的俄國終於在 1827 年擊敗波斯,佔領艾里溫。

繼續進攻。9 月 28 日晨，東線指揮官第十五軍軍長卡拉貝克爾將軍（Kâzım Karabekir，1882–1948 年）遂開始反攻，突破亞美尼亞陣線，進入沙勒卡莫施，並暫駐當地，從事整補。五年以前，亦即在 1915 年，第一次世界大戰爆發後不久，土耳其十萬大軍曾經在此傷亡殆盡，如今卻大獲全勝，實在令人振奮。10 月 28 日再度前進，沿途未

圖 37：卡拉貝克爾

遭頑抗，兩日內攻佔卡爾斯，11 月 7 日又攻進西北部的古姆律。

三、〈古姆律條約〉

在土耳其軍隊攻入古姆律的前一天，亞美尼亞見大勢已去，要求停戰。雙方談判後，於 1920 年 12 月 3 日，簽訂了〈古姆律條約〉。根據此約，土耳其將佔領的古姆律歸還給亞美尼亞，換取鄂德爾 (Iğdır) 和庫爾普 (Kulp) 等城鎮。

〈古姆律條約〉是土耳其大國民議會政府和外國所簽訂的第一個條約❸。該約不但可使土耳其收復自 1878 年在〈柏林條約〉

---

❸ 但是〈古姆律條約〉並未被批准，因為在簽約當天，亞美尼亞也繼亞塞拜然之後加入蘇聯。當時的俄國共產黨，一方面以武器彈藥援助土耳其從外面攻打亞美尼亞，另一方面自己亦從內部設法顛覆之，迨亞美尼亞被土耳其打敗以後，則又順勢將該國納入蘇聯的一部分。至於

中割給俄國的卡爾斯及其附近地區，同時也解決了令人頭痛的亞美尼亞問題，使得東線部隊得以調到最吃緊的西線，全力對付希臘的進攻。

第三節　對外關係的拓展

一、土耳其大國民議會政府的外交原則

土耳其大國民議會於 1920 年 4 月 30 日照會歐洲各國外交部長，宣稱土耳其大國民議會已經在 4 月 23 日成立。此事可視為土耳其對外關係的濫觴。

土耳其大國民議會政府的外交原則是：和意欲侵佔土耳其領土者奮戰到底，和尊重土耳其主權者建立外交關係，簽訂友好條約，和平共存。

當時英國、法國和義大利均致力於瓜分奧斯曼帝國，在安那托利亞方面各佔有一部分領土。希臘亦正攻佔土耳其的西南部。土耳其大國民議會政府也正致力於和上述諸國艱苦奮戰，而且由於因勢利導，應付得宜，遂使對外關係漸趨有利。

高加索地區的另一個國家喬治亞，也在 1921 年 2 月 20 日加入蘇聯。因此，土耳其在東北部的國界線，遂演變成土蘇國界線。

二、與俄國的關係

第一次世界大戰時和協約國並肩作戰的俄國在 1917 年推翻沙皇，成立了一個由共產黨獨裁的蘇維埃政府（Soviet Russia，1917–1922 年。亦即「蘇維埃俄國」，簡稱「蘇俄」）。協約國為防止共產主義的毒素在歐洲蔓延，轉而出兵抵制俄國的蘇維埃政府。除英國直接佔領高加索以外，協約國還支援擁護沙皇的「白軍」（White Army），從西伯利亞、北海、高加索和克里米亞方面進攻蘇維埃政府的「紅軍」（Red Army）。

因此，四面楚歌的蘇維埃政府非常關切安那托利亞方面的革命活動。因為土耳其抵抗協約國，正好阻止了協約國從這個地區攻擊俄國。兩國的敵人相同，同病相憐，因此兩國關係也日趨親近。土耳其大國民議會政府於 1920 年 5 月 11 日派外交部長沙米（Bekir Sami）率團訪問莫斯科，後來甚至還派西線司令哲別索伊將軍為駐俄大使。

前往莫斯科的土耳其代表團原決定在 8 月間和俄國簽訂協議，但後來由於俄國向土耳其提出有利於亞美尼亞的要求，導致會談中斷。直到土耳其於 1920 年底戰勝亞美尼亞，俄國才放棄要求，雙方於 1921 年 3 月 16 日簽訂了〈莫斯科條約〉（Moskova Antlaşması）❹。

---

❹ 土耳其和俄國的關係於 1921 年 3 月 16 日簽訂〈莫斯科條約〉以後獲得改善。繼之，土耳其又於同年 10 月 13 日透過俄國的調停，和亞塞

　　土耳其大國民議會政府和蘇聯（全名是「蘇維埃社會主義共
和國聯盟」，英文作 Union of Soviet Socialist Republics，簡稱
USSR 或 Soviet Union，1922–1991 年）之間的初步關係中，有一
非常重要而且相當微妙之處，此即：大國民議會政府不容許共產
毒素滲透土耳其，蘇聯則不准民族主義潮流波及蘇聯。因為蘇聯
在中亞地區的人口絕大部分都是與土耳其同文同種的突厥人。

　　由此觀之，若謂土耳其共和國在建國之初即履行反共政策，
誠不虛也。

三、與喬治亞的關係

　　布爾什維克發動革命以後，在高加索南邊建立了一個喬治亞
政府，時英國亦佔領了巴統。1920 年 7 月間，英國自巴統撤退
時，喬治亞進佔之。此舉顯然違反 1918 年 3 月 3 日俄國和奧斯曼
帝國之間所簽訂的〈布萊斯特·里托夫斯克條約〉。土耳其大國民
議會政府向喬治亞提出抗議，並開始和喬治亞談判。

　　喬治亞不願意歸還阿達罕、阿特芬和巴統等地，所以談判一
度中斷。最後土耳其大國民議會政府在口頭上提出最後通牒，要
求和平歸還上述諸地。喬治亞政府不得已應允之。土耳其部隊遂
於 1921 年 2 月 23 日，在萬民夾道的歡呼中，開進上述三城。

　　拜然、亞美尼亞以及喬治亞簽訂〈卡爾斯條約〉(Kars Antlaşması)，俄
國當初向土耳其提出將凡、比特利斯和木施等地割讓給亞美尼亞的要
求，遂隨之一筆勾消。

後來，政治局勢又有了變化：亞美尼亞、喬治亞和亞塞拜然都加入了蘇聯。土耳其大國民議會政府和俄國簽訂的〈莫斯科條約〉中，雖然將巴統劃歸喬治亞，亦即劃歸蘇聯，但是蘇聯也正式承認阿達罕和阿特芬為土耳其領土。

四、與法國的關係

在南部的土耳其國民部隊曾予法國佔領軍多次重創，迫使法國駐敘利亞專員杜克 (De Caix) 於 1920 年 5 月 30 日，率領代表團前往安卡拉，要求停戰二十天。法國之不顧奧斯曼政府，逕向土耳其大國民議會政府提出停戰建議，正說明法國已承認了土耳其大國民議會政府。

但是，土耳其大國民議會政府要求法國歸還它所佔領的領土，法國不但拒絕，反而在 1920 年 6 月 18 日派兵登陸黑海岸的松古達克 (Zonguldak)。因此，兩國又繼續交戰，直到土耳其於 1921 年 8、9 月間在沙卡利亞 (Sakarya) 之戰擊潰希臘以後，才簽訂比較友好的〈安卡拉條約〉(Ankara Antlaşması)。

其實，從整個十九世紀到第一次世界大戰，法國和土耳其一直都保持非常密切的關係。對土耳其而言，所謂外國就是法國，所謂外文就是法文，所謂「歐化」或「西化」就是「法國化」，唯法國馬首是瞻。但是從第一次世界大戰以後，法國在土耳其的聲望卻一落千丈。從 1923 年土耳其共和國成立，到 1938 年凱末爾逝世前夕，法國對土耳其幾乎沒有任何政治或經濟影響力。這種情形一直到冒出「哈泰 (Hatay) 問題」，方才改變。因為土耳其想

要收復被敘利亞佔領的哈泰，而法國則是敘利亞的託管國，土法兩國從而再度發生關係。

五、與義大利的關係

義大利在土耳其革命時期，並未對土耳其採取敵對政策，始終保持其武裝中立的立場。土耳其於 1921 年 4 月 1 日在「第二次伊諾努戰役」打敗希臘以後，義大利甚且於 7 月 5 日撤退其在安塔利亞一帶的佔領軍，並將軍火物資售予土耳其，再度證明其保持中立的誠意。

六、與美國的關係

第一次世界大戰末期，美國總統威爾遜（Thomas Woodrow Wilson，1913–1921 在位）主張民族自決，在安那托利亞東部和高加索地區成立一個亞美尼亞政府。因為在美國的亞美尼亞人正致力於這方面的宣傳遊說。

1921 年，美國總統改選，「共和黨」籍的哈定（Warren Gamaliel Harding，1921–1923 在位）獲勝，新總統在內政和外交政策上都有大幅度的轉變，採取了所謂「門羅主義」（Monroe Doctrine）原則，主張美國不干涉歐洲事務，歐洲國家亦不得干涉南北美洲事務。因此美國也放棄了支持在土耳其東部成立亞美尼亞政府的立場。決定和中東地區只維持商業和文化關係，從而開始對土耳其採取友好政策。

第四節　解放戰爭的準備

一、艾特海姆挾「綠軍協會」自重

　　前面說過，凱末爾認為由民間組成的「國民部隊」，不足以抵抗裝備精良的希臘部隊，力主儘速建立一支正規軍。但是大部分的人卻認為「國民部隊」比正規軍更精良、更有效率，因此政府只好將他們編組成「綠軍協會」。沒想到「綠軍協會」的領袖艾特海姆三兄弟竟挾其在庫塔希亞一帶的兵力自重，不服從中央的指揮。

二、蓋迪斯之戰

　　當時支持「綠軍協會」者受艾特海姆及其兄弟之唆使，迫使政府攻擊在蓋迪斯（Gediz，在庫塔希亞的西南邊）地區的希臘部隊。土耳其參謀總部堅決反對發動攻擊。但在國會中，主攻之聲不絕於耳。最後，西線司令部終於在 1920 年 10 月 24 日，以兩師兵力暨艾特海姆的國民部隊大舉進攻在蓋迪斯附近之希臘軍隊。結果反遭希軍逆襲。土軍不支，防線再度後移。

　　蓋迪斯之敗在國會中引起一番爭議，正規軍和「綠軍協會」互相委過，政府只好撤換西線司令一職，哲別索伊將軍於 11 月 8 日被召回安卡拉。時適有派大使駐莫斯科之議，遂派他為駐俄大使。並將西線司令部劃分為西、南兩部：以伊諾努 (İsmet İnönü)

上校為西線司令，貝雷 (Refet Bele) 上校為南線司令，兩者直屬參謀總部指揮。

三、平定艾特海姆之亂

　　伊諾努上校任西線司令後，「綠軍協會」的領導人物均抗命不服。艾特海姆甚且稱病，將部隊交其兄弟鐵菲克上尉指揮，而自行前往安卡拉。鐵菲克公開聲明不承認西線司令的職位，表示無法和伊諾努共事。艾特海姆則在安卡拉聯合其另一為國會議員的兄弟雷西特 (Reşit) 以及其他同黨，陰謀破壞西線司令的威信，並意圖奪取其職權，進而控制國會，推翻凱末爾。

　　凱末爾獲悉此一陰謀後，乃斷然採取措施，大舉征討艾特海姆。1920 年 12 月 29 日攻破叛軍大本營庫塔希亞，翌年 1 月 5 日又陷蓋迪斯，清剿其殘部。結果，不服指揮的艾特海姆及其兄弟投奔希臘，尋求庇護，露出其賣國求榮的真實面目。

　　自此以後，土軍戰力遂得以徹底整合，但希臘也趁此大好良機，再度向土軍發動全面攻擊。

第十四章 | *Chapter 14*

解放戰爭

第一節　第一次伊諾努戰爭

一、戰役的經過與結果

　　協約國雖和奧斯曼政府簽訂了〈色佛爾條約〉，但因土耳其大國民議會政府始終不承認，一直苦於無法執行之。為了壓迫土耳其大國民議會政府承認〈色佛爾條約〉，協約國遂准許希臘再向安那托利亞內陸推進。當土耳其大國民議會政府軍於 1921 年 1 月 5 日追剿叛逆艾特海姆之殘部時，希臘部隊亦趁機在隔日向土耳其陣地發動全面進攻。土耳其只好抽調大部分兵力北上迎擊。

　　由伊諾努上校率領的土耳其部隊，行抵伊諾努 (İnönü) 地方時，遭遇到向艾斯奇射爾 (Eskişehir) 推進的希臘部隊，兩軍於 1921 年 1 月 10 日至 11 日之間的夜晚，展開一場激戰，結果希軍不支敗退，是為「第一次伊諾努大捷」(Birinci İnönü Zaferi)。

此役，希臘部隊第一次遭遇到土耳其正規軍，而且被打敗。對土耳其大國民議會政府而言，此役是繼在東部打敗亞美尼亞之後的又一次軍事勝利。

二、倫敦會議

土耳其大國民議會政府自成立以來，在短短的九個月內，獲致了前述一連串的成果，使協約國感到一向不為土耳其大國民議會政府所承認的〈色佛爾條約〉確有修改的必要。因此，協約國決定要召開一個土耳其大國民議會政府也參加的會議。

會議於 1921 年 2 月 21 日在倫敦召開，3 月 12 日閉幕。出席者有英、法、義、希臘、奧斯曼政府和土耳其大國民議會政府。會中協約國將〈色佛爾條約〉做一番無關緊要的修改後提出討論，土耳其大國民議會政府的代表團不但不接受，反而提出〈國民公約〉分庭抗禮。歷時十八天的會議，正如土耳其大國民議會政府所料：毫無結果。

雖然如此，土耳其大國民議會政府之單獨被邀請，等於是受到協約國的正式承認，也算是一項收穫。

三、土、英換俘協定

在倫敦會議中，土耳其大國民議會政府的外交部長沙米，曾於 1921 年 3 月 1 日，分別和英、法、義三國外長簽訂一項協定，承認三國在安那托利亞各擁有其勢力範圍。這種純屬沙米個人主動進取、求好心切，但卻又違背〈國民公約〉的協定，後來當然

遭到為主權獨立而奮戰的土耳其大國民議會所否決。沙米亦因此而引咎辭職，甚至退出政治舞臺。

但是在倫敦和英國簽訂的換俘協定，卻經雙方再商討修正後被批准，從而使得被拘於馬爾他島的許多土耳其國會議員得以獲釋回國。對土耳其而言，這也是一項政治上的成功。

第二節　第二次伊諾努戰爭

一、戰役的經過與結果

倫敦會議破裂後，希臘欲以武力迫使土耳其大國民議會政府接受協約國所提出的新和約，而於 1921 年 3 月 23 日又從布爾薩和烏沙克 (Uşak) 兩地，分別向土耳其的西線和南線陣地進攻。

從布爾薩推進的希臘部隊，於 3 月 27 日和 30 日，先後兩次向伊諾努將軍所指揮的西線陣地伊諾努發動猛攻。西線土軍一度失去聯絡。後來安卡拉方面的援軍適時趕到，並大舉反攻，希臘部隊終於在 4 月 1 日的夜晚，不支而退。土耳其軍趁勝追擊，予敵重創，是為「第二次伊諾努大捷」(İkinci İnönü Zaferi)❶。

---

❶ 伊諾努本名「伊斯麥特」(İsmet)，為了紀念這兩次「伊諾努戰爭」(İnönü Savaşı) 的光榮勝利，而在 1934 年頒布「姓氏法」時，選擇地名「伊諾努」為自己的姓氏。

二、〈土耳其、阿富汗友好條約〉

　　土耳其大國民議會政府一方面抵抗希臘的侵略，一方面也致力於對外關係的開展。時阿富汗國王阿馬努拉（Emanullah Han，1919–1929 在位）剛擺脫英人枷鎖，爭取到獨立，有心進行改革，但苦於人才缺乏。土耳其大國民議會政府為了加強其與阿富汗之間的友誼，乃於 1921 年 3 月 1 日和阿富汗簽訂了一項友好條約。其主要內容如下：

1. 雙方同意任何一方遭受攻擊時，另一方將視同對己方之攻擊而排除化解之。
2. 土耳其政府將派遣教員和軍官前往阿富汗，從事文化援助。

　　1922 年，阿富汗國王阿馬努拉在訪問法國以後，回國時曾順道訪問土耳其，親自表達謝意。1928 年，雙方又在安卡拉修正〈土耳其、阿富汗友好條約〉，加強雙方關係。新興小國互相支持、彼此鼓勵，實屬難能可貴。

三、〈莫斯科條約〉

　　土耳其大國民議會政府從 1920 年 5 月就開始和俄國談判，但直到年底打敗亞美尼亞，展現本身實力以後，俄國方於翌年 3 月 16 日，和土耳其簽訂〈莫斯科條約〉。其主要內容如下：

1. 雙方之一方若不承認某一政治文件，另一方亦不得承認之（根據此一條款，俄國亦不承認〈色佛爾條約〉）。
2. 俄國政府承認〈國民公約〉中所宣稱的土耳其。略事修改〈古姆律條約〉中所劃定的界線（將巴統割予俄國），作為土俄兩國國界。
3. 廢除奧斯曼帝國與帝俄之間所簽訂的所有條約。
4. 俄國放棄其在土耳其的治外法權。
5. 雙方同意簽訂經濟性和財政性的條約。

俄國還應允充當調停人，促使土耳其大國民議會政府和亞塞拜然、亞美尼亞以及喬治亞三個高加索共和國簽訂條約。但是俄國一直觀望，直到土耳其部隊獲得「第二次伊諾努大捷」，尤其是於 1921 年 9 月 13 日在沙卡利亞 (Sakarya) 戰役擊潰希臘部隊，充分顯示其實力後，才履行諾言。

第三節　艾斯奇射爾與庫塔希亞之戰

一、希臘的企圖

希臘軍隊連續兩次在伊諾努戰役慘遭敗績後，在英國的支援下，整頓軍需，增加兵力，準備大舉進攻，徹底擊潰土耳其部隊。

當時的希臘國王君士坦丁一世是個好大喜功的人，他在第一次世界大戰時，曾被總理維尼塞洛斯推翻，由其次子亞歷山大繼

立，後來亞歷山大在御花園散步時被瘋猴咬傷，引起敗血症，於 1920 年 10 月間逝世。不久，君士坦丁派人士在大選中獲勝，並於 12 月 15 日再度擁護他登基。他一心一意想建立一個「大希臘國」，並希望能征服小亞細亞，繼拜占庭帝國末帝君士坦丁十一世（Constantin XI Palaiologos，1449–1453 在位）之後，自立為君士坦丁十二世，以雪希臘長期被土耳其統治之恥。

英國首相勞合喬治亦不斷煽動希臘再發動攻勢，並給予大量的經濟和軍事援助。希臘在安那托利亞方面的兵力，因而增加了一倍，多達三十萬之眾。待希軍司令帕普拉斯 (Papulas) 將軍一切準備就緒時，果於 1921 年 7 月 10 日再度發動攻擊。

二、土耳其的戰略

當時，希臘共有十萬人投入戰場，而土耳其則只有四萬五千人。土耳其軍隊無論在數量或裝備上都屈居劣勢。希臘已準備就緒，而土耳其則剛宣布總動員，到處可見：嫗嫗在支離破碎的道路上，趕著兩個輪子的牛車在運送彈藥。因此，當時土軍所能採取的戰略只有：儘量周旋、爭取時間的「持久抵抗」而已。

三、戰役的經過

希臘部隊於 1921 年 7 月 10 日，先向土軍左翼猛攻，土軍不支而退，希軍於 13 日佔領阿芙蓉。另一方面，希軍亦擊潰在庫塔希亞地區的土軍，而於 7 月 17 日至 20 日間，先後佔領該城和艾斯奇射爾。

7 月 21 日，土軍試圖反攻，但不利而退。凱末爾遂命西線司令伊諾努將軍撤退到沙卡利亞河 (Sakarya Nehri)❷ 東岸。至 7 月 26 日，土軍已完全撤至東岸整補。雙方以沙卡利亞河為界，對峙長達一個月。

希軍獲勝後，國王兼總司令君士坦丁趕至庫塔希亞視察，並在當地召開軍事會議，決議要強渡沙卡利亞河，揮師攻佔安卡拉，徹底摧毀土耳其的抵抗力量。

四、戰役失利的反應

土耳其部隊撤退到沙卡利亞河以東一事，舉國震驚。值此危急存亡之秋，有人要求凱末爾出來領導軍隊。凱末爾表示只有在「將國會的權力賜給他」的條件下，他才願意擔當總司令的任務。

此項建議導致一番爭論，但最後仍於 8 月 5 日通過一條法律，將國會的權力賜予凱末爾，並任他為總司令。根據這條法律，凱末爾的命令就等於法律。時凱末爾四十歲。

---

❷ 沙卡利亞河發源於阿芙蓉東北部的一個高原，流經安卡拉的西邊，注入黑海，全長 824 公里，是土耳其僅次於紅河 (Kızılırmak) 和幼發拉底河 (Fırat Nehri) 的第三長河流。

第四節　沙卡利亞戰役

一、戰役的經過

　　凱末爾就任總司令職以後，任命貝雷將軍為國防部長，恰克馬克將軍為兼代參謀總長。並於 1921 年 8 月 12 日，率同後者前往位於安卡拉西南方的波拉特勒 (Polatlı) 指揮部。當時土軍總兵力約六萬人。

　　時希臘國王君士坦丁一世亦在庫塔希亞的總司令部運籌帷幄，希臘總兵力約十二萬人。

　　希臘軍隊於 8 月 23 日，開始向沙卡利亞河東岸的土軍進攻。雙方在長達一百公里的戰線上經過無數次的激戰後，土軍漸感不

圖 38：恰克馬克　伊斯坦堡人。1898 年參謀大學畢業，官拜上尉。沙卡利亞大捷以後升為元帥。1944 年 1 月 12 日因年齡屆滿而退役，隨即加入尚在創組階段的「民主黨」。1946 年當選為國會議員。但旋因不滿該黨政策，而於翌年 7 月 12 日退黨。並於 1948 年 7 月 19 日和玻呂克巴射 (Osman Bölükbaşı) 另組「民族黨」。1950 年病逝。恰克馬克元帥學識淵博，為人謙和，深受土國軍民敬愛。

支，左翼退到安卡拉南邊五十公里處。在此千鈞一髮之際，凱末爾下令：「沒有防線，只有防面。所謂面，就是整個國家。任何一寸土地未經我同胞以熱血染紅之前，絕不輕言放棄。」土耳其人在此戰略指導下浴血激戰，最後終於大挫希軍銳勢。

9 月 10 日，土軍反攻。13 日，希軍不利，退回沙卡利亞河西岸，向艾斯奇射爾奔逃。是役希軍傷亡四萬人，土軍則約有兩萬六千人，雙方連續激戰長達二十二晝夜，是土耳其解放戰爭中，歷時最久的一場土希戰爭。土耳其人稱是役為「沙卡利亞大捷」(Sakarya Zaferi)。

凱末爾在這場戰役中墜馬，摔斷了幾根肋骨，有時不得不躺在擔架上指揮作戰。

二、戰役的影響

沙卡利亞大捷後，土耳其大國民議會於 1921 年 9 月 19 日贈凱末爾「加斯」(Gazi) 封號，並晉升他為「元帥」，以酬報其對國家民族的貢獻❸。

這場戰爭對希土雙方都有莫大的影響：希臘的攻擊受挫，侵佔土耳其領土的希望，日益渺茫；反之，土耳其驅逐外患的信心和力量，卻與時俱增。一消一長，主客完全易勢。

除此以外，沙卡利亞戰役對土耳其的外交關係也有重大的影響。因為諸如法國和俄國等列強，一直都對土耳其大國民議會政

❸　此即凱末爾之全名為「Gazi（意謂「對敵作戰有功者」）Mustafa（本名）Kemal（中學老師取的名字）Atatürk（1934 年取的姓氏）」的由來。

府採取觀望的態度，直到沙卡利亞戰爭以後，才決定加強他們與
土耳其大國民議會政府的關係。

㈠〈卡爾斯條約〉

　　根據土、俄雙方在 1921 年 3 月 16 日簽訂的〈莫斯科條約〉，
俄國要居間調停，促使土耳其和亞塞拜然、亞美尼亞以及喬治亞
等三個高加索共和國簽訂條約。但是俄國一直猶豫，直到土耳其
在沙卡利亞戰爭獲勝後，才於 1921 年 10 月 13 日，負起調停人的
責任，促使土耳其和上述三國簽訂了〈卡爾斯條約〉(Kars
Antlaşması)。至於其內容，則和土、俄之間的〈莫斯科條約〉非
常類似。

㈡土、法〈安卡拉條約〉

　　土耳其大國民議會政府和法國之間的關係始於 1920 年 5 月
間，當時法國曾向土耳其提出停戰二十天的要求。但自此以後未
再有更進一步的發展。

　　法國在安那托利亞所佔領的阿達納、馬拉施和加斯安鐵普等
地，都遭到土耳其人民的強烈反抗。法國亟欲和土耳其簽約，以
解決其在中東地區的頭痛問題。因此，法國早在 1921 年 6 月 9
日，就曾經派柏伊隆 (Franklin Bouillon) 部長到安卡拉，和土耳其
大國民議會政府開始談判。土耳其方面則由凱末爾本人親自主持。

　　當時會談進行十分坎坷，談判並無結果。待土耳其在沙卡利
亞戰役中獲勝，法國方對土耳其之實力予以肯定，而於 1921 年
10 月 20 日，和土耳其簽訂了〈安卡拉條約〉(Ankara
Antlaşması)。其主要內容如下：

1. 法國撤退其在小亞細亞南部的部隊。

2. 雙方承認以今日土耳其共和國的南部疆界，作為當時的國界線。但是哈泰省除外。

3. 哈泰省劃為特別行政區，佔多數的土耳其人在文化方面可享有自由。並以土耳其文作為官方語言。

4. 在敘利亞境內，蘇烈曼 (Süleyman Şah)❹ 陵墓的所在地加貝爾堡壘 (Caber Kalesi) 劃歸土耳其。土耳其政府可派衛兵看守，亦可在堡壘上懸掛土耳其國旗。

〈安卡拉條約〉之簽訂具有下列政治意義：

1. 法國既簽訂〈安卡拉條約〉，表示它已正式承認〈國民公約〉。

2. 土耳其的願望，至少已被一個西方國家所接受。原本一致對付土耳其的協約國，如今步調已不諧和。

3. 法國不但撤兵，而且將其武器彈藥和軍需品售予土耳其。土耳其的南線部隊不必再對付法國，可抽調增援西線，向希臘展開全面反攻。

---

❹ 蘇烈曼 (Süleyman Şah，?–1224 年) 是奧斯曼帝國創建者奧斯曼一世的祖父。當成吉思汗西征時，從中亞逃到小亞細亞。待成吉思汗死訊傳來，又想返回中亞，但在今敘利亞境內哈烈普附近的加貝爾堡壘附近橫渡幼發拉底河時墜馬溺死。

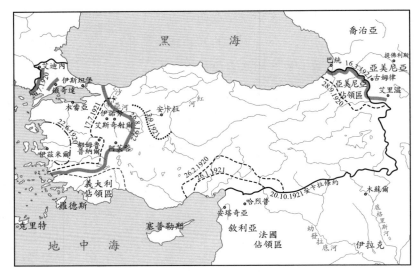

圖 39：解放戰爭各戰線示意圖

第五節　全面反攻與最後勝利

一、全面反攻前的國會

　　沙卡利亞戰役以後，土耳其積極準備全面反攻，希望一舉而將境內的敵人完全驅逐。這當然需要時間來準備，但時間愈久，國會中反對派的抨擊愈激烈。有些國會議員竟對土耳其部隊，甚至對凱末爾本人發生懷疑。

　　當初在沙卡利亞戰爭爆發以前所通過的「總司令法案」中規定：任期三個月，必要時得以延長。至 1922 年 5 月 6 日討論第三

次延長凱末爾的總司令職務時，竟遭到否決。國會中反對派勢力的猖獗，可見一斑。

幸好凱末爾在翌日親赴國會，一一答覆反對派人士所提出的質詢，並發表一篇剖析當時局勢，大軍不能沒有統帥的演說。國會再度表決，結果 11 票反對，15 票棄權，177 票贊成，又將總司令一職的期限延長一期。

二、全面反攻的經過與結果

沙卡利亞戰爭以後，希臘部隊轉攻為守，官兵身處異域，思念親友，而且又前途未卜，士氣非常低落。反之，土耳其卻動員全國所有的人力與資源，甚至還允許婦女志願從軍，這是回教國家前所未聞的創舉，積極準備驅逐入侵的希臘部隊。土耳其從東部和南部抽調大量兵力到西部，雖然當時上述地區沒有鐵路，交通不方便，但部隊卻行軍趕路，武器糧草也靠牲畜牛車等搬運。同時也歷盡千辛萬苦，躲過協約國的監視，從伊斯坦堡偷運彈藥武器到安那托利亞。

當時，土希兩軍在人數和步槍方面不相上下。但希軍在機關槍、飛機、大砲、運輸工具、彈藥和其他裝備方面，佔有相當大的優勢。而土耳其則在騎兵方面佔優勢。

凱末爾於 8 月 20 日從安卡拉潛抵西線指揮部的所在地阿克市 (Akşehir)❺，和參謀總長恰克馬克以及西線司令伊諾努等召開軍

---

❺　阿克市是孔亞省的一個縣城，位於阿克市湖的南邊。當年凱末爾在該

事會議後，決定在 8 月 26 日清晨發動攻擊，徹底殲滅希臘部隊。

　　時希臘總司令特里寇皮斯 (Trikopis) 將軍在遙遠的伊茲米爾，不知道也不相信土軍有能力大舉進攻。

　　8 月 26 日清晨五點半，土軍以猛烈的砲火開始進攻，希軍陣地逐一被摧毀。當天以及翌日，雙方短兵相接，希軍不支，節節敗退。28、29 兩日，土軍截斷希軍退往伊茲米爾的後路，五師希軍被圍在都姆魯普納爾地區。30 日，希軍慘敗，總司令特里寇皮斯亦被俘 ❻。

　　此役因為發生在都姆魯普納爾，故名之為「都姆魯普納爾戰役」(Dumlupınar Savaşı)，又因為是直接由總司令凱末爾指揮，所以亦稱之為「總司令大會戰」(Başkomutanlık Meydan Savaşı)。為了紀念此一光榮的勝利，土耳其政府後來又特訂 8 月 30 日為「勝利節」(Zafer Bayramı)。

　　1922 年 9 月 1 日，凱末爾為追剿向西逃竄的希軍殘部，而下達了歷史性的命令：「將士們！第一目標地中海 ❼，前進！」於是

───────────────

　　市政府大廈的辦公室現已改為博物館，門上寫道：「凱末爾在此決定全面反攻的日期 1922 年 8 月 26 日。」

❻　凱末爾待之以禮，握著特里寇皮斯的手，很有禮貌的說：「每一位指揮官都有可能被擊敗。」自此以後，這位希軍總司令在其有生之年，每逢 10 月 29 日土耳其國慶日那一天，一定會去土耳其駐雅典大使館，向凱末爾的肖像鞠躬致敬。在他心目中，凱末爾是一位既英勇善戰又寬懷大量的偉人。

❼　凱末爾所謂的「地中海」，是廣義的地中海，舉凡亞得里亞海、愛奧尼

土軍不理會途中零星的希臘部隊，迅速向伊茲米爾方向推進。

9 月 9 日，土軍攻進淪陷三年多的伊茲米爾，達到了第一目標地中海。翌日，凱末爾亦抵達該市。

伊茲米爾瀕臨愛琴海，風光明媚，景色宜人。凱末爾曾經在該市科爾敦濱海大道 (Kordonboyu) 上的 「卡拉美豪華酒店」 (Kramer Palas Oteli) 用餐， 品嚐辣克酒 (Rakı)❽ 。他坐在一張靠窗、可以欣賞海景的餐桌上，問侍者說：「君士坦丁國王也來此喝辣克酒嗎？」「沒有。將軍！」侍者答道。「可惜！」凱末爾說：「那他為何要佔領伊茲米爾呢？」這是一則土耳其人津津樂道的小故事，僅穿插於此，與大家分享。

同時，土軍亦在艾斯奇射爾擊潰希臘部隊，並於 9 月 12 日收復布爾薩❾。在木當亞俘獲一師希軍後，兵分兩路：一向東北，直指伊茲米特灣北邊的蓋布塞 (Gebze)，遙望伊斯坦堡；一向西南，光復巴勒凱希爾 (Balıkesir) 後，轉西逼向恰納克卡雷。至 9

亞海、愛琴海、甚或馬爾馬拉海等均包括在內。

❽　「辣克酒」是用葡萄、無花果或李子等糖分較高的水果，加上大茴香子釀成的一種烈酒。酒精濃度在 40–50 度之間。其酒原本無色，宛如清水。但是土耳其人習慣加冰塊或冰水喝，加了以後酒馬上就變成乳白色，俗稱「獅子奶」(Aslan Sütü)。對土耳其人而言，「辣克酒」就是他們的國酒，大家都喜歡喝，凱末爾亦不例外。

❾　1920 年 7 月 8 日希臘攻陷布爾薩時，土耳其國會曾經決議在議長席上覆蓋一塊黑布，直到光復該市時方將取下，後來那塊黑布果然在 1922 年 9 月 12 日被取下。

月 18 日，希軍已完全被逐出安那托利亞 ❿。

三、協約國建議停戰

　　當土耳其部隊分頭逼向伊斯坦堡和恰納克卡雷時，協約國大為緊張，要求土耳其部隊不要進入恰納克卡雷海峽的「中立地區」。此處所謂「中立地區」是指「海峽地區」，根據 1920 年簽訂的〈色佛爾條約〉，只有協約國可以在「海峽地區」駐軍或採取軍事行動。但凱末爾從未承認該條約，對土耳其而言，兩海峽在自己領土之內，何來「中立地區」？渡海追擊希臘部隊勢在必行，也就是一定要渡過海峽，收復被希臘人佔領的東色雷斯地區。

　　因此，協約國只好於 1922 年 9 月 25 日，透過法國代表柏伊隆提出照會，要求土耳其政府派代表參加和會，且在和會期間不進軍中立的海峽地區。同時並表示：土耳其若接受上述條件，則將促使希臘把包括艾迪內在內，直到馬里乍 (Meriç) 河左岸的東色雷斯歸還土耳其。

　　除此之外，協約國還建議在伊茲米特或木當亞召開會議，商討有關希臘的撤軍問題。

---

❿　希臘部隊完全被逐出安那托利亞以後，這些敗兵殘將為了尋找戰敗的代罪羔羊，遂於 9 月 24 日發動政變，結果國王君士坦丁一世被推翻，長子喬治二世 (II. George, 1922–1924、1935–1947 在位) 繼立，但實權仍操在革命分子維尼塞洛斯派的手中。

四、〈木當亞停戰協定〉

　　凱末爾曾經於 1921 年 6 月 9 日在安卡拉和柏伊隆談判有關法國佔領土耳其東南部等諸多問題，因為雙方各持己見，未獲肯定的結果。如今兩人又在伊茲米爾重逢，但是主客已經易勢，造化可真會作弄人。

　　四天以後，亦即在 9 月 29 日，凱末爾在協約國歸還東色雷斯的條件下，接受了協約國的建議，中止其對海峽地區的軍事行動，並決定參加停戰會議。至此，大事已經底定，凱末爾遂於是日離開伊茲米爾，並在 10 月 2 日抵達安卡拉。

　　停戰會議於 1922 年 10 月 3 日在馬爾馬拉海東南岸的木當亞召開。會址在一位名為岡亞諾夫 (Aleksandr Ganyanof) 的俄國富商家裡，與會者有英、法、義、土等國。土耳其代表是西線司令伊諾努將軍。希臘代表團雖亦抵達木當亞，但一直都在船上，並未上岸參加會議。

　　會議於 10 月 11 日閉幕，並簽訂〈木當亞停戰協定〉(Mudanya Mütarekesi)。其主要內容如下：

　　　1. 希臘在十五日內撤出包括艾迪內在內，直到馬里乍河左岸為止的東色雷斯地區。
　　　2. 希臘政府在希軍撤出東色雷斯以後的三十天內，將該區移交給土耳其政府。
　　　3. 協約國於停戰協定簽字以後，將伊斯坦堡和海峽地區移

　　交給土耳其大國民議會政府。但協約國部隊在不增加兵
力的條件下，仍可駐紮到簽訂和約為止。

　　與會各國代表在停戰協定上簽字以後，希臘代表指稱未獲授
權，不予簽署。但協約國代表同意由協約國政府將停戰協定轉告
希臘政府。

　　三天以後，希臘政府果然透過其駐巴黎代表，表示同意〈木
當亞停戰協定〉。後來並按照規定的日期，將東色雷斯歸還土耳其。

　　「戰爭已經結束」的佳音迅即傳開，舉國歡欣，自不在話下。
但是對凱末爾而言，這一切都已經成為過去，在他眼前還有其他
事情要做。他在伊茲米爾時就說過：「民族鬥爭的第一階段已經結
束，現在必須要展開第二階段。」

　　那就是：推翻帝制，建立共和國。

第十五章 | *Chapter 15*

〈洛桑條約〉與土耳其共和國的建立

第一節　推翻帝制，簽訂〈洛桑條約〉

一、協約國邀請土耳其參加洛桑和會

協約國和土耳其在 1922 年 10 月 11 日簽訂 〈木當亞停戰協定〉以後，又於 10 月 28 日邀請土耳其大國民議會政府在瑞士的洛桑 （Lausanne，土耳其文作 Lozan） 召開和會。但同時也邀請了奧斯曼政府，這表示協約國仍繼續承認奧斯曼政府。

在伊斯坦堡的鐵菲克政府接受了協約國的邀請，並先後拍電給凱末爾本人和大國民議會，要求派人到伊斯坦堡，共商參加和會的代表團事宜。

對效忠皇室的老臣鐵菲克而言，既然外患已除，而皇帝及其政府尚在，全土耳其人民和大國民議會的職責，當然就是擁護皇帝及其政府。然而凱末爾卻不以為然。帝國末葉皇室置國家於死

地之事，以及革命初期皇室煽動暴亂，極力挑撥的陰謀，都猶未忘懷。

　　對土耳其大國民議會政府而言，如今協約國既已在〈木當亞停戰協定〉中允諾將伊斯坦堡移交給自己，正式推翻那實質上已不存在的皇帝及其政府，豈不正是時候？何況如此一來，協約國就再也無法邀請奧斯曼政府參加和會了。

二、推翻帝制

　　推翻帝制的草案在國會中引起了激烈的爭辯，但在 1922 年 11 月 1 日表決時，卻一致通過。於是共立 36 君，享國六百二十三年的奧斯曼帝國正式被推翻，末帝梅荷美特六世只保有「哈里發」(Halife) 頭銜。

圖 40：末帝梅荷美特六世

　　廢除帝制的法案通過以後，鐵菲克親率全體閣員，向梅荷美特六世提出辭呈。伊斯坦堡政府旋由土耳其大國民議會政府接收。協約國再也無法邀請奧斯曼政府參加和會了。

　　11 月 17 日，梅荷美特六世潛離皇宮，向英政府請求庇護，並乘「馬來亞」(Malaya) 號軍艦，逃往馬爾他島。於是土耳其大國民議會在翌日廢除了梅荷美特六世的「哈里發」頭銜，另選出皇室中的阿布

都麥吉特二世（Abdülmecit，1868–1944 年）繼立為「哈里發」。

三、洛桑和會

洛桑和會於 1922 年 11 月 20 日在瑞士的洛桑召開。 土耳其代表團團長是外交部長伊諾努，其他與會國家有英國、法國、日本、義大利、希臘、羅馬尼亞、南斯拉夫等，討論海峽問題時俄國和保加利亞也參加。美國只派觀察員列席。

和會前後共開了八個月。過程激烈，爭執不已。在歷時兩個月的第一階段中，只解決了希臘和土耳其之邊界以及領土等問題。其他均未能達成協議，和會亦因此而於 1923 年 2 月 4 日暫時中斷。

四、簽訂〈洛桑條約〉

1923 年 4 月 23 日土耳其又應協約國之邀請， 在瑞士的洛桑再度參加和會。這次和會歷時三個月，解決了一切難題，並於 7 月 24 日簽訂了〈洛桑條約〉。其主要內容如下：

1. 疆界：
   (1)在色雷斯方面，按〈木當亞停戰協定〉之規定，土希兩國以馬里乍河為界。
   (2)將圭克切和波斯佳兩島嶼劃歸土耳其。希臘在愛琴海上保有的其他島嶼劃為非武裝區。
   (3)承認土耳其和法國在〈安卡拉條約〉中所劃定的土耳其－敘利亞疆界。

(4)土耳其和伊拉克之間的疆界，留待會後處理。

2. 土、希間的其他問題：

(1)在土耳其的希臘人和在希臘的土耳其人，可以彼此交換❶。

(2)希臘將位於馬里乍河西岸的卡拉阿阿赤 (Karaağaç) 割予土耳其，作為戰費賠償。

3. 海峽問題：

(1)將恰納克卡雷和伊斯坦堡海峽兩岸的狹長地帶劃為非武裝區。土耳其若參加戰爭，則可武裝之。

(2)組織「海峽管理委員會」，研究並管制有關外國軍艦在戰時與平時通過海峽的問題。

4. 治外法權：廢除治外法權。

5. 沿海航運：只准土耳其船舶從事土耳其的沿海航運。

6. 外債問題：土耳其和法國之間的外債問題，留待會後解決。

---

❶ 自從土耳其由強轉弱以後，土耳其的亂源之一就是境內的基督教徒問題，因為境內的基督教徒經常和信回教的土耳其人發生衝突，從而引起外國的干涉。為了釜底抽薪，永絕後患，土耳其和希臘於 1923 年 1 月 30 日簽訂人口交換條約，規定除了在伊斯坦堡的希臘人和在西色雷斯的土耳其人以外，在土耳其的希臘人和在希臘的土耳其人，都要彼此交換。結果，居住在小亞細亞的一百五十萬希臘人被遣返希臘，居住在希臘的五十萬土耳其人也被遣返土耳其。逼迫人民背井離鄉，確實有點殘忍不人道，但是為整個國家的長治久安著想，長痛不如短痛，交換人口之事雖歷盡千辛萬苦，至 1930 年方大功告成，確也徹底拆除了境內少數民族這一顆不定時炸彈。

7.伊斯坦堡的撤軍問題：協約國的軍隊將在土耳其大國民議
會批准和約的六個星期以後，撤離伊斯坦堡和海峽地區。

〈洛桑條約〉之簽訂終於使土耳其人獲得了完全的獨立自主。
從 1918 年的〈蒙德羅斯停戰協定〉，歷經 1920 年的〈色佛爾條
約〉，直到 1922 年的〈木當亞停戰協定〉，尤其是到 1923 年的
〈洛桑條約〉，我們可以清楚地看出：凱末爾堅忍不拔為國奮鬥的
精神，終於使土耳其從戰敗的廢墟中，抬頭挺胸邁向獨立自主的
康莊大道。

五、收復伊斯坦堡

土耳其大國民議會於 1923 年 8 月 23 日批准了〈洛桑條約〉。
協約國部隊也依約在六週之後分期撤軍，最後一批於 10 月 2 日，
在伊斯坦堡的多爾馬巴賀切皇宮，向土耳其國旗致敬後離去。四
天以後，土耳其軍隊在市民的淚眼歡呼中進入伊斯坦堡。淪陷五
年的歷史名城，終於又回到土耳其的懷抱。

第二節 定都安卡拉，建立共和國，廢除「哈里發」

一、國會大選

1920 年 4 月 23 日成立的土耳其大國民議會，曾經決定在沒
有驅逐外患以前不解散。但至 1922 年 9 月 18 日，土軍將希臘部
隊完全驅逐出境以後，可謂已達到目標，似乎必須考慮國會改選

的問題。

　　基於上述原因，國會為更換新血輪，而於 1923 年 4 月 1 日決定舉行大選。結果凱末爾的「安那多魯與魯美利護權協會」所提名的候選人全部當選，組成了第二屆土耳其大國民議會，並於 8 月 11 日召開第一次會議，選凱末爾為國會議長。

二、定都安卡拉

　　自從第一次世界大戰結束以後，伊斯坦堡一直被協約國佔領，所以當時並未考慮到首都的問題。等到協約國軍隊依〈洛桑條約〉之規定，於 1923 年 10 月 2 日全部撤離伊斯坦堡以後，這個問題也就應時而生了：土耳其政府是否要定都伊斯坦堡？

　　當年奧斯曼帝國雄跨歐、亞、非三洲，盛極一時，以伊斯坦堡的地理位置而言，的確是個恰當的首都。但對新興的土耳其而言，在列強環伺，虎視眈眈之下，無論從軍事或政治方面觀之，還是定都於安那托利亞內陸為上策。

　　基於此，外交部長伊諾努在大國民議會中提出建議，經過一番激辯後，終於在 10 月 13 日，決定以安卡拉為新都。

三、建立共和國

　　1923 年 10 月 29 日晚上八點，第二屆土耳其大國民議會在「共和萬歲」聲中，宣布「土耳其共和國」成立，英文正式名稱是 Republic of Turkey，通稱 Turkey。土耳其文作 Türkiye Cumhuriyeti，可縮寫為 T.C.，通稱 Türkiye。八點四十五分，國會

一致推選安卡拉國會議員凱末
爾為總統。投票者 159 人，凱末
爾得 158 票，唯一棄權者是凱末
爾本人。此時，國會大廈又響起
「萬歲！凱末爾萬歲！」的歡呼
聲。時凱末爾四十二歲。

　　翌日，凱末爾任命伊諾努為
總理，負責組織共和政府。1920
年 5 月 4 日成立的「土耳其大國
民議會政府」隨之功成身退，走
入歷史。從此以後，伊諾努就成
為土耳其共和國的第二號人物。

圖 41：土耳其國父凱末爾

四、廢除「哈里發」

　　土耳其大國民議會既推翻帝制，卻又保留「哈里發」的作法，
原有「政教分離」之意。但後來又發現保留「哈里發」亦不恰當，
因為當時有人欲以「哈里發」來影響其他國家的回教徒。然而，
土耳其既不願他國干涉內政，而且亦正為本身的主權獨立而奮戰，
又豈能藉「哈里發」名義而去干涉他國內政？因此，在理論上，
保留「哈里發」是違背土耳其國策的。

　　另一方面，有一位出身於宗教學校的國會議員，亦提出「『哈
里發』屬於國會，國會亦屬於『哈里發』」似是而非的主張，欲將
國會解釋為哈里發的諮議機構。凡此種種，更加強凱末爾儘速廢

除「哈里發」的決心。

1924 年 3 月 1 日，凱末爾在國會中提到廢除「哈里發」的問題。兩天後，國會通過了廢除「哈里發」的提議，並於 3 月 4 日晚上通知哈里發，規定他本人以及其他皇族必須在翌日離開土耳其國境，阿布都麥吉特二世無可奈何，只好照辦。

第十六章 | *Chapter 16*

共和國初期的改革運動

　　本章所謂的「共和國初期」，設定於共和國成立（1923 年）至凱末爾逝世（1938 年）為止。在這一段時間所進行的「改革運動」，亦可稱之為「凱末爾的改革運動」。「改革運動」，自古以來，一直都在進行，而且永不停止。因此，本章也會提到「共和國初期」的各項改革進行到今天的情形。

第一節　宗教、法律、教育與文化方面的改革

一、政教分離：廢除「國教為回教」的憲法條文

　　1924 年 3 月 3 日廢除「哈里發」以後，土耳其就已邁向政教分離之途。

　　從另一方面而言，宗教人士之參與國政，亦是奧斯曼帝國積弱不振的原因之一。守舊派總以違反回教法規為由，反對新措施，阻礙國家的進步。但是要政教分離，也確實不簡單。土耳其直到

1928 年，亦即宣布共和五年以後，才正式在憲法中取消「國教為回教」的條文。

　　因此，按事實而言，今日土耳其人民雖仍有百分之九十九以上為回教徒，但它在法理上已經不是個回教國家了 ❶。

二、民法之制訂：以瑞士之民法為藍本

　　土耳其婦女在古代社會中原享有崇高的地位，但自從信奉回教以後，尤其是在奧斯曼帝國時期，婦女的地位卻一落千丈，終生居於家室，有如牢中的犯人。按回教法規定，一男可娶四妻，丈夫只要連續說三次「我不要你」，便可將太太休掉。婦女不得參與男人社團，在社會中亦無發言權。出門時必須將身體遮蓋至足踝，臉上也要戴黑色的面罩。在汽車和輪船上，婦女的座位也和男人分開。

　　1925 年，國會通過廢止一夫多妻制，以及女子戴面紗的陋習。在汽車或輪船上男女不須隔離，並規定女兒和兒子同樣都擁有遺產繼承權。婦女地位的提高，奠定了日後婦女取得參政權的基礎。

　　1926 年 2 月 17 日，土耳其大國民議會批准了以瑞士之民法為藍本而創制的民法，全國人民不分男女貧富，都擁有一律平等

---

❶　目前，土耳其並不像某些阿拉伯國家一樣的禁酒，只要在晚上十點鐘以前，距離學校和清真寺一百公尺以外的地方都可以買得到酒。在伊斯坦堡和安卡拉等大都市的超級市場裡面甚至還可以買得到豬肉。

的地位。除民法外，同時也制定了刑法、民事和刑事法庭組織法、律師法等法律。

至 1930 年和 1934 年，又先後制定了婦女可為市長和國會議員的選舉人或被選舉人的法律。今日土耳其婦女已和男人享有完全一樣的權利。

以前土耳其人只有名字，並無姓氏。同名的人很多，容易混淆不清。因此亦有冠上父名用以區別者，如 Mehmet bin Ahmet，就是「Ahmet 的兒子 Mehmet」的意思，當然，「Mehmet 的兒子 Ahmet」，也可以叫做 "Ahmet bin Mehmet"，有時也令人弄不清兩者的關係。

為了西化，土耳其又於 1934 年，制訂「姓氏法」，規定每人都必須在兩年之內，為自己取一個姓氏，否則政府將代為取姓。同時也規定不得使用「將軍之子」、「酋長之子」或「諸侯之子」等和舊體制有關聯的姓氏。很多人在情急之下，為自己取了諸如 Kırımlı（克里米亞人）、Uzun（高個子）或 Tuzcuoğlu（賣鹽者之子）等姓氏，來紀念自己的祖籍、先人的身材或職業。

正如一般土耳其人，當年凱末爾亦無姓氏，他也要依法為自己取一個姓氏。根據 1934 年 11 月 24 日制訂的「頒贈凱末爾總統姓氏法」，凱末爾的姓氏是意謂「土耳其人之父」的「阿塔土爾克」(Atatürk)。

三、服飾改革：全國男人都必須戴帽子

土耳其人信回教以後，亦和阿拉伯人一樣習於用布條把頭纏

起來，奧斯曼帝國的皇帝馬木德二世為了推行西化，曾於 1829 年
3 月下令改革服飾，規定政府官員要戴費士帽。

　　在共和國初期，雖然有些人戴費士帽，但一般人都認為西方
人所戴的帽子是基督教徒的頭飾，向來不願戴它。至於婦女則大
多穿著形式不一的包頭罩身長袍，若非包頭者，則上戴頭巾，臉
覆面罩。

　　1925 年 11 月 25 日土耳其制定「帽子法案」，規定全國男人
都必須戴帽子，女人則不得戴面罩或穿包頭罩身的長袍。接著又
於 12 月 25 日立法禁止戴費士帽。

　　服飾改革的重要性不限於表面的革新，而是注重觀念和信仰
的改革。當年要保守甚或無知的土耳其回教人民去戴西式的帽子，

圖 42：凱末爾（右手撫胸者）在 1925 年推動「帽子法案」
時說：「帽子是文明的頭飾，戴帽子有益健康。」

就等於是要他們去改信基督教一樣的困難。

四、封閉修道院和陵寢：只准其中少數闢為紀念館

以前修道院是一種和文化或社會福利有關的宗教組織，但後來則變了質。被稱為苦行僧 (Derviş)——其中資深者被稱為「射耶荷」(Şeyh)——的宗教人士主持修道院。他們本身除祈禱誦經外，對社會文明一無所知，當然也向無知的教徒灌輸空洞的信念，諸如吹氣可療傷治病，在修道院或陵寢宰牲祭祀，點燭許願，可免除災難等等。一如中世紀的基督教會，修道院亦藉機向無知的教徒斂財，自己不從事生產，卻過著無憂無慮的生活。

1925 年 11 月 30 日，土耳其封閉了修道院和陵寢。目前只有梅荷美特二世、栖林一世、蘇烈曼一世和麥夫拉納 (Mevlana Celâlettin Rumi，1207–1273 年) 等帝王偉人的陵寢，闢為紀念館或博物館，供人參觀憑弔。

回教，或曰「伊斯蘭教」，傳入土耳其千餘年，深植各階層人士的內心深處，凱末爾竟能在一夕之間徹底封閉修道院和陵寢，可以說是無與倫比的大成功。

但是，回教習俗並未因此而銷聲匿跡，目前反而有日益興盛的跡象，清真寺林立，就是一個明顯的例證。目前在土耳其的九個國定假日中，有兩個和回教有關的節日：一是回曆九月（齋月）之後的「開齋節」(Ramazan Bayramı，亦作「糖節」"Şeker Bayramı") 放三天假；二是在「開齋節」七十天以後的「宰牲節」(Kurban Bayramı，華人亦作「忠孝節」，或音譯為「古爾邦節」)

放四天假。除了 10 月 29 日國慶日，從前一天下午就開始放假以外，其他節日都只放一天假。但是這兩個宗教性的節日，卻各放三、四天假，大事慶祝。由此可見，時至今日，土耳其人仍然深受回曆、齋戒、開齋、宰牲等回教習俗的影響。

五、日曆、時間、數字與假日的改革：星期五不放假

622 年，穆罕默德從麥加遷往麥地那，是為回曆紀元之始。西方則以耶穌誕生之年算起，是為西曆、公元或西元。一如其他回教國家，土耳其至共和國成立時，仍以回曆為準。回教人每週五到清真寺禱告，基督教徒則每星期日到教堂禮拜，週五和星期日分別是回教徒和基督教徒的假日。

至於時間方面，土耳其人是以日落為十二點，日常工作休息的時間均以此為準。土耳其人用印度數目字，這一點也和西方不同。

1925 年 12 月 26 日，土耳其廢除了回曆，改用西曆，以回曆 1341 年為西元 1926 年。廢除了以日落為十二點的計時方法，採用每天有二十四小時，中午為十二點的計時方法；廢除了印度數目字，改用國際通用的數目字。同時也將每週的假日，由星期五改為星期日。

六、教育制度的改革：廢除「宗教學校」

在「維新時期」以前，奧斯曼帝國的教育機構是「宗教學校」。「宗教學校」裡除了教授和回教有關的知識以外，還教授阿拉伯文、波斯文、文學、歷史、數學、化學和天文學等課程。當

時確也造就了不少人才。但後來由於制度敗壞，「宗教學校」竟成為守舊、迷信、妨礙進步的場所。至十八世紀時，因為在軍事方面模仿西方，始有歐式的砲兵、工兵和工程學校出現。

在「維新時期」，開始創設了初級中學 (Rüştiye = Orta okul) 和高級中學（İdadi 或 Sultani = Lise）等歐式中學。但老式的宗教學校並未被革除，當時在中學裡仍要教授阿拉伯文、波斯文和宗教課程。

除上述五花八門的學校以外，境內少數民族和外國人亦各設有學校。少數民族所創辦的學校不受政府節制，外國人設立的學校則又在土耳其教授他們本國的歷史文化，奧斯曼帝國的教育毫無組織與效率可言。

土耳其一直至 1924 年 3 月 3 日方立法廢除「宗教學校」，並將教育體制統一劃歸教育部管轄。

七、各級學校的發展情形：目標是一個鄉村一間學校

共和國剛成立時，土耳其的文盲比率相當高，約佔全國總人口的 90%。大多數鄉村都沒有學校，當時努力的目標是從每一個鄉村擁有一名小學教員，到擁有一間學校。

在中等教育方面，除極力發展一般中學以外，還發展職業學校、女子家事學校、夜間職業學校和商業學校等。

大學教育方面，在 1933 年，將奧斯曼帝國遺留下來的舊式「伊斯坦堡大學」 (İstanbul Darülfünunu) 改制成為新式的大學 (Üniversite)。1935 年，凱末爾又在安卡拉設立「文史地學院」

(Dil Tarih ve Coğrafya Fakültesi)，後來逐漸擴充，至 1946 年又和其他學院綜合成今日的「安卡拉大學」(Ankara Universitesi)。因此，安卡拉大學自認為該校的創辦者就是凱末爾❷。

八、字母改革：改用拉丁字母

土耳其人最早使用的文字是突厥字母，後來他們又使用回紇人所創的維吾爾字母，直到第十四世紀，方完全使用阿拉伯字母。

阿拉伯字母有 28 個，有些寫法相似，有些在字首、字腰和字尾的位置寫法不一樣，本來就容易混淆，不好學習。凱末爾領導革命時，土耳其人所使用的「奧斯曼土耳其文」(Osmanlı Türkçesi = Osmanlıca)，是一種用修改過的 34 個阿拉伯字母書寫；由土耳其、波斯（伊朗）和阿拉伯三種單字和語法組成的語文，當然難學難懂，有識之士早就有意改革，但都未能成功。

凱末爾於 1928 年開始組織「語言委員會」，研擬採用拉丁字母問題，在伊斯坦堡多爾馬巴賀切皇宮內，連續不斷研究八個多月以後，終於在 1928 年 8 月 9 日星期四晚上，由凱末爾親自宣布研究成功，並於同年 11 月 1 日在國會立法採用新字母。

政府各級單位的官方文書必須在 1929 年 1 月 1 日起，開始用拉丁化的新土耳其字母書寫，書籍也必須自該日起用新字母印

❷　土耳其的教育制度與我國相似，但有兩點不同：一是十二年的義務教育中，小學、國中和高中都各有四年；二是中學的外語課程規定英文為必修課，法文和德文甚或其他語文為選修課。至於學費方面，私立學校貴得驚人，公立學校則除了些許保險費以外，可以說是完全免費。

刷。但是各種會議記錄則可以延
至 6 月初才使用，因為記錄員尚
未能熟練的使用新字母，這也是
改革運動中溫馨感人的一面。

　　廢除阿拉伯字母，改用拉丁
字母一事，對土耳其人而言，也
是一項擺脫東方文化，吸收西方
文明的另一重大改革。凱末爾本
人非常重視此事，在他到各地巡
視的時候，還親自站在黑板下教
新土耳其字母，因此老百姓都稱

圖 43：凱末爾親自教授拉丁字母

他為「校長」(Başöğretmen)。

九、歷史、語文方面：學校開土耳其歷史課

　　以前在宗教學校裡只教授「回教史」，並無「土耳其歷史」這
一門功課。在「維新時期」新設立的學校裡，除「回教史」外，
也開始教授「奧斯曼歷史」，直到共和國成立時，亦復如是。換言
之，在凱末爾之前那個時代，根本就沒有「土耳其歷史」，如果硬
要說有，亦只不過是「奧斯曼歷史」而已。

　　因此，凱末爾於 1931 年 4 月創設「土耳其歷史協會」(Türk
Tarih Kurumu)，從事整理土耳其歷史的工作。然後又於 1932 年 7
月成立了「土耳其語文協會」(Türk Dil Kurumu)，儘量排除阿拉
伯文和波斯文，並從古籍中找出舊有的土耳其文，使土耳其文純

淨化。

　1938 年 9 月，凱末爾在臨終前兩個月，於遺囑中規定，將他遺產中一部分的銀行利息，平均分贈給上述兩個協會。世界上如此慷慨、如此重視本國歷史和語文的領袖，實在不多❸。

十、衛生保健方面：成立「紅月協會」(Kızılay Kurumu)

　土耳其歷經巴爾幹戰爭 （1912–1913 年）、第一次世界大戰（1914–1918 年）和解放戰爭（1919–1923 年），人口傷亡慘重，數目銳減。待共和國成立後，才有餘力注意保健工作，針對瘧疾、肺結核、梅毒與砂眼等各種疾病，在各省設立診所和醫院。

　在凱末爾的指示下，政府迅速成立「兒童保護協會」(Çocuk Esirgeme Kurumu)，救助乏人照顧的孤兒。成立「樂於助人協會」(Yardımsevenler Derneği)，救濟貧戶。制定法律，使軍公教人員在退休、罹病、生產和失業方面能獲得保障。

　同時，也成立「紅月協會」，從事水患、火災和地震等各方面的救助工作。該協會源自奧斯曼帝國時代成立於 1868 年的「奧斯曼協助傷患軍人協會」 (Osmanlı yaralı ve hasta askerlere yardım cemiyeti)。1947 年時，方又改稱為「土耳其紅月協會」(Türkiye Kızılay Kurumu)❹。

---

❸　為了因應時代的需求，土耳其政府又於 1983 年 8 月，將上述兩個單位合併成 「土耳其共和國總理府凱末爾文化、 語文與歷史高等協會」(T.C. Başbakanlık Atatürk Kültür, Dil ve Tarih Yüksek Kurumu)，從而提高其位階並加強其功能。

第二節　經濟、農牧、工商與交通方面的改革

一、經濟方面的發展：深受「經濟大蕭條」之害

十六、七世紀時，土耳其的工業原本相當進步，可以自給自足。當時的歐亞貿易路線途經奧斯曼帝國，帝國稅收頗豐，經濟亦相當繁榮。

十八、十九世紀時，歐洲在工業方面有長足的進步，但土耳其則開始沒落。帝國衰微時期被迫簽訂的〈治外法權協定〉(Kapitülasyon)，使土耳其變成外人傾銷產品的市場。土耳其的民族工業頻遭打擊，經濟從此一蹶不振。

1923 年 2 月 17 日到 3 月 4 日，土耳其政府在伊茲米爾首度召開「經濟會議」，大會主席是卡拉貝克爾，凱末爾在致詞中說：「無論在政治和軍事方面獲得多大的勝利，如不再冠以經濟方面的勝利，則前兩項的戰果終將曇花一現，瞬間消逝。」由此可見，凱末爾亦非常注重土耳其的經濟發展。

凱末爾所創建的「共和人民黨」，在經濟方面本來就提倡「國營主義」，在 1930 年以後，因為受到 1929 年「經濟大蕭條」

❹　土耳其的「紅月協會」，其實就是我們的「紅十字會」。因為「十」字象徵基督教，尤其是十字軍東征，攻打的就是土耳其和回教世界，所以土耳其人不願意用「紅十字會」這個名稱。

（Great Depression，1929–1933 年）的影響，遂更積極地推動「國營主義」。雖然如此，共和國初期的經濟發展，仍然深受「經濟大蕭條」之害。

二、農牧方面的發展：一直都很發達

　　共和國時期對農業相當重視，舉凡灌溉、防洪等措施都儘速推動。積極推展「農業銀行」(Ziraat Bankası) 的業務，長期低利貸款給農民。而且還在 1925 年，廢除了奧斯曼帝國時代向農民徵收的「什一稅」(Aşar)，改以較公平的稅制徵稅。制定「土地法」，放領公地給農民，使耕者有其田，增加收入。

　　土耳其位於中東地區，但是境內並無沙漠，氣候方面大多屬於地中海型氣候以及溫帶大陸性氣候。首都安卡拉在北緯 40 度，大約和日本的「本州」、南北韓的「國界線」、中國的「北京」在同一緯度，植物品種和上述地區類似，盛產小麥、大麥和玉米等農產品，棉花、菸草和茶葉等經濟作物，以及蘋果、桃子、櫻桃、葡萄和梨子等水果。

　　土耳其也出產稻米，但土耳其人不吃「白飯」。他們用米加上奶油、鹽、松子或其他食材，做成各種不同的「米飯」(Pilav)，算是一道「菜」。土耳其人吃飯不用筷子，用刀叉，主食是麵包，因此，看到土耳其人一口麵包，一口「米飯」的吃飯時（餐桌上當然還有其他菜餚），切莫大驚小怪。

　　至於畜牧業，土國一直都很發達，盛產牛、羊、馬、驢和騾等牲畜。但全國牲畜總頭數卻有減少的趨勢。農牧業之發展，似

乎不如工商業快速。

三、工商業方面的發展：破除土耳其人不善經商的觀念

　　共和國成立以後，政府廣為宣傳，破除土耳其人不善經商的觀念，極力推展商業。普遍設立銀行，辦理貸款和匯兌等事宜。其中以 1924 年 8 月 26 日成立的「實業銀行」(İş Bankası) 規模最大。

　　至於在工業方面，凱末爾亦積極輔導推廣。舉凡新建立的工廠、新通車的鐵路、新開採的礦場和新設立的發電廠等等，他都會親臨現場，主持必要的儀式。

　　1929 年世界經濟大蕭條時，土耳其本身既無工業基礎，又缺乏外匯進口必需品，國內經濟益形困難，俄國乃趁機向土耳其示好，投資貸款，協助建立紡織廠、糖廠和兵工廠等。土耳其至 1933 年方逐漸擺脫經濟大蕭條陰影，日益好轉。

　　近年來，土耳其在輕、重工業方面都有長足的進步，尤其食品、菸、酒、紡織與成衣、皮革及其成品、珠寶設計，以及化學、汽車、電子和鋼鐵等工業，在對外貿易中都有驚人的表現。

四、礦產方面的發展：成立「礦產研究探勘所」

　　共和國成立初期，由於歷經戰亂，田園荒蕪，礦業廢棄，政府遂成立「礦產研究探勘所」(Maden Tetkik Arama Enstitüsü)，從事調查研究工作。並設立「希泰銀行」(Etibank)❺，提供業者資

---

❺　土耳其文的 Eti，又作 Hitit，英文作 Hittite，中文習於按英文譯為「希

金,積極生產煤炭、褐炭、焦炭、銻、鉻、鐵、銅、水銀和硼砂
等主要礦產。

1926 年,土耳其和英國在安卡拉談判,雖然據理力爭,無奈
受到國際大環境的影響,最後終於將盛產石油的木蘇爾劃歸伊拉
克。自此以後,土耳其更加重視石油的探採。

土耳其第一條油管從巴特曼 (Batman) 到瀕臨伊斯堪得倫
(İskenderun) 灣的堆爾特尤 (Dörtyol),於 1966 年鋪設完工。土耳
其和伊拉克之間的油管亦於 1977 年啟用。最令土耳其人津津樂道
的 「B-T-C 輸油管」, 亦即從石油盛產地亞塞拜然首都巴庫
(Bakü),經過喬治亞首都提弗利斯 (Tiflis),抵達土耳其地中海岸
的傑伊杭 (Ceyhan) 輸油管,2005 年啟用以後,不但舒緩了土耳其
的石油問題,其他諸如政治、外交、經濟甚至於國防等邊際效益,
絕非三言兩語可以道盡。

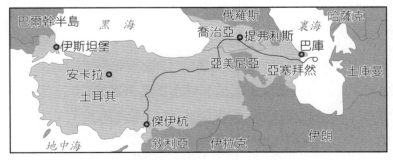

圖 44:B-T-C 輸油管示意圖

泰」。是西元前 1900–1200 年間立國於小亞細亞和敘利亞一帶的一個古老
民族。Bank 語出德文,和源於義大利文的 Banka,都是「銀行」之意。

五、交通方面的發展：突飛猛進

陸運方面，除由政府收購外國公司的鐵路以外，亦自行修築新鐵路和公路。但發展的重點在公路，而非在鐵路。

土耳其海岸線長 8,333 公里。海運方面，共和國成立以來，除積極興建松古達克、薩姆森、特拉布松、伊茲米爾、美爾欣和伊斯堪得倫等海港以外，亦致力於發展造船業。

空運方面，在 1924 年，興建有伊斯坦堡的「耶希魁 (Yeşilköy) 機場」（因其所在地而得名。1980 年改稱為 "İstanbul Atatürk Havalimanı"「伊斯坦堡阿塔土爾克機場」。按：阿塔土爾克就是土耳其國父凱末爾），以及在安卡拉的艾鮮柏阿 (Esenboğa) 等機場。

在雙方熱心人士的期盼下，土耳其航空公司 （Turkish Airlines，土耳其文作 Türk Hava Yolları，縮寫為 THY） 終於在 2015 年 3 月 31 日直航桃園與伊斯坦堡之間，此乃有史以來第一次，值得大書特書。

另一方面，在 2010 年，「伊斯坦堡阿塔土爾克機場」的旅客流量已經是歐洲第八大。但是土耳其政府並未滿足，仍在伊斯坦堡歐洲岸的 Arnavutköy 積極籌建新的「伊斯坦堡機場」(İstanbul Havalimanı)，並於 2018 年 10 月 29 日國慶日正式啟用。該機場全部完工以後，將擁有六條飛機跑道，以及佔地 76,5 平方公里的航廈，每年可供一億五千萬名旅客進出。堪稱世界最大飛機場之一。

在交通方面，最令土耳其人感到驕傲的就是橫跨歐亞兩洲、

穿越海底隧道的「馬爾馬拉伊」(Marmaray) 鐵路。其名稱是由
Marmara（指「馬爾馬拉」海）和 Ray（鐵軌）兩字組成。全長
13.6 公里，是全世界最深的沉管式隧道。早在 2004 年就從海底開
始動工，歷經九年方重見天日，順利完工，並於 2013 年 10 月 29
日國慶日通車。原本只有五個車站，向兩端延伸連接以後，目前
共有四十三個車站。

　　土耳其人以前搭乘渡輪，在海上來往於歐亞兩岸，後來於
1973、1988 和 2016 年興建三座跨海大橋，分別是「海峽大橋」
(Boğaziçi Köprüsü)、「征服者梅荷美特蘇丹大橋」 (Fatih Sultan
Mehmet Köprüsü) 以及「第三跨海大橋」(Üçüncü Boğaz Köprüsü)，
可從橋上開車橫越伊斯坦堡海峽，如今又可以從海底隧道坐火車
鑽過海峽，大大的縮短了兩大洲的距離。土耳其在交通方面的突
飛猛進，確實令人敬佩。

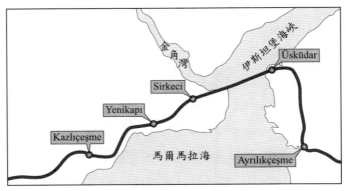

圖 45：橫跨歐亞兩洲的「馬爾馬拉伊」鐵路示意圖

第十七章 | *Chapter 17*

共和國時期的政黨政治
與土耳其現況

第一節　政黨政治：邁向民主的康莊大道

一、政黨政治的萌芽

在奧斯曼帝國的維新時期，有一些愛國志士為反對帝王的專制統治，於 1859 年首度秘密組織了「奉獻黨」(Fedailer Cemiyeti)。但該黨黨員尚未活動，就被捕下獄。這可說是土耳其政黨政治的「萌芽」。

後來，在「第一次君主立憲和專制時期」，歐洲人稱為「新奧斯曼人」的一群知識分子，又成立了「新奧斯曼黨」，這可說是土耳其政黨政治的「濫觴」。該黨曾經促使阿布都哈密德二世宣布君主立憲。但未及一年，該黨黨員又逐一被阿布都哈密德二世搜捕殘害。

阿布都哈密德二世的專制極權，促使知識分子又展開秘密活動，並於 1889 年組織一個祕密的讀書會，後來在 1895 年改名為

「聯合進步黨」。該黨在「第二次君主立憲」時期執政。在短短的十年內，因為國內政治紛亂，對外又參加了土義、巴爾幹和第一次世界大戰，內憂外患接踵而至，立國六百餘年的奧斯曼帝國終於土崩瓦解。

　　1918 至 1923 年間，從苛刻的〈蒙德羅斯停戰協定〉，歷經艱苦的獨立戰爭，終於建立了嶄新的共和國。在這段時期，主要的政黨有「維新黨」(Teceddüt Fırkası)、「土耳其社會黨」(Türkiye Sosyalist Fırkası) 以及諸如「東方各省護權協會」等冠以不同地區名稱的各種協會。

　　自 1923 年開始的共和國初期，主要的政黨有「共和人民黨」(Cumhuriyet Halk Partisi = CHP)、「進步共和黨」 (Terakkiperver Cumhuriyet Partisi) 和「自由共和黨」(Serbest Cumhuriyet Partisi)。

㈠「共和人民黨」（1923 年）

　　一如前述，「東方各省護權協會」於 1919 年 3 月 10 日在埃勒族魯姆成立分會，該分會於 7 月 23 日至 8 月 7 日召開會議時，不但成立「代表委員會」，而且還推舉凱末爾為該委員會主席。後來凱末爾又在 9 月 4 日召開的「西瓦斯會議」中，將「東方各省護權協會」更名為「安那多魯與魯美利護權協會」。

　　在解放戰爭時期，國會中以「安那多魯與魯美利護權協會」選出的國會議員居多數，但後來由於意見分歧，在國會中竟分成派系，到洛桑和會時，這種現象更加嚴重。

　　因此，凱末爾在 1923 年 9 月 9 日組織了「人民黨」(Halk Partisi) 來代替「安那多魯與魯美利護權協會」，以便在國會裡擁

有一強大的黨團。

　　俟共和國成立後，又於 1924 年 11 月 10 日，在黨名之前加上「共和」(Cumhuriyet)，而成為「共和人民黨」。「共和人民黨」提倡共和主義 (Cumhuriyetçilik)、民族主義 (Milliyetçilik)、平等主義 (Halkçılık)、政教分離 (Laiklik)、改革主義 (İnkılapçılık) 和國家經營主義 (Devletçilik)。後來又宣佈「中間偏左」，強調「平等主義」。

　　「共和人民黨」於 1927 年 10 月 15 日召開第一次全國黨代表大會，但卻稱之為第二次全國黨代表大會。因為該黨追認 1919 年 9 月 4 日至 11 日召開的「西瓦斯會議」為第一次全國黨代表大會。

　　該黨主席凱末爾在會議期間間，發表了歷時六天的三十六小時演講。他在其歷史性的演講中，以其第一句話 「我在 （回曆 1335 年）1919 年 5 月 19 日抵達薩姆森」，開始闡釋自從簽訂〈蒙德羅斯停戰協定〉以來奧斯曼帝國的處境，獨立戰爭的坎坷，全民所遭受的痛苦以及獲得的最後勝利。這一篇演講，可做為歷史研究，亦可當文學欣賞。

　　「共和人民黨」在 1931 年 5 月 10 日召開的第三次全國黨員大會中，公開明確的將被稱為 「六個箭頭」 (Altı Ok) 的六大原則——共和主義、民族主義、平等主義、政教分離、改革主義和國家經營主義——列入黨綱。在 1937 年 2 月 5 日，甚至將此「六個箭頭」納入憲法。如此一來，日後無論那一個政黨執政，均須遵守憲法明訂的這六大基本國策，問題僅在實施時之輕重緩急而已❶。

---

❶　土耳其共和國成立於 1923 年，在此之前尚屬革命時期，曾於 1920 年

(二)「進步共和黨」（1924–1925 年）

共和國初期，卡拉貝克爾、哲別索伊、貝雷和艾伊美斯 (Cafer Tayyar Eğilmez) 等國會中的反對派人士，早於 1924 年 11 月 17 日即組成「進步共和黨」，凱末爾當年的革命同志，如今已非並肩作戰，而是面對面的決鬥了。一般都說：「該黨雖標榜民主，但亦表示尊重宗教信仰，極力討好虔誠又無知的回教徒，並誘使人民反對政府，終於引發了 1925 年 2 月 11 日東部地區在庫德族的沙伊德 (Şeyh Said) 酋長領導下的暴亂。」

但是亦有人說：「沙伊德之亂，是政府一連串的反回教改革政策所引起，是宗教性的叛亂，不是庫德族種族性的叛亂，更不是『進步共和黨』政治性的叛亂。剛萌芽的『進步共和黨』在偏遠的東部，連省黨部或縣黨部都尚未建立，怎麼可能深入民間，去煽動挑撥叛亂？欲加之罪，何患無詞？」

叛亂在極短時間內蔓延到十四個省份，土耳其政府雖然立即部分總動員，派兵平亂，但直到 1925 年 5 月 31 日，才宣佈亂事已弭平，解除部分總動員。並於 6 月 3 日依限制文字、言論，預防煽動的〈維護治安法〉解散了「進步共和黨」。

建立「土耳其大國民議會政府」，並於次年頒布第一部憲法，內容只有二十四條，頗有「臨時」或「應急」的意味。1924 年步入正軌以後方又頒布第二部憲法。在 1960 以及 1980 年的兩次軍事政變以後，各又頒布新憲法。在最新的 1982 年憲法中明言「土耳其共和國恪遵凱末爾的民族主義，是一個民主、政教分離的法制國家」等語。由此可見，凱末爾的「六個箭頭」至今仍以不同的詞彙融入憲法。

　　「進步共和黨」被解散後，黨員懷恨凱末爾，先後在安卡拉、伊斯坦堡和伊茲米爾三地陰謀刺殺凱末爾未果❷。

㈢「自由共和黨」（1930 年）

　　第一屆土耳其大國民議會在 1920 年召開，第二屆始於 1923 年，1927 年 6 月 25 日屆滿後，再改選的是為第三屆，至 1931 年 3 月 4 日，又決定要改選第四屆國會議員，其改選原因則和「自由共和黨」之活動有關。

　　「自由共和黨」成立於 1930 年 8 月，當時乃係凱末爾與「共和人民黨」的領導人物促成的，因此該黨原具有制衡的作用。創黨人士原都忠貞愛國，絕無利用宗教之心。但日後卻有一些不肖之徒，以宗教為工具，圖謀自己的政治利益，意欲恢復剛被廢除的宗教組織。

　　另外一種說法是，「自由共和黨」之成立純係凱末爾的個人想法和意願，由他授意所組成的，因此凱末爾當然想要控制這個「花瓶」或是「傀儡」。但是事與願違，結果並非如此。「自由共和黨」竟然普獲民心，和執政黨唱起反調，凱末爾當然大失所望，因此創黨者不得已在 1930 年 11 月 17 日宣布解散該黨。

---

❷　第一次因恐事機外洩，半途而廢。第二次則因凱末爾無暇趕往伊斯坦堡而未能得逞。第三次是因凱末爾在 1926 年 5 月 7 日要巡視安那托利亞各地，卡拉貝克爾等人遂籌劃要在伊茲米爾謀殺凱末爾。兇手準備得逞後乘汽船逃往希臘。後因汽船船長良心發現而告密，兇嫌遂於 6 月 16 日被一網打盡，繩之以法。

二、凱末爾逝世（1938 年）

凱末爾在 1937 年時就有肝病的跡象：流鼻血、全身發癢。剛開始是間隔性的，到後來演變成經常性的。但是當年醫學不發達，身邊的醫生沒有一個診斷出是肝臟出了問題。流鼻血就用棉花止血，發癢就抹止癢藥，因而耽誤了醫療。

1938 年 10 月，凱末爾一病不起，未能參加第十五週年國慶典禮。11 月 10 日星期四早上九點五分，病逝於伊斯坦堡的多爾馬巴賀切皇宮，享年五十七歲。19 日晚，以專用火車將其遺體送往安卡拉。21 日，舉行盛大典禮將遺體臨時安置在「安卡拉民族志博物館」(Ankara Etnografya Müzesi)❸。

凱末爾逝世的翌日，土耳其大國民議會選舉伊諾努為總統。伊諾努在 1923 年 10 月 30 日，亦即凱末爾當選為總統的翌日，就被任命為總理，除去短期的「暫離職務」以外，共執政幾長達十四年。如今，又在凱末爾逝世的翌日繼任為總統，由此可見兩人對土耳其共和國影響之大。

三、伊諾努繼任（1938–1950 年）

若欲瞭解土耳其共和國初期歷史，則須認識凱末爾與伊諾努兩位總統。凱末爾是國父，同時也是第一位總統。伊諾努是其繼

---

❸ 1953 年 11 月 10 日，亦即在凱末爾逝世十五週年紀念日，方將其遺體移至為他修畢的陵寢。

承人,為第二位總統。兩人都連
任四屆。

　　伊諾努在 1884 年 9 月 24
日生於伊茲米爾。 1906 年參謀
大學畢業,歷任各項軍職,參預
大小戰役,屢建軍功。 1921 年
元月初,擊潰艾特海姆叛軍,因
功晉升為准將。自此以後,人皆
稱他為 "İsmet Paşa"(伊斯美特
將軍)。繼之又在伊諾努擊潰希
臘部隊,因而升任西線總司令。

圖 46:土耳其第二位總統伊諾努

　　共和國成立次日,被凱末爾總統任為總理,受命組閣。1934
年頒布「姓氏法」時,取姓為「伊諾努」。任總理長達十四年,至
1937 年 7 月方離職。 伊諾努在解放戰爭中, 是凱末爾的親密戰
友,在總理任內,又是凱末爾的得力助手。凱末爾逝世翌日,伊
諾努隨即被選為總統。

　　伊諾努在第二次世界大戰期間,採取武裝中立政策,使土耳
其遠離戰火,生民免於塗炭。戰後一面加入聯合國,一面實施政
黨政治。1950 年 5 月 14 日大選結果,「民主黨」甚且執政。國會
選舉巴亞爾(Celâl Bayar,1883–1986 年,按:高壽一○三歲)❹
為總統, 伊諾努雖然淪為在野黨黨魁, 但是仍然活躍於政壇。

❹ 巴亞爾是土耳其共和國繼凱末爾和伊諾努之後的第三位總統。

1974 年 12 月 25 日病逝於安卡拉，葬在凱末爾陵寢內的一個角落。

四、土耳其的民主運動（1946–1960 年）

從 1930 年「自由共和黨」自行解散到 1945 年，「共和人民黨」一黨執政了十五年。在此之前，凱末爾曾於 1927 年被選為第二任總統。在 1931 年和 1935 年，又先後被選為第三和第四任總統。

在凱末爾的領導下，「共和人民黨」約略可分為兩大派別：一以伊諾努為首，另一以巴亞爾為首。凱末爾在臨終前曾任命巴亞爾為總理，迨凱末爾於 1938 年 11 月 10 日逝世以後，伊諾努被選為總統，巴亞爾仍留任總理至 1939 年 1 月 15 日。時巴亞爾原擬組織反對黨，後因第二次世界大戰爆發而作罷。戰後，巴亞爾方和克普呂律 (Fuat Köprülü)、寇拉爾堂 (Refik Koraltan) 和曼德雷斯（Adnan Menderes，1899–1961 年）等人於 1946 年 1 月 7 日組織「民主黨」(Demokrat Partisi = DP)。

1946 年時，土耳其政壇發生了兩個重大的變化：其一是該年 7 月 21 日的選舉，廢棄了「間接選舉」，改採「直接選舉」制度。其二是該年 1 月 7 日由巴亞爾和曼德雷斯等人新組成的 「民主黨」在這次選舉中獲得 65 席次，雖然「共和人民黨」在國會中仍佔絕大多數，但卻也出現了強大的在野黨，從而結束了一黨專政的時代。

「民主黨」雖然標榜民主和自由，但同時也致力於維護資產階級和地主的利益。

㈠「民主黨」執政（1950–1960 年）

　　土耳其雖未曾參加第二次世界大戰，但也遭到池魚之殃，戰時物價飛漲，民生困苦。戰後情況不但沒好轉，反而更加惡化。人民對「共和人民黨」失去了信心，因此在 1950 年 5 月 14 日的選舉中，「民主黨」大獲全勝，在 487 席位中獲得 396 席，執政二十七年的「共和人民黨」只贏取 69 席，在國會中反而變成了少數黨。

　　選民似乎忘了，因為「共和人民黨」致力於避免參戰，自己才得以保全性命，如今不感激自己能存活，卻一直在埋怨那段困苦的日子。選民的思想實在難以捉摸。

　　大選後，第九屆土耳其大國民議會選舉巴亞爾為總統，是為共和國第三位總統。曼德雷斯則被任為總理，受命組閣。

　　後來，「民主黨」在 1954 年和 1957 年的大選中亦皆獲勝，繼續執政，一直到 1960 年 5 月 27 日方被軍人推翻。

圖 47：中華民國行政院長俞鴻鈞（左）陪同來華訪問的土耳其總理曼德雷斯（右）檢閱三軍儀隊

(二)「5 月 27 日革命」(1960 年)

以前 「共和人民黨」 的經濟政策標榜 「國家經營主義」，而「民主黨」則主張「自由開放主義」。該黨執政以後，確也不負眾望，致力於各項建設，贏得國內外的讚揚。

但到後期，因為好高騖遠、未能按部就班的施政，而導致外貿出現赤字，土幣貶值，物價飛漲，人民生活困苦，怨聲載道。

「民主黨」在此情況下，雖遭反對黨和報章雜誌的抨擊，但未予重視。1960 年 4 月 28 和 29 兩日，伊斯坦堡和安卡拉兩大學的學生先後示威遊行，反對政府。政府宣布戒嚴，於是集會遊行的學生又和軍警發生衝突。

如此事態愈形嚴重，土耳其軍人被迫於 5 月 27 日推翻政府，拘捕總統巴亞爾和總理曼德雷斯，以及所有「民主黨」籍的部長和國會議員，並組織「最高法庭」(Yüksek Adalet Divanı)，審判上述嫌犯。是為 1960 年的「5 月 27 日革命」。

1961 年 9 月 11 日，「最高法庭」 在伊斯坦堡的亞瑟島 (Yassıada) 審查完畢，於 15 日判決所有嫌犯當中 133 名無罪，15 名死刑，31 名無期徒刑，408 名輕重不一的各種徒刑。其中總統巴亞爾、 國會議長寇拉爾堂、 總理曼德雷斯、 外交部長左爾魯 (Zorlu) 和財政部長波拉特康 (Polatkan) 等皆被判死刑。但 「國家統一委員會」 僅批准後三者的判決，將其他 12 名的死刑，減輕為無期徒刑。16 日，外交部長左爾魯和財政部長波拉特康被處死。總理曼德雷斯因服安眠藥企圖自殺，被救活後，於翌日方被處死。

五、國家統一委員會（1960–1961 年）

領導「5 月 27 日革命」的軍方領袖，成立了「國家統一委員會」(Milli Birlik Komitesi)，並推選古塞爾 (Cemal Gürsel) 上將為主席，除統率三軍外，還兼國家元首和臨時政府總理兩職。

臨時政府於 5 月 30 日首度召開內閣會議，各部部長均選自無黨派人士和「國家統一委員會」委員。同時並解散國會，終止政黨活動，草擬臨時憲法，修改選舉法。

臨時憲法仍以 1924 年的第二部憲法為藍本，但付予「國家統一委員會」制定法律和監督政府的權力。

「國家統一委員會」於 1961 年 1 月 6 日，設一「制憲議會」(Kurucu Meclisi)，負責草擬憲法和選舉法，俾便儘早還政於民。根據在 7 月 9 日公民表決通過的第三部憲法，土耳其國會分為「眾議院」(Millet Meclisi)、「共和參議院」(Cumhuriyet Senatosu) 以及由兩者聯合組成的「土耳其大國民議會」三部分。另外還設有「憲法法院」(Anayasa Mahkemesi)。

根據新憲法第 70 條規定，包括古塞爾主席在內，所有「國家統一委員會」委員，不限年齡，均為「當然參議員」(Tabii Senatör)。顧名思義，是終身職，不必競選，皆享有豁免權，其用意無非在保障參預革命者的生命安全。增設的「共和參議院」制度，歷時十九年，至 1980 年再度爆發革命時，連同其他單位一併被廢除。在 1982 年的第四部憲法中，則已不復見「共和參議院」條文，土耳其遂又恢復僅有「眾議院」的單一國會制度。

六、聯合政府（1961–1965 年）

1961 年 10 月 15 日全國舉行大選。結果，「共和人民黨」獲勝。

選舉後新組成的「土耳其大國民議會」於 1961 年 10 月 25 日在安卡拉召開，並以 607 票對 434 票，選舉「國家統一委員會」主席古塞爾為土耳其第四位總統。

古塞爾任命「共和人民黨」主席伊諾努為總理，但因該黨在國會中的席次並未超過半數，因此土耳其第一次出現了「聯合政府」。「共和人民黨」首先和「正義黨」(Adalet Partisi)，然後又和另外兩黨組成聯合政府，政局一直不甚穩定。雖然如此，「國家統一委員會」總算實現了在短期內還政於民的諾言。

後來，伊諾努又於 1963 年 12 月 25 日，以「共和人民黨」為班底，和無黨派人士組織聯合政府。翌年，此一聯合政府在審查預算時垮臺。1965 年 2 月 20 日，無黨派的于古普呂 (Suat Hayri Ürgüplü) 被任為總理，他和「共和人民黨」以外的其他黨派，又組織了第四個聯合政府。

七、「正義黨」執政（1965–1971 年）

從 1961 至 1965 年，四個聯合政府的政局都不甚穩定，導致社會不安，暴亂時起。1965 年舉行的選舉，「正義黨」大獲全勝，結果由該黨主席戴米瑞 (Süleyman Demirel) 單獨組閣，結束了聯合政府時代。同時也開啟了一段短暫的經濟繁榮時期。

另一方面，由於古塞爾被選為總統後不久即一病不起，土耳

其和美國的群醫都束手無策，因此又於 1966 年 3 月 28 日選舉退休的參謀總長蘇奈 (Cevdet Sunay) 中將為總統。是為土耳其第五位總統。

八、〈3 月 12 日備忘錄〉（1971 年）

1969 年，「正義黨」又在大選中獲勝，繼續執政。但是各政黨之間仍然明爭暗鬥，而且各政黨本身亦逐漸分裂。各黨派為了爭權奪利，甚至於在各大專院校設立青年組織，極左和極右派衝突不已，綁票搶劫等事件層出不窮。政府對此亂象一籌莫展，束手無策。

值此內戰危機日益嚴重之際，土耳其軍方為了確保國家安全與社會安定，又於 1971 年 3 月 12 日，發表〈3 月 12 日備忘錄〉(12 Mart Muhtırası)，指稱若政府無法控制局勢，軍方將出面干預。戴米瑞政府於是垮臺，改由退出「共和人民黨」的無黨派人士艾里姆（Nihat Erim，於 1980 年 7 月 20 日在住宅門前被左派革命好戰分子暗殺）組閣。

1973 年，蘇奈總統任滿離職。同年 4 月 6 日，海軍退役上將寇魯土爾克 (Fahri Korutürk) 參議員被選為土耳其第六位總統。

九、「9 月 12 日革命」（1980 年）

一如 1961 年，1971 年以後，歷經 1973 和 1977 年兩次大選，土耳其均無任何政黨可以單獨組閣。聯合政府大多短命夭折。恍似歷史重演，黨派鬥爭，社會不安，人民叫苦連天。

　　1980 年 9 月 12 日，土耳其軍人又發動革命，推翻政府，解散國會。參謀總長艾福倫 (Kenan Evren) 上將和陸、海、空以及憲兵總司令組織「國家安全委員會」，掌控全國，並於 9 月 20 日任命退役海軍上將烏魯蘇 (Bülent Ulusu) 組閣。「共和人民黨」主席艾西費特則於 10 月 30 日辭去該黨主席職務。

　　根據 1981 年 6 月通過的〈制憲議會法〉，制憲議會由諮詢議會和國家安全委員會組成。諮詢議會擬定的 1982 年憲法草案，送到國安會審查修正通過以後，於 1982 年 11 月 7 日交由人民複決，結果獲得 92% 多數通過。是為第四部憲法。

　　根據新憲法規定，國安會主席變成國家元首，擁有「總統」頭銜。換言之，參謀總長艾福倫上將除兼國安會主席以外，也是土耳其共和國的第七位總統。

十、歐薩爾成立「祖國黨」開始執政 (1983 年)

　　1983 年 4 月底開放黨禁，但須經國安會審查通過，方能組織政黨。5 月 17 日，退役上將蘇納普 (Turgut Sunalp) 首先組織了「民族主義民主黨」(Milliyetçi Demokrasi Partisi = MDP)。同月，歐薩爾成立「祖國黨」(Anavatan Partisi = ANAP)，曾在烏魯蘇任內當總理府參事的加爾普 (Necdet Calp) 也創設了「平等黨」(Halkçı Parti = HP)，政黨活動又趨熱烈。

　　同年 11 月 6 日舉行大選，只有上述三黨通過審查，可以參選。結果，承諾實施經濟改革，促使經濟自由化的「祖國黨」贏得 45% 的選票，受命組織政府。土耳其又邁向一黨執政的民主康

莊大道。而且由於舉辦此次大選和內政之正常化，使土耳其改善了和歐洲各國以及美國之間的關係。

第二節　土耳其現況：穩定政局拼經濟

一、歐薩爾再度執政（1987 年）

歐薩爾執政以後，土國政黨活動有增無減，1985 年 9 月 25 日，「平等黨」 和 「社會民主黨」 (Sosyal Demokrai Partisi = SODEP) 合併成為 「社會民主平等黨」 (Sosyal Demokart Halkçı Partisi = SHP)， 主席是古爾康 (Aydın Güven Gürkan)。 11 月 14 日，前 「共和人民黨」 主席艾西費特同意組織 「民主左派黨」 (Demokratik Sol Parti = DSP)，由其夫人拉荷桑 (Rahşan Ecevit) 女士擔任主席。

1986 年 9 月 6 日舉行公民投票，解除了政治禁令。一些重量級人物又重返政壇：艾西費特成為「民主左派黨」主席，戴米瑞擔任被認為是 「正義黨」 之化身 「正道黨」 (Doğru Yol Partisi = DYP) 的主席，吐凱施 (Alparslan Türkeş) 成為「民族主義勞動黨」 （Milliyetçi Çalışma Partisi = MÇP，1993 年 1 月 24 日更名為「民族主義行動黨」 "Milliyetçi Hareket Partisi" = MHP）的主席。艾爾巴康 (Necmettin Erbakan) 成為「福利黨」(Refah Partisi = RP) 的主席。

1987 年大選結果，「祖國黨」 再度獲勝，歐薩爾二度執政，其最大特色，在於一連串的經濟改革措施，加速經濟成長，解決

圖 48：（自左至右）歐薩爾、艾西費特與戴米瑞攝於 1987 年

了長期的外匯赤字問題。

　　1989 年 11 月，艾福倫總統任滿卸職，歐薩爾被國會選為土耳其第八位總統。 其總理及黨主席職務由阿克布魯特 (Yıldırım Akbulut) 繼任。

二、戴米瑞奉命組閣 （1991 年）

　　1991 年 10 月 20 日舉行大選，結果「正道黨」獲得 177 席，所佔席位最多，但未過半數，遂由其主席戴米瑞擔任總理，組織了「正道黨與社會民主平等黨」聯合政府。

　　1992 年 6 月 19 日，國會提案通過：在 1980 年 9 月 12 日軍人革命以後被禁止的政黨可以使用原來的名稱恢復活動。土耳其國父凱末爾所創建的「共和人民黨」遂得以在 1992 年 9 月 9 日復

出。屈指算來，該黨從 1981 至 1992 年，總共被禁止十一年。

在此之前，該黨黨員曾經於 1983 年分別創建「社會民主黨」和「平等黨」，參與政治活動。前者黨主席是土耳其第二位總統伊諾努之次子艾爾達 (Erdal İnönü)，因未能通過國安會的審查，而不能參加該年 11 月 6 日舉行的大選。

一如前述，該兩黨於 1985 年合併成為「社會民主平等黨」。後來又於 1995 年併入「共和人民黨」，終於完成「借屍還魂」之任務，功成身退，悄悄走入歷史。而「共和人民黨」則因此而得以恢復實力，再度活躍於政壇。

1993 年 4 月 17 日，第八位總統歐薩爾因心臟衰竭病逝，歐薩爾時代隨之結束。5 月 16 日戴米瑞被選為總統，是為第九位總統。其總理以及「正道黨」主席遺缺，由齊萊爾女士接任。土耳其遂出現第一位女總理，廣受世人欽羨。

1995 年 12 月舉行大選，結果由艾爾巴康領導的 「福利黨」得 158 席，由齊萊爾女士領導的「正道黨」得 132 席，由耶爾馬斯 (Mesut Yılmaz) 領導的「祖國黨」得 135 席。因為三黨不過半，遂由該三黨的黨主席先後組織聯合政府，從而由三位黨主席輪流擔任總理。

總統先指定「福利黨」主席艾爾巴康組閣，但因

圖 49：土耳其第一位女總理齊萊爾

未獲其他兩黨支持而失敗。

於是總統又指定「祖國黨」主席耶爾馬斯組閣，該黨和「正道黨」組織第 53 屆政府，但僅維持三個月就垮臺。於是乎，總統再度指定艾爾巴康組閣，這次他和「正道黨」組成聯合政府，並約定先由艾爾巴康擔任總理，兩年以後由齊萊爾接任，如此每隔兩年輪流一次。新政府於 1996 年 7 月 8 日正式成立。是為第 54 屆政府。惜未及一年，因政局紊亂而遭受軍方干預，遂於 1997 年 6 月 18 日向總統提出辭呈。

這次，總統又任命「祖國黨」主席耶爾馬斯組閣，他和「民主左派黨」以及「民主土耳其黨」(Demokrat Türkiye Partisi) 組織了第 55 屆政府。

三、艾西費特執政（1999 年）

1998 年 1 月 16 日，憲法法院判決「福利黨」已成為妨礙改革之根源，因此宣布關閉該黨。

同年 11 月， 由耶爾馬斯領導的聯合政府因土耳其商業銀行（Türkbank，或作 Türk Ticaret Bankası）招標案而倒閣。擔任副總理的艾西費特於 1999 年 1 月 17 日臨危受命，組織少數黨看守內閣，是為第 56 屆政府，負責看守到 4 月 18 日舉行大選產生新政府為止。

1999 年 4 月 18 日舉行大選，結果艾西費特領導的「民主左派黨」獲勝，由艾西費特擔任總理執政。但因未過半數，遂和「民族主義行動黨」以及「祖國黨」組織聯合政府。是共和國開國以

來第 57 屆政府。時為 1999 年 5 月 28 日。

四、金融動盪下土耳其的經濟展望（2001 年）

2000 年 5 月 16 日，戴米瑞總統七年任期屆滿，憲法法院首席法官希塞爾 (Ahmet Necdet Sezer) 被選為總統，是為第十位總統。

2001 年 2 月 19 日，土耳其總理艾西費特因在國安會議中，與希塞爾總統在一些原則問題上嚴重分歧，率領全體閣員中途退出會議，引起朝野和民眾的嚴重不安。

22 日，艾西費特召集政府官員，針對土耳其金融情勢，舉行長達十個小時的會談。會後宣布從當日起放棄土耳其貨幣里拉 (Türk Lirası = TL) 的固定匯率政策，實行隨市場需求變化的浮動匯率制。里拉匯率應聲下跌，貶值 36%。幾天後，跌至 1,200,000 里拉兌 1 美元，成為世界上最不值錢的貨幣❺。

歷經此一金融風暴，土耳其舉國上下最關心的就是經濟問題，經濟問題是危機也是轉機。

---

❺ 2003 年 12 月土耳其國會立法：「刪除土耳其里拉後面的六個零」。2005 年 1 月 1 日起，「新土耳其里拉」(Yeni Türk Lirası = YTL) 正式流通（原有的 TL 可用到年底），1 YTL = 1,000,000 TL，當時大約 1.2 YTL = 1 USD，一掃「世界上最不值錢之貨幣」的恥辱。2009 年 1 月又刪除「新」(Yeni) 字，恢復原來的「土耳其里拉」(TL) 字樣，2012 年 3 月 1 日又法定其「符號」為 "₺"。

五、「正義發展黨」從 2002 年執政至今

㈠副主席居爾出面組閣（2002 年）

危機就是轉機，艾西費特穩定金融危機以後，向國會建議在 2002 年 11 月 3 日提早舉行大選。結果，只有新成立的「正義發展黨」(Adalet ve Kalkınma Partisi = AKP)，以及在 1981 到 1992 年間被禁止活動的「共和人民黨」，分別得到 34.28% 和 19.39% 的選票得以進入國會，其他政黨則因未能超越 10% 的門檻，而被屏除在門外。「正義發展黨」因為在國會的 550 席中獲得 365 席，過半數，得以單獨組織政府，而「共和人民黨」則成為最大的反對黨。

選舉以後，「正義發展黨」的副主席居爾 (Abdullah Gül) 受命組閣，是為第 58 屆政府。至於該黨主席艾爾多安 (Recep Tayyip Erdoğan) 則因斯伊特 (Siirt) 案，遲至次年方才出面組閣。

居爾在 1991 年加入「福利黨」並當選國會議員，1993 年擔任該黨副主席，1995 年連任國會議員。1998 年「福利黨」被禁閉以後投入「美德黨」(Fazilet Partisi)，並於 1999 年當選國會議員。2001 年 6 月「美德黨」亦被禁閉，居爾遂於 8 月 14 日參預組織「正義發展黨」事宜，並擔任副主席。

㈡主席艾爾多安親自組閣（2003 年）

至於黨主席艾爾多安，1983 年加入「福利黨」，歷經各種選戰，勇往直前，終於在 1994 年當選為伊斯坦堡市長。1997 年，因為在土耳其東部斯伊特市發言偏激，被檢察官控訴「挑撥階級、種族以及宗教仇恨」，經法院判決拘禁十個月，服刑四個月以後出

獄。一如居爾，在「福利黨」被解散以後加入「美德黨」，「美德黨」亦被解散以後自組「正義發展黨」，並擔任主席。「正義發展黨」雖然在 2002 年的大選中獲勝，但因艾爾多安有案在身，先由居爾組閣，自己遲至 2003 年 3 月方才出面擔任總理，組織第 59屆政府。

　　艾爾多安執政以後，隨即禮聘居爾為副總理兼外交部長。新政府致力於加入「歐盟」事宜，和歐洲各國維繫良好的關係。但卻因為伊拉克戰爭，而被國會否決政府可以「准許外國部隊進入土耳其，以及土耳其派兵至其他國家」的權利。所幸由於施政妥當，經濟發展迅速，通貨膨脹銳減，尚能獲得一般社會大眾的支持。

㈢居爾榮登總統寶座（2007 年）

　　2007 年 5 月 16 日，希塞爾總統任期屆滿。同年 7 月 22 日舉行大選。

　　選舉結果，「正義發展黨」獲得 46.58%，「共和人民黨」獲得 20.88%，「民族主義行動黨」獲得 14.27% 選票，三個政黨均可以進入國會。無黨派亦擁有26 席。

　　2007 年 8 月 28 日，在艾爾多安政府中擔任外交部長的前總理居爾被選為共和國第十一

圖 50：土耳其第十一位總統居爾

位總統。翌日,艾爾多安向新總統呈遞內閣名單並獲批准,土耳其第 60 屆政府於是誕生焉。

　　土耳其是內閣制,總統是虛位元首,實權在總理手中。總統原本由國會選出,任期七年。但是在 2007 年 10 月 21 日修憲公投通過以後,改為由全國公民直接選舉,任期五年,連選得連任一次。

　　如此一來,對當年現任總統居爾而言,其任期是要按原來的規定為七年,至 2014 年 8 月 28 日屆滿?抑或是要按新規定減少為五年?從而衍生出的下一次總統選舉日期是七年以後,抑或是五年以後?一連串的問題,在政壇上引發諸多爭議。

　　2012 年 6 月 15 日,「憲法法院」判決:居爾總統之任期為七年,但若連選第二任,而且當選,亦只能擔任五年。

㈣艾爾多安再度執政(2011 年)

　　2009 年 3 月 28 日舉行的地方選舉,「正義發展黨」以 38.3% 的得票率,取得領先地位,「共和人民黨」 和 「民族主義行動黨」依然尾隨其後。

　　在 2011 年 6 月 12 日的大選中,「共和人民黨」 和 「民族主義行動黨」,分別以 135 席和 52 席,敬陪末座。「正義發展黨」

圖 51:土耳其現任總統(前任總理)艾爾多安

又得到 49.95% 的選票，在國會 550 席中獲得 327 席，再度取得單獨組閣的權利。由艾爾多安擔任總理，四位副總理以及二十一位部長組成的第 61 屆內閣，於同年 7 月 6 日開始執政。

光陰似箭，日月如梭。如今，艾爾多安已經執政十餘年，褒貶不一，自不在話下。在 2013 年時要改建伊斯坦堡的「蓋紀公園」(Gezi Park) 而引發全國性的示威抗議活動，隨後又有家族的貪污疑雲，看似風雨飄搖，卻是有驚無險，在 2014 年 3 月 30 日舉行的地方選舉中，「正義發展黨」的得票率高達 45.6%，再度獲勝，有如吃下一粒定心丸。

㈤艾爾多安當選為第十二位總統（2014 年 8 月 10 日）

居爾總統於 2014 年 8 月 28 日任滿七年離職前夕，土耳其緊鑼密鼓地籌備 8 月 10 日首度由全國公民直接票選總統的選務工作。

參選者有「人民民主黨」(Halkların Demokratik Partisi) 的德米爾塔石 (Selahattin Demirtaş)、「共和人民黨」和「民族主義行動黨」共同推出的伊賀桑歐魯 (Ekmeleddin İhsanoğlu) 以及「正義發展黨」的現任總理艾爾多安——並非居爾總統。

2014 年 8 月 10 日選舉結果，現任總理艾爾多安獲得 51.79% 的選票，順利當選為第十二位總統。伊賀桑歐魯和德米爾塔石的得票率分別為 38.44% 和 9.76%。

當選人艾爾多安已於 8 月 28 日宣誓就職，並任命達武特歐魯 (Ahmet Davutoğlu) 為新總理組織內閣，邁向另一個艾爾多安時代。

六、政變、從內閣制到總統制、地方選舉

㈠ 2016 年發生政變

　　2016 年 7 月 15 日深夜，有些民眾聽說在伊斯坦堡的兩座跨海大橋被憲兵封鎖。翌日，安卡拉居民目睹 F-16 軍機在上空飛翔並轟炸國會大廈，在其他城市亦發現坦克車和步兵在街頭活動，甚且發生零星戰鬥。原來軍中有一自稱「國家和平委員會」(Yurtta Sulh Konseyi) 的派系，已經發動所謂「國家和平行動」(Yurtta Sulh Harekatı) 的政變，企圖推翻土耳其政府。

　　政變發生時，總統艾爾多安正在地中海岸的觀光勝地馬爾馬里斯 (Marmaris) 渡假，聞訊立馬飛抵伊斯坦堡，當地的第一軍團司令敦達 (Ümit Dündar) 上將報告說，土耳其軍方不支持少數派系所發動的政變。艾爾多安親自坐鎮指揮，並利用手機，呼籲民眾走上街頭反抗政變，失去同袍和民眾支持的政變遂逐漸被弭平。

　　政變中，軍民死亡數百，傷者數千。事後被約談或拘禁者數萬。至於政變的主謀是誰？眾說紛紜，莫衷一是，土耳其政府則歸罪於客居美國的穆斯林精神領袖葛蘭 (Fethullah Gülen)。要求引渡，美國不允，於是又引發土美之間的不愉快。

㈡從內閣制到總統制

　　2017 年 1 月 21 日，土耳其大國民議會通過「修憲草案」，並隨即在 4 月 16 日舉行公民投票，結果有 51.4% 贊成，48.6% 反對，全案通過。於是乎，土耳其政府遂由內閣制改為總統制，任期五年。總理一職被廢除，閣員改由總統任命。總統既是國家元

首又是政府首腦，權力大增。

2018 年 6 月 24 日舉行新制總統選舉，艾爾多安又順利當選，成為土耳其有史以來因為沒有總理，而擁有實權的第一位總統。任滿以後如果能連任，則將當總統至 2028 年。

㈢地方選舉

土耳其在 2019 年 3 月 31 日舉行地方選舉，結果「正義發展黨」以 44.33% 的得票率，遙遙領先，「共和人民黨」得到 30.12%，甫於 2017 年成立的「好黨」(İyi Parti) 僅得 7.45%。「正義發展黨」成績優異，行情看好。

但是，艾爾多安卻將第一大城伊斯坦堡、第二大城安卡拉和第三大城伊茲米爾的市長寶座都拱手讓給「共和人民黨」。是美中不足？抑或是一種警訊？

更令人驚訝的是，在伊斯坦堡市長選舉中，因為當選的「共和人民黨」候選人伊馬歐魯 (Ekrem İmamoğlu) 的得票率是 48.80%，而落選的「正義發展黨」候選人耶爾德勒姆 (Binali Yıldırım) 的得票率是 48.55%，兩者相差只有 0.25%。因此，後者提出異議，土耳其最高選舉委員會 (YSK) 不但接受，而且於 5 月 6 日宣告選舉無效，並決定在 6 月 23 日再重新選舉。

6 月 23 日重新選舉結果，「共和人民黨」的伊馬歐魯真金不怕火煉，得票率為 54.03%，比上次還高，再度當選為伊斯坦堡市長。對手「正義發展黨」的耶爾德勒姆挑戰失敗，得票率為 45.09%，比上次還低。

第十八章 | *Chapter 18*

共和國時期的對外關係

第一節　〈洛桑條約〉以後的外交政策

　　土耳其共和國的國策就是凱末爾所揭櫫的「國內和平，世界和平」(Yurtta sulh, cihanda sulh)。易言之，土耳其要在自己的國境內安居樂業，對任何國家的領土均無野心，也不願干涉任何國家的內政。同時，土耳其也盼望他國能尊重土耳其的主權和獨立。簽訂〈洛桑條約〉以後的外交政策，就是本此執行的。當然，要執行此外交政策，完全要靠自己的力量和信心。

一、外國學校問題

　　根據〈洛桑條約〉，土耳其境內的外國學校必須遵守土耳其法律以及其他有關規章。因此土耳其政府擬定了一項管理辦法，規定外國學校的土耳其語文、歷史和地理課程，必須由土耳其籍老師執教；而且必須接受土耳其籍督學的監督。不遵守管理辦法的

外國學校將被關閉，只有遵守者才能繼續招生上課。

　　目前在臺灣也有一些外國學校，不知我們的管理辦法如何？

二、伊拉克邊境問題（1918–1926 年）

　　英國於簽訂〈蒙德羅斯停戰協定〉後不久，就派兵佔領了盛產石油的木蘇爾。當時土耳其大國民議會政府正致力於解放戰爭，無暇顧及於此。但到洛桑和會時，土耳其卻指陳木蘇爾位於〈國民公約〉所劃定的國界線之內，據理力爭，要求收回。英國則宣稱木蘇爾屬於伊拉克。雙方相持不下，因此伊拉克的邊界問題，只好留待日後處理。

　　1926 年，英國和土耳其又在安卡拉談判，最後終於在 6 月 5 日達成協議。其主要內容如下：一是劃定今日土耳其與伊拉克之間的國界線。依此，木蘇爾歸屬伊拉克。二是伊拉克同意將其石油稅收的 10% 付予土耳其，作為補償，有效期間為二十五年。

三、土、義〈中立互不侵犯條約〉（1928 年）

　　第一次世界大戰後，義大利的墨索里尼（Benito Mussolini，1883–1945 年）取得政權，力倡法西斯主義，圖謀擴張領土，拓展殖民地。自從 1911 年的土、義戰爭結束以後，義大利一直都佔有羅德斯島（至 1947 年方割予希臘）。歐洲的報紙偶爾報導稱，義大利已準備佔領羅德斯島附近的小亞細亞領土，或是義大利已和希臘聯盟，將有不利於土耳其之行動。義大利政府雖極力否認，但其與土耳其之間的關係仍然相當冷淡。

　　土耳其針對上述傳說，不斷採取必要的軍事措施。一方面由於土耳其的果斷作為，另一方面是義大利與南斯拉夫的交惡，迫使義大利不得不和土耳其修好。1928 年 5 月 30 日，土、義兩國簽訂了〈中立互不侵犯條約〉(Tarafsızlık ve Saldırsızlık Antlaşması)，規定締約國之一方不得從事不利於另一方之政治和經濟活動；締約國之一方遭受攻擊時，另一方必須保持中立。

四、參加巴爾幹聯盟（1934 年）

　　今天我們姑且不去評論「國際聯盟」（League of Nations，土耳其文作 Milletler Cemiyeti，1920–1946 年）之功效如何，對當年新成立的土耳其共和國而言，能於 1932 年 7 月 18 日獲准加入，確實是一項外交上的豐碩成果。反過來說，在此之前，土耳其自顧不暇，在國際間比較孤單，並不活躍。

　　1931 年，土耳其和希臘簽訂了友好條約。1933 年另兩個巴爾幹國家南斯拉夫和羅馬尼亞亦加入，演變成四角聯盟。1934 年 2 月 9 日，四國代表在希臘首都雅典召開會議，簽訂了〈巴爾幹條約〉(Balkan İttifakı)。巴爾幹聯盟於是誕生焉。

　　巴爾幹聯盟曾於 1936 至 1939 年分別在貝爾格勒、雅典、安卡拉和布加勒斯特 (Bükreş) 召開年會。但在 1940 年時，因德國侵略羅馬尼亞，原就流於形式的巴爾幹聯盟，遂告土崩瓦解。

五、〈蒙特勒條約〉（Montreux Antlaşması，1936 年）

　　根據 1923 年的〈洛桑條約〉，土耳其不得在海峽地區駐軍，

　　但是自 1933 年以後，歐洲各國因裁軍談判無效，而競相擴充軍備，土耳其亦深覺有確保海峽地區之安全的必要。逮義大利進攻衣索比亞，德國不顧〈凡爾賽條約〉之規定，進軍萊茵區，土耳其也開始採取行動。

　　土耳其照會簽訂〈洛桑條約〉的國家，要求商談海峽問題。除遭受經濟制裁的義大利以外，各國一致同意，並於 1936 年在瑞士的蒙特勒 (Montreux) 召開會議。7 月 20 日，英、法、日本、蘇聯和希臘等與會各國代表，簽訂〈蒙特勒條約〉，無條件承認土耳其對海峽地區的主權。

　　其主要內容如下：

1. 廢除根據〈洛桑條約〉而組成的「海峽管理委員會」，將其職權移交予土耳其。
2. 同意土耳其在〈洛桑條約〉中所劃定的海峽地區內駐軍設防。
3. 外國商船可自由通航恰納克卡雷和伊斯坦堡兩海峽。但只有一千公噸以下的外國軍艦可以在日間通航，而且事先必須徵得土耳其政府的同意。
4. 黑海海域在同一時間內不得有超過總噸位三千公噸以上的船隻。

　　土耳其在簽署條約的當晚就迫不及待地派兵進入海峽地區。〈蒙特勒條約〉對土耳其而言，是一項外交上的勝利。因為土耳

其之在海峽地區駐軍設防，加強了其在東地中海地區的軍事力量，也提高了其在國際間的地位。

六、〈幸福皇宮公約〉（1937 年）

自從波斯國王巴勒維於 1934 年訪問土耳其以後，兩國之間的關係更形密切。因此土耳其和伊朗（翌年波斯改國名為伊朗）先拉攏伊拉克，於 1935 年 10 月 2 日，在瑞士的日內瓦簽訂公約。

後來，阿富汗也加入。四國又於 1937 年 7 月 9 日在伊朗首都德黑蘭的幸福皇宮 (Saadabat Sarayı) 簽訂〈幸福皇宮公約〉，確實擔負起維護中東地區之和平的任務。

七、收復哈泰省 （1939 年）

哈泰省位於土國最南端，東南與敘利亞為鄰，西北濱臨地中海東北角的伊斯堪得倫灣。目前省會是安塔奇亞 (Antakya)，但以人口而論，最大都市是伊斯堪得倫。該省在栖林一世時，被併入奧斯曼帝國版圖。1918 年被法國佔領。

土耳其在第一次世界大戰中慘遭敗績 ， 於 1918 年 10 月 30 日簽訂停戰協定時，哈泰省仍然在凱末爾統率下的土耳其守軍手中。簽訂停戰協定以後，凱末爾雖然企圖阻止，英軍還是佔領了哈泰，並且將它移交給法國部隊。後來接任「閃電集團軍」總司令的凱末爾，不但奉命不得再反抗法軍之佔領，而且還被召回伊斯坦堡。因此，凱末爾對哈泰省一直不能釋懷。

另一方面 ， 1920 年 1 月 12 日在伊斯坦堡召開的奧斯曼帝國

最後一屆國會，通過了〈國民公約〉，公約中有一條規定：在簽署停戰協定時未被敵人佔領的領土不容再予分割。此乃凱末爾領導革命時，在領土方面的最高指導原則。準此，對凱末爾以及土耳其政府而言，哈泰是在簽訂停戰協定以後才被佔領的，必須儘早收復。

歷經無數次的斡旋，土耳其終於在 1921 年 10 月 20 日和法國簽訂〈安卡拉條約〉，將伊斯堪得倫和安塔奇亞一帶劃為特別行政區。1936 年，法國結束其對敘利亞和黎巴嫩的託管時，該特別行政區彷彿變成敘利亞的託管地。土耳其遂向國際聯盟提出申請，要求修正這種關係。

至 1938 年，土法關係日益緊張，而凱末爾的病情也日趨惡化，但是他仍然在 5 月 10 日，抱病前往哈泰西部的梅爾欣 (Mersin)、塔爾蘇斯 (Tarsus) 和阿達納等地閱兵，進行一系列的「展現實力」之旅。

經過一連串的折衝以後，該地又於 1938 年 7 月 4 日成為一個獨立的共和國，同年 9 月 2 日舉行選舉，組織政府。十個月以後，亦即在 1939 年 6 月 30 日，哈泰的國會議員決議歸併土耳其。於是土耳其又收復了哈泰，並於同年 7 月 7 日設省，以安塔奇亞為省會。

但是很遺憾的是，凱末爾已於 1938 年 11 月 10 日與世長辭，未能親眼目睹哈泰回歸土耳其的懷抱。

第二節　第二次世界大戰前夕以及大戰時期的外交政策

一、大戰前夕的外交政策（1939 年）

第二次世界大戰前土耳其的外交政策偏向英國。因為義大利之進攻衣索比亞，使土耳其對義大利失去了信心。

1939 年 4 月，義大利進攻阿爾巴尼亞，促使土耳其更加提高警覺。另一方面，英、法兩國因義大利之進攻阿爾巴尼亞，而向羅馬尼亞和希臘提出保證，同時也向土耳其建議締結盟約。

當時德國與義大利聯盟，意欲阻止土耳其與英法聯盟。但土耳其仍於 1939 年 5 月和英國發表聲明，表示兩國的看法一致。6 月 23 日，土耳其又和法國簽訂了一項包括同意哈泰歸併土耳其的條約。蘇聯對此事亦表同意。

時德國威脅歐洲和平的跡象日益明顯，英、法、蘇之間經常商討對策，但蘇聯又突然和德國簽訂互不侵犯條約，使土耳其的立場變得相當微妙。因為土耳其是蘇聯的盟邦，同時也和英、法訂有條約，如蘇聯和英、法兩國聯盟，當無任何枝節，但蘇聯突和英、法反目，轉而親德，並要求土耳其放棄其與英、法間的合作，但為土耳其所拒，因此蘇、土之間的關係日益冷淡。

1939 年 10 月 19 日，土耳其不顧蘇聯之反對，遂與英、法在安卡拉簽訂互助條約，蘇聯對此相當不滿。時第二次世界大戰已爆發，土耳其更小心翼翼的執行其外交政策。

二、大戰時期的外交政策（1939–1945 年）

　　第二次世界大戰開始時，土耳其所採取的政策是「武裝中立」，亦即應戰而不挑戰，儘量避免戰火蔓延到土國境內。

　　當德軍佔領羅馬尼亞、南斯拉夫和希臘，兵臨土國邊境時，土耳其亦正在積極備戰，準備和隨時可能入侵的德軍展開一場廝殺。但德國卻表示無意侵犯土耳其，並建議和土耳其簽訂友好條約。土耳其將德國的建議通知其盟邦英、法兩國，並獲得贊同以後，於 1941 年 6 月 18 日在安卡拉和德國簽訂了一項互不侵犯條約。

　　根據此約，德國將不侵犯土耳其領土，但土耳其亦將在德國與英、法的戰事中保持中立。土耳其在這種情況下，一直執行其武裝中立政策，不斷備戰，但從未參戰。1943 年 1 月 30 日，土耳其總統伊諾努曾在阿達納和英國首相邱吉爾會晤，同年 12 月 4 日，又在埃及的開羅 (Kahire) 和美國總統羅斯福以及英相邱吉爾會晤，但都未表示願意參戰。一直到 1944 年 8 月 2 日才和德國斷交。甚至到最後，也只在 1945 年 2 月 23 日向德國和日本宣戰，仍未實際參戰。

　　一個新興國家，在強權威逼利誘下，仍能遠離戰火，保護人民的生命財

圖 52：伊諾努總統（中）與美國總統羅斯福（左）和英國首相邱吉爾（右）於 1943 年 12 月在埃及首都開羅合影留念

產，其外交手腕之卓越，確實令人敬佩。

1942 年 1 月，愛好和平的國家在華盛頓集會，簽訂〈聯合國宣言〉(Declaration by United Nations)，成立「聯合國」(United Nations)，1945 年 6 月 26 日，包括土耳其在內的會員國在舊金山擬定了〈聯合國憲章〉(Charter of the United Nations)，隨後土耳其又在 1948 年 12 月 10 日簽訂〈世界人權宣言〉(Universal Declaration of Human Rights)，同時也成為 1946 年 12 月 14 日成立的「聯合國教育、科學暨文化組織」(UNESCO) 的創始人之一。

第三節　第二次世界大戰以後的外交政策

一、土、蘇關係

第二次世界大戰中，德國進攻蘇聯時，由於土耳其之中立，使蘇聯免去了來自海峽和小亞細亞方面的攻擊。當時蘇聯曾在致土耳其的照會中提到：「蘇聯確實遵守〈蒙特勒條約〉，並向土耳其保證絕無攻擊海峽的意願或企圖。」

但是大戰結束後，蘇聯不但築成一道鐵幕，壓迫鐵幕內的人民，而且還向民主國家散播共產主義，企圖赤化全世界。其中，土耳其亦是險遭迫害的國家之一。

1945 年 2 月 25 日，蘇聯因其與土耳其在 1921 年 3 月 16 日簽訂的〈莫斯科條約〉即將期滿，向土耳其建議續約，並要求在兩海峽設立基地。後來又支持喬治亞共和國向土耳其提出對卡爾

斯、阿達罕和阿特芬諸省的領土要求，充分表現其對土耳其的不友好態度。但土耳其斷然拒絕了蘇聯的無理要求，同時美、英兩國亦支持土耳其的立場，最後蘇聯只好又發表聲明，表示對土耳其並無領土野心❶。

二、既消極又親西方的外交政策

土耳其堪稱最西化的回教國家。在第二次世界大戰結束以後的「冷戰時期」（Cold War，1947–1991 年），因為採取既消極又親西方的外交政策而為自己帶來惡果、惹上麻煩。

始於 1911 年的土義戰爭結束以後，土耳其和義大利在 1912 年簽訂〈奧契 (Ouchy) 條約〉，規定由義大利暫時管轄「十二島嶼」。但是後來義大利在第二次世界大戰中戰敗，竟在「巴黎和會」中，只因島上居民以希臘人佔多數，就由戰勝國於 1947 年 2 月 10 日裁決將「十二島嶼」割予希臘。這完全是因為土耳其沒有主動、據理力爭的原因。

再說發生於 1948 年 5 月的「以阿戰爭」，土耳其民意全面支持阿拉伯國家，但是因為政府採取親西方的外交政策，結果還是保持中立。土耳其親西方國家的程度和得罪阿拉伯國家的程度適

---

❶ 蘇聯提出領土要求，引起土耳其舉國憤慨，強烈反彈，甚至在刑法第 141 條和 142 條規定：為共產主義宣傳者，得處以監禁七年六個月至十五年的重刑。在那段時期，全國瀰漫著「反共抗俄」的氣氛。餐廳老闆為避免牢獄之災，連舉世聞名的「俄國沙拉」都不敢提「俄國」字眼，而稱之為「美國沙拉」。

成正比，此即土耳其在外交政策上的眾多難題之一。

三、參加韓戰（1950 年）與北大西洋公約組織（1952 年）

1949 年 4 月 4 日，為避免共產勢力的擴張，北美、西歐和南歐地區的民主國家，組成一個集體防衛的組織——「北大西洋公約組織」（North Atlantic Treaty Organization，簡稱 NATO，土耳其文作 Atlantik Paktı）。

1950 年 6 月 25 日，韓戰爆發，土耳其在聯合國的號召下，派兵四千五百名參戰。9 月間，英勇善戰的土耳其部隊曾和聯軍推進到中國大陸邊界附近。11 月 26 日，中共參戰，聯軍不支，撤退時土軍奉命殿後，在最激烈的軍隔里 (Kunuri) 戰役中，遭受中共人海戰術之攻擊，死亡八百名左右。再度向世人表現了土耳其人為捍衛自由而戰的決心，同時也深獲南韓全國軍民的敬佩。

當初，土耳其執政的「民主黨」未經國會批准就決定參戰，雖然引起反對黨的強烈抨擊，但也因此而贏得盟邦的好感，遂和希臘同時獲准於 1952 年 2 月 28 日加入北大西洋公約組織。如此一來，面對蘇聯的威脅，土耳其終於找到了靠山，而且因為本身的地理位置適中，在西方陣營裡面日益受到重視。

四、加入巴格達公約組織（1954 年）

土耳其為本身之安全計，於 1954 年 2 月 24 日和伊拉克簽訂〈巴格達公約〉。同年 4 月 4 日，又和巴基斯坦簽約。後來英國、巴基斯坦和伊朗又先後加入〈巴格達公約〉，因此〈巴格達公約〉

由土耳其－伊拉克的雙邊條約，演變成區域性的條約。

　　1958 年，伊拉克發生政變，親蘇之卡色姆 (A. Kasım) 將軍推翻原來的親美政府，退出巴格達公約組織，巴格達公約組織遂又更名為 「中部公約組織」 (Central Treaty Organization ， 簡稱 CENTO，土耳其文作 Cento Antlaşması)，公約組織的秘書處亦由巴格達遷至土耳其的首都安卡拉。

　　兩年以後，土耳其本身亦於 1960 年發生「5 月 27 日革命」，外交活動幾乎暫停，重心轉移到內政。

五、出兵塞普勒斯 (1974 年)

　　自從 1960 年的 「5 月 27 日革命」，歷經 1971 年的〈3 月 12 日備忘錄〉，一直到 1980 年的 「9 月 12 日革命」，土耳其在這二十年當中，發生過三次軍人政變，除了在 1965–1971 年間出現過「正義黨」單獨執政以外，都是短命夭折的「聯合政府」。土耳其的內政堪稱「動盪不安」。因為「自顧不暇」，對外活動亦「乏善可陳」。

　　在這段時間 ， 土耳其最重要的外交事件就是 「塞普勒斯問題」。原來塞普勒斯在 1960 年脫離英國獨立以後，島上佔多數的希臘人一直想要和希臘本土合併，佔少數的土耳其人備受威脅，雙方衝突不斷，局勢日益惡化，土耳其總理艾西費特於 1974 年派兵佔領該島的三分之一領土，結果不但引起美國和蘇聯的不滿，亦在本已惡化的土希傷口上撒了一把鹽。

　　至於土耳其在 1983 年 11 月 15 日扶植建立 「北塞普勒斯土

耳其共和國」以後,「塞普勒斯問題」則又逐漸演變成國際媒體爭相報導的新聞。

第四節　近年外交活動點滴

一、「庫德工人黨」叛亂 (1984-1999 年)

歐薩爾 (Turgut Özal) 在 1983 年底執政後 , 並未能有效控制貨幣貶值,在內政安全方面亦未達到預期的效果。主要原因是「庫德工人黨」(庫德語作 Partiya Karkeren Kurdistan,縮寫為 PKK。土耳其語作 Kürdistan İşçi Partisi) 分離主義者於 1984 年 8 月 15 日在土國東南部,靠近伊朗和伊拉克邊界的艾魯合 (Eruh) 和閃姆丁里 (Şemdinli) 一帶,開始稱兵作亂。

在 1987 年 , 雖然將包括東部和東南部各省的地區,設立了「非常事態地區省」,但該地區仍未能獲得安寧。

一直到 1998 年 4 月 14 日,被認為是「庫德工人黨」第二號人物的沙卡克 (Şemdin Sakak) 被捕,1999 年 1 月 16 日,土耳其特種部隊更在非洲的肯亞 (Kenya) 捕獲「庫德工人黨」領袖歐加朗 (Abdullah Öcalan),並遣返土耳其受審,「庫德工人黨」 之叛亂,方暫告一段落。

此一事件充分顯示土耳其運用外交手腕解決內政難題的靈活技巧。

二、波斯灣戰爭與土耳其（1990-1991 年）

在 1980-1988 年，持續八年的伊朗與伊拉克之間的「兩伊戰爭」中，土耳其曾經採取中立政策，積極發展對該兩國間的貿易關係。

1990 年 8 月伊拉克侵犯科威特 (Kuveyt)，因而引起「波斯灣戰爭」時，歐薩爾展現了靈活的外交手腕。他下令關閉從伊拉克通往土耳其尤姆塔勒克 (Yumurtalık) 港的輸油管，並於 1991 年 1 月 17 日同意盟邦使用境內的美軍基地因基利克 (İncirlik) 採取空中行動。

1991 年春季，波斯灣戰爭結束以後，土耳其又必須面對大部分是庫德人的將近一百萬難民潮。直到盟邦宣布伊拉克境內的「安全地帶」，保障該地帶不會受到攻擊。大部分難民返回居住地以後，土耳其才如釋重負，喘了一口氣。

三、在中亞和巴爾幹半島展現外交手腕（1991-1999 年）

1991 年蘇聯解體，在高加索的亞塞拜然，以及在中亞的土庫曼、烏茲別克、哈薩克和吉爾吉斯等使用土耳其語的回教國家獲得獨立。土耳其立即和這些老鄉親建立外交關係。

在巴爾幹半島上的南斯拉夫解體以後，在 1992-1995 年間，波士尼亞和黑塞哥維那爆發的內戰中，土耳其曾派兵維護和平，採取了積極的外交手腕。

在 1999 年的科索沃 (Kosova) 危機中，土耳其亦在北大西洋

公約組織陣營扮演重要角色，收容該地區的難民。

四、土耳其大地震與土希關係之改善（1999 年）

　　土耳其與希臘向為世仇。第一次世界大戰結束後，希臘曾於 1919 年 5 月間侵略土耳其。1974 年塞普勒斯有意歸併隸屬希臘時，土耳其亦曾派兵侵佔該島的三分之一領土，後來並於 1983 年扶植創建北塞普勒斯土耳其共和國。此外，雙方由於愛琴海之領海範圍問題，亦曾瀕臨戰爭危險邊緣。

　　1999 年 8 月 17 日，土耳其發生七·四級大地震，根據官方資料，有一萬七千人死亡。希臘適時提供援助。後來在 9 月 7 日希臘首都雅典亦發生地震，土耳其也善意回報。由於彼此互相馳援，雙方關係日益改善。

五、九一一事件與土耳其（2001 年）

　　2001 年 9 月 11 日，美國紐約世貿大樓遭受恐怖分子以自殺飛機攻擊，美國人生命財產損失相當慘重。據傳該項攻擊是著名恐怖分子首腦奧薩瑪·賓·拉登 (Osama bin Laden) 所為。一般相信，他已經於 2011 年 5 月 2 日，在巴基斯坦境內被「美國海軍海豹」(U.S. Navy Seals) 部隊擊斃。

　　事件發生以後，美國一再宣稱九一一事件並非單獨針對美國，而是針對全世界，並要求引用〈北大西洋公約〉第五條款（對歐洲或北美一個或數個盟國的武裝攻擊應被視作對所有盟國的攻擊），尋求北約組織及其會員國支持其在阿富汗境內的軍事行動。

　　土耳其不但是北約組織會員國，而且當時正面臨經濟困境，為了能順利向國際貨幣基金會 (IMF) 貸款，對美國當然更要言聽計從。於是土耳其國會遂於 10 月 10 日通過總理艾西費特提出的出兵參戰議案，積極表示支持打擊恐怖分子的決心。

　　隨後幾年，土耳其為了鎮壓「庫德工人黨」的叛亂，不但支出了數十億美金的戰費，而且也犧牲了三萬多條無辜的生命，土耳其東南部和東部的經濟活動幾乎完全停頓，當地人民的生命財產遭受嚴重的威脅。其實，這也就是土耳其面臨經濟危機的最主要原因之一，舉國上下無不迫切希望政府儘早徹底解決「庫德工人黨」的叛亂問題。

　　因此，土耳其在九一一事件以後，也想趁此良機，試圖證明「庫德工人黨」就是恐怖組織，要求歐美各國禁止該黨在自己國境內的活動，但是事與願違，並未獲得響應。另一方面，土耳其也要求引用〈北大西洋公約〉第五條款，共同對「庫德工人黨」採取軍事行動，但也未獲得支持。土耳其認為這是歐美各國的雙重標準在作祟，對此深感遺憾。

六、「正義發展黨」執政時期的外交活動（2002–2014 年）

　　「正義發展黨」從 2002 年底開始執政至今，其首要外交出擊就是和「歐洲聯盟」（European Union = EU，土耳其文作 Avrupa Birliği = AB）重啟談判。在 2004 年 12 月 17 日的「布魯塞爾高峰會議」（Brüksel Zirvesi) 中，已經獲得正面回應，並且決定在 2005 年 10 月 3 日再開始協商。雖然包括希臘在內的許多國家都

贊同，但是因為德國和法國從中作梗，會談只好斷斷續續的進行。

　　土耳其政府已經展現誠意要解決諸多歷史懸案。在塞普勒斯問題上，排除國內主張維持現狀者的雜音，表示支持聯合國的決議案，希望能改善和希臘之間的關係。對 2010 年 12 月在突尼西亞爆發的「阿拉伯之春」以及其他阿拉伯國家境內的民眾運動亦表示支持。提起 1915 年的「亞美尼亞問題」，有人說是「種族屠殺」，亦有人說是「遷徙事件」，死亡人數從 60 萬到 150 萬，眾說紛紜，爭論不休。艾爾多安總理終於在 2014 年 4 月 23 日發表談話，打破禁忌，對罹難者表示哀悼。

　　今天的外交必有其歷史淵源，阿拉伯問題可以追溯到 1517 年奧斯曼帝國之佔領埃及；塞普勒斯問題亦可以追溯到土耳其人於 1571 年之佔領該島。一切問題甚至可以追溯到 1071 年，當年土耳其人在凡湖北邊的馬拉茲吉特打敗東羅馬帝國，進入小亞細亞，開始和當地的亞美尼亞人、庫德人以及希臘人接觸，各族群間因此而發生摩擦、衝突甚至於戰爭，所謂「冤仇宜解不宜結」，土耳其正在運用智慧，希望能在短期內彌補裂痕。

　　2009 年 4 月 6–7 日美國總統歐巴馬 (Barack Obama) 訪問土耳其，以及同年 12 月 6–8 日土耳其總理艾爾多安訪問美國，充分顯示土耳其在外交方面之活躍。再以 2010 年 5 月 14–15 日艾爾多安訪問希臘為例，土耳其正在努力改善其與希臘、敘利亞、伊拉克、伊朗、喬治亞和亞美尼亞等鄰國之間的關係。艾爾多安政府已經放棄優先考慮本身利益的外交原則，改採雙贏策略。與其四面楚歌，不如敦親睦鄰，此即土耳其前任外交部長（現任總

理）達武特歐魯，在 2013 年 3 月 21 日出版的《外交政策》 (*Foreign Policy*) 雜誌中，撰文提出的「與鄰邦零問題」 (Komşularla Sıfır Sorun) 外交政策。在此大原則下，致力於和世界各國保持友好關係，並促進彼此間的利益，希冀從此邁向安和樂利的康莊大道。

　　無論是從過去的歷史紀錄，抑或是從目前的外交活動觀之，土耳其在中東地區確實是一個舉足輕重的國家。

第五節　致力於恢復伊斯蘭文化

　　土耳其自從凱末爾在 1924 年廢除「哈里發」，執行「政教分離」政策以後，其間或有諸如在 1996–1997 年短暫執政的「福利黨」主席艾爾巴康，企圖擺脫西方社會的影響、恢復伊斯蘭文化以外，一般而言，土耳其堪稱是一個西化的國家。

　　但是從 2002 年「正義發展黨」執政以後，卻又有恢復伊斯蘭文化的跡象。清真寺和宗教學院比以前增多，街上可以看到穿著時髦的女士，也可以看到包頭巾甚或穿長袍者。

　　2014 年 11 月 29 日，天主教教宗方濟各 (Pope Franciscus) 訪問土耳其，眼看雙方關係即將大有改善。但是在 2015 年 4 月 12 日他又說：1915 年 150 萬亞美尼亞人慘遭殺害是「二十世紀的一起大屠殺」。從而引起土耳其的抗議，外交部隨即召見教廷駐土大使安東尼奧・盧西貝洛 (Antonio Lucibello) 表達強烈不滿，並召回土耳其駐梵蒂岡大使帕洽浙 (Mehmet Paçacı)，宣稱教宗的言論

已經傷害土梵兩國的互信。

　　2018 年 2 月 23 日，美國國務院宣布，駐以色列大使館將從特拉維夫遷到耶路撒冷。此舉引發當事者巴勒斯坦和伊斯蘭教國家的不滿，其中包括剛和美國重修舊好的土耳其。土耳其外交部表示將和巴勒斯坦站在一起。

　　土耳其既要和西方國家維持友好關係，也要恢復伊斯蘭文化，致力於維護伊斯蘭國家的權益，不容他人輕易冒犯。

Turkey

附　錄

大事年表

661	阿里被暗殺身亡，穆阿威葉建立艾默威朝。
682	東突厥再度中興。
745	再度中興的東突厥被回紇消滅。
750	艾布爾阿拔斯消滅艾默威朝，建立阿拔斯朝。
751	阿拔斯軍隊在怛羅斯之役打敗唐將高仙芝。
845	回紇西遷至今新疆維吾爾自治區。
932	土耳其人建立卡拉罕王朝。
963	土耳其人建立哥疾寧王朝。
969	法提瑪王朝佔領開羅。
1037	恰勒與吐魯建立大塞爾柱帝國。
1042	卡拉罕王朝分裂為東卡拉罕和西卡拉罕。
1063	吐魯逝世，其姪阿爾普阿斯朗繼立。
1071	阿爾普阿斯朗在馬拉茲吉特大敗拜占庭帝國。
1077	大塞爾柱帝國的蘇丹梅立克沙冊封蘇烈曼為「小亞細亞蘇丹」，成立了「小亞細亞塞爾柱」。
1092	大塞爾柱帝國的梅立克沙逝世，諸子爭立。
1097	十字軍佔領伊茲尼克，小亞細亞塞爾柱帝國遷都孔亞。
1130	西遼滅東卡拉罕國。
1157	桑傑爾憂鬱而終，大塞爾柱帝國滅亡。
1186	哥疾寧王朝被阿富汗的郭爾王朝消滅。
1212	花剌子模滅西卡拉罕國。
1243	蒙古部隊在郭西達大敗小亞細亞塞爾柱帝國。
1281	艾爾吐魯逝世，奧斯曼繼立為卡耶部酋長。
1299	奧斯曼創建奧斯曼侯國。
1308	小亞細亞塞爾柱帝國滅亡。

1402		帖木耳在安卡拉之役俘虜巴耶西特一世。
1453	5 月 29 日	梅荷美特二世攻佔伊斯坦堡，滅拜占庭帝國。
1514		栖林一世在查爾德朗之役打敗波斯國王伊斯邁爾。
1516		佔領敘利亞。
1517		消滅奴隸王朝。從此以後，奧斯曼帝國的蘇丹都擁有「哈里發」頭銜。
1526		莫哈赤之役征服匈牙利。
1529		第一次圍攻維也納。
1534		征服巴格達，併吞阿爾及利亞。
1538	9 月 28 日	在普雷費塞大敗歐洲聯合艦隊。
1541		將大部分匈牙利領土併入版圖。
1551		佔領利比亞。
1566		蘇烈曼一世逝世。
1571		8 月佔領塞普勒斯，10 月伊內巴特海戰慘遭敗績。
1574		佔領突尼西亞。
1683		第二次圍攻維也納。
1696		俄國佔領亞速城。
1711		和俄國簽訂〈普魯特條約〉。
1718		和奧地利簽訂〈巴沙洛夫加條約〉。鬱金香時期開始。
1730		鬱金香時期結束。
1740		土法簽訂〈1740 年優惠條款〉，規定永遠有效。
1746		和波斯再訂新約，兩國從此未再發生嚴重衝突。
1783		俄宣佈兼併克里米亞。
1798		拿破崙入侵埃及，英俄土三國聯盟。
1801		法軍投降，將埃及歸還土耳其。

1806		土俄因塞爾維亞問題而開戰。
1821		希臘人開始在摩拉半島叛變。
1826		馬木德二世廢除「新軍」。
1828		土俄因希臘叛變而開戰。
1829		土俄簽訂〈艾迪內條約〉。馬木德二世規定政府官員要戴費士帽。
1853		俄國佔領摩達維亞和瓦拉齊亞,為克里米亞戰爭揭開序幕。
1856		克里米亞戰爭結束,簽訂〈巴黎條約〉。宣佈〈改革詔書〉。
1876		阿布都哈密德二世宣佈「第一次君主立憲」。
1877		因巴爾幹半島諸邦之叛變而引發 1877–1878 年土俄戰爭。
1878		英國佔領塞普勒斯。
1881		凱末爾誕生於薩隆尼加。法國佔領突尼西亞。
1882		英國佔領埃及。
1889		「聯合進步黨」在伊斯坦堡成立。
1908		阿布都哈密德二世宣佈「第二次君主立憲」。
1911		義大利侵略土耳其在非洲的最後一片領土利比亞。
1912		第一次巴爾幹戰爭爆發。
1913		第二次巴爾幹戰爭爆發。
1914		第一次世界大戰爆發。
1916	8 月	凱末爾擊敗俄軍,光復比特利斯和木施兩地。
1918	10 月 30 日	土耳其和協約國簽訂〈蒙德羅斯停戰協定〉。
	11 月 3 日	英國佔領伊拉克的石油產地木蘇爾。

	13 日	協約國艦隊抵達伊斯坦堡，派兵登陸市區。
1919	1 月	英軍佔領烏爾法、加斯安鐵普和馬拉施等地（但在七個月以後，又將上述地區連同敘利亞移交給法國）。
	4 月 18 日	亞美尼亞人佔領東部的卡爾斯。
	29 日	義大利佔領地中海岸的安塔利亞。
	5 月 15 日	希臘佔領愛琴海岸的伊茲米爾。
	7 月 23 日	「東方各省護權協會」的埃勒族魯姆分會召開會議。
	9 月 4 日	西瓦斯會議開幕，將「東方各省護權協會」更名為「安那多魯與魯美利護權協會」。
1920	1 月 12 日	奧斯曼帝國最後一屆國會在伊斯坦堡召開。
	3 月 16 日	協約國佔領伊斯坦堡。
	4 月 23 日	召開第一屆土耳其大國民議會。
	5 月 4 日	「土耳其大國民議會政府」誕生。
	8 月 10 日	伊斯坦堡政府和協約國簽訂〈色佛爾條約〉。
	12 月 3 日	打敗亞美尼亞，簽訂〈古姆律條約〉，收復卡爾斯。
1921	1 月 10 日	第一次伊諾努戰爭開始，土軍打敗希軍。
	2 月 23 日	從喬治亞手中收回阿達罕、阿特芬和巴統。
	3 月 16 日	和俄國簽訂〈莫斯科條約〉。
	31 日	第二次伊諾努戰爭開始，土軍打敗希軍。
	7 月 5 日	義大利從安塔利亞地區撤軍。
	10 月 13 日	和亞塞拜然、亞美尼亞以及喬治亞簽訂〈卡爾斯條約〉。
	20 日	土法簽訂〈安卡拉條約〉，法國撤退其在土耳其南部的軍隊。

1922	8月26日	凱末爾發動全面反攻，希軍慘敗。
	9月 9日	光復伊茲米爾。
	12日	光復布爾薩。
	18日	希臘軍隊完全被逐出安那托利亞。
	10月11日	和協約國簽訂〈木當亞停戰協定〉。
	11月 1日	國會推翻帝制。
	20日	洛桑和會開幕。
1923	4月 1日	選舉第二屆國會議員。
	7月24日	簽訂〈洛桑條約〉，廢除不平等條約。
	8月11日	第二屆土耳其國會開幕，選舉凱末爾為國會議長。
	10月 6日	光復伊斯坦堡。
	13日	定都安卡拉。
	29日	宣佈土耳其共和國成立並選舉凱末爾為總統。
1924	3月 3日	廢除「哈里發」和「宗教學校」。
1925	11月25日	通過「帽子法案」。
	12月25日	立法禁止戴費士帽。
	26日	廢除回曆，改用西曆。
1926	2月17日	國會通過以瑞士之民法為藍本而創制的民法。
	6月 5日	土英劃定今日土耳其與伊拉克之間的國界線，土耳其承認木蘇爾歸屬伊拉克。
1928		取消憲法中「國教為回教」的條文。
	11月 1日	立法改用拉丁字母。
1930		制訂了婦女可為市長選舉人或被選舉人的法律。
1932	7月18日	土耳其加入「國際聯盟」。
1934		制訂「姓氏法」。

	2月 9日	土耳其、希臘、南斯拉夫和羅馬尼亞簽訂〈巴爾幹條約〉。
	12月 5日	制訂了婦女可為國會議員選舉人或被選舉人的法律。
1937	7月 9日	土耳其、伊朗、伊拉克和阿富汗簽訂〈幸福皇宮公約〉。
1938	11月10日	凱末爾逝世。
	11日	伊諾努被選為總統，是土耳其第二位總統。
1939	6月30日	收復哈泰省。
1941	6月18日	和德國簽訂互不侵犯條約。
1943	12月4-6日	土耳其總統伊諾努和美、英兩國領袖在埃及首都開羅舉行會議。
1944	8月 2日	和德國斷交。
1945	2月23日	向德國和日本宣戰，但並未實際參戰。
1947	2月10日	「巴黎和會」裁決，將原屬於土耳其的「十二島嶼」割予希臘。
1950	5月14日	「民主黨」在大選中獲勝，總理曼德雷斯開始執政。
	22日	巴亞爾被選為總統，是土耳其第三位總統。
	6月25日	韓戰爆發，土耳其派4500人參戰。
1952	2月28日	加入北大西洋公約組織。
1954	2月24日	和伊拉克簽訂〈巴格達公約〉，後來英國、巴基斯坦和伊朗也先後加入。
1960	5月27日	軍人革命，推翻曼德雷斯政府。
1961	10月15日	舉行大選，首度出現「聯合政府」。
	25日	古塞爾上將被選為總統，是土耳其第四位總統。
1965	10月	「正義黨」在大選中獲勝，該黨主席戴米瑞單獨組

閣，結束了聯合政府時代。

| 1966 | 3 月 28 日 | 蘇奈中將被選為總統，是土耳其第五位總統。 |

1971　3 月 12 日　軍人逼迫戴米瑞總理下臺。

1973　4 月　6 日　寇魯土爾克參議員被選為總統，是土耳其第六位
總統。

1974　7 月 20 日　總理艾西費特下令進軍塞普勒斯，佔領該國三分之
一領土。

1980　9 月 12 日　參謀總長艾福倫上將領導革命，推翻政府，解散國會。

1982 11 月　7 日　艾福倫擔任總統，是土耳其第七位總統。

1983 11 月　6 日　舉行大選，歐薩爾所領導的「祖國黨」獲勝，開始
執政。

　　　11 月 15 日　土耳其在塞島扶植「北塞普勒斯土耳其共和國」。

1984　8 月 15 日　「庫德工人黨」開始在土耳其東南部稱兵作亂。

1989 11 月　　　　歐薩爾被選為總統，是土耳其第八位總統。

1991　　　　　　　蘇聯解體以後，在高加索的亞塞拜然，以及在中亞
的土庫曼、烏茲別克、哈薩克和吉爾吉斯等使用土
耳其語的回教國家獲得獨立。土耳其立即和這些老
鄉親建立外交關係。

　　　10 月 20 日　大選結果「正道黨」獲勝，主席戴米瑞擔任總理，
組織聯合政府。

1993　5 月 16 日　戴米瑞被選為總統，是土耳其第九位總統。其總理
以及「正道黨」主席遺缺，由齊萊爾女士接任，土
耳其出現第一位女總理。

1995 12 月　　　　「福利黨」在大選中獲勝，由該黨主席艾爾巴康組
織聯合政府。

1998	1 月 16 日	憲法法院宣佈解散「福利黨」。
1999	1 月 16 日	土耳其在非洲的肯亞捕獲「庫德工人黨」領袖歐加朗。「庫德工人黨」之叛亂,遂告一段落。
	4 月 18 日	大選結果,「民主左派黨」獲勝,由該黨主席艾西費特組織聯合政府。
2000	5 月 16 日	戴米瑞總統七年任期屆滿,希塞爾被選為總統,是土耳其第十位總統。
2001	2 月 22 日	總理艾西費特宣佈當日起改用浮動匯率制,里拉匯率應聲下跌,貶值 36%。
2002	11 月 3 日	「正義發展黨」在大選中獲勝,副主席居爾受命組織第五十八屆政府。
2003	3 月	「正義發展黨」主席艾爾多安親自組織第五十九屆政府。
2005	1 月 1 日	「新土耳其里拉」(YTL) 正式流通。
2006		土耳其作家奧罕‧帕慕克(Ferit Orhan Pamuk, 1952年 6 月 7 日一)榮獲諾貝爾文學獎。
2007	8 月 28 日	前總理居爾被選為第十一位總統。
	8 月 29 日	艾爾多安向新總統呈遞內閣名單並獲批准,第 60 屆政府誕生。
2009	3 月 28 日	舉行地方選舉,「正義發展黨」 以 38.3% 的得票率,取得領先地位。
2011	6 月 12 日	舉行大選,「正義發展黨」獲勝,得到 49.95% 的選票。
	7 月 6 日	土耳其總理艾爾多安連任,第 61 屆內閣開始執政。
2014	3 月 30 日	舉行地方選舉,「正義發展黨」得票率高達 45.6%,再度獲勝。

	8 月 10 日	土耳其首度舉行由全國公民直接選舉的總統大選，艾爾多安當選為第十二位土耳其共和國總統。
	8 月 29 日	原土耳其外交部長達武特歐魯被任命為總理。
2015		土耳其生物化學家阿齊茲‧桑賈爾（Aziz Sancar，1946 年 9 月 8 日－）榮獲諾貝爾化學獎。
	11 月 1 日	土耳其舉行國會大選，執政的正義發展黨順利取得過半席次，再次單獨組閣。
2016	5 月 24 日	前交通部長耶爾德勒姆 (Binali Yıldırım) 被任命為總理。
	7 月 15 日	土耳其發生政變，但以失敗告終。
2017	4 月 16 日	土耳其舉行公民投票，贊成由內閣制改為總統制。國會議員將由現行的 550 名增加至 600 名。
2018	6 月 24 日	首次舉行總統制總統選舉，艾爾多安順利當選。
	10 月 29 日	土耳其新建的「伊斯坦堡機場」正式啟用。
2019	3 月 31 日	舉行地方選舉，執政黨獲勝，但卻喪失伊斯坦堡、安卡拉和伊茲米爾三大都市的市長寶座。
	5 月 3 日	土耳其最大的清真寺，位於伊斯坦堡亞洲岸于斯庫達 (Üsküdar) 的恰姆勒賈清真寺 (Çamlıca Camii) 竣工啟用。
	5 月 6 日	土耳其最高選舉委員會 (YSK) 宣告：3 月 31 日的伊斯坦堡市長選舉無效，並決定於 6 月 23 日再重新選舉。
	6 月 23 日	伊斯坦堡市長重新選舉結果，原當選人伊馬歐魯再度當選。

土耳其字母簡介

A a　B b　C c　Ç ç　D d　E e　F f　G g　Ğ ğ　H h　I ı　İ i

J j　K k　L l　M m　N n　O o　Ö ö　P p　R r　S s　Ş ş　T t

U u　Ü ü　V v　Y y　Z z

※⑴一共有二十九個字母。

　⑵比英文少 Q q, W w 和 X x 三個字母。

　⑶多了 Ç ç, Ğ ğ, I ı, Ö ö, Ş ş 和 Ü ü 六個字母。

參考書目

井上靖著，李永熾譯，《西域的故事》，臺北：國語日報，71年。

江敦達 (Can Dündar) 著，吳興東譯，《黃髮俠客——凱末爾的最後三百天》，臺北：政治大學土耳其語文學系，89年。

李邁先著，《東歐諸國史》，臺北：三民書局，79年。

李邁先著，《俄國史》，臺北：正中書局，79年，第7版。

吳興東著，〈塞爾柱土耳其人之經營小亞細亞與馬拉茲吉特大會戰〉，臺北：《政治大學學報》，30期，63年。

吳興東著，〈奧斯曼帝國帝王瑣事〉，臺北：政治大學東語系，《東方》，10期，61年。

吳興東著，〈奧斯曼帝國中央政制簡介〉，臺北：政治大學東語系，《東方》，11期，62年。

吳興東著，《奧斯曼土耳其歷史》，臺北：政治大學東語系，東語叢書15，82年。

吳興東著，《土耳其共和國史》，臺北：政治大學東語系，東語叢書21，84年。

亞瑟‧小歌德史密特 (Arthur Goldschmidt, Jr.) 著，蔡百銓譯，《簡明中東歷史》，臺北：臺灣商務印書館，78年。

定中明著，《回教黎明史》，臺北：華岡出版部，62年。

Emin Oktay, *Tarih*, Lise III cilt, İstanbul: Atlas Yayınevi, 1965.

Mükerrem Kamil Su ve Kamil Su, *Türkiye Cumhuriyeti Tarihi*, İstanbul:

Kanaat Yayınları, 19. Basım, 1973.

Şevket Süreyya Aydemir, *Tek Adam*, III cilt, İstanbul: Remzi Kitapevi, İkinci Baskı, 1966.

Sina Akşin, *Kısa Türkiye Tarihi*, İstanbul: Türkiye İş Bankası Kültür Yayınları, XIV. Baskı, 2011.

Türk Haberler Ajansı (Başbakanlık Basın-Yayın ve Enformasyon Genel Müdürlüğü tarafından hazırlatılmıştır), *Türkiye*, Ankara: Ertem Basım Ltd. Şti., 2011.

圖片出處：10：Courtesy of Ministry of Tourism, Turkey. 13, 15, 27, 28, 40: Osmanlılar Albümü 1 by Abdülkadir Dedeoğlu, İstanbul: Osmanlı Yayınevi, 1983. 16: Wikipedia, David Bjorgen, CC BY-SA 2.5. 17: Wikipedia, Ggia, CC BY-SA 3.0. 20, 22: Shutterstock. 29, 32, 37, 38: Hayat Ansiklopedisi by Vahdet Gültekin, İstanbul: Doğan Kardeş Yayınları, 1990. 31, 41, 43, 46: Wikipedia. 33: Atatürk: Türk Silahlı Kuvvetlerinin Ata'sına 100. Yıl Anısı by İrfan Yay, Necati-Çankaya, Şahap Tunce, Ankara: Tifdruk Matbaası, 1981. 47: 中央社秦炳炎 48: Ajansi Anadolu. 49: Karakuş Abdullah. 51: Wikipedia, CC BY 3.0 cl. 52: Directorate General of Press and Information, Turkey.

國家圖書館出版品預行編目資料

土耳其史：歐亞十字路口上的國家／吳興東著.——
增訂三版一刷.——臺北市：三民，2020
　　面；　　公分.——（國別史叢書）

　　ISBN 978-957-14-6736-8 （平裝）
　　1. 土耳其史

735.11   108017347

國別史

土耳其史——歐亞十字路口上的國家

作　　者	吳興東
發 行 人	劉振強
出 版 者	三民書局股份有限公司
地　　址	臺北市復興北路 386 號 (復北門市)
	臺北市重慶南路一段 61 號 (重南門市)
電　　話	(02)25006600
網　　址	三民網路書店 https://www.sanmin.com.tw
出版日期	初版一刷 2003 年 6 月
	增訂二版二刷 2015 年 8 月
	增訂三版一刷 2020 年 1 月
書籍編號	S730100
I S B N	978-957-14-6736-8

三民書局